Panoramawege
Bayerische Hausberge

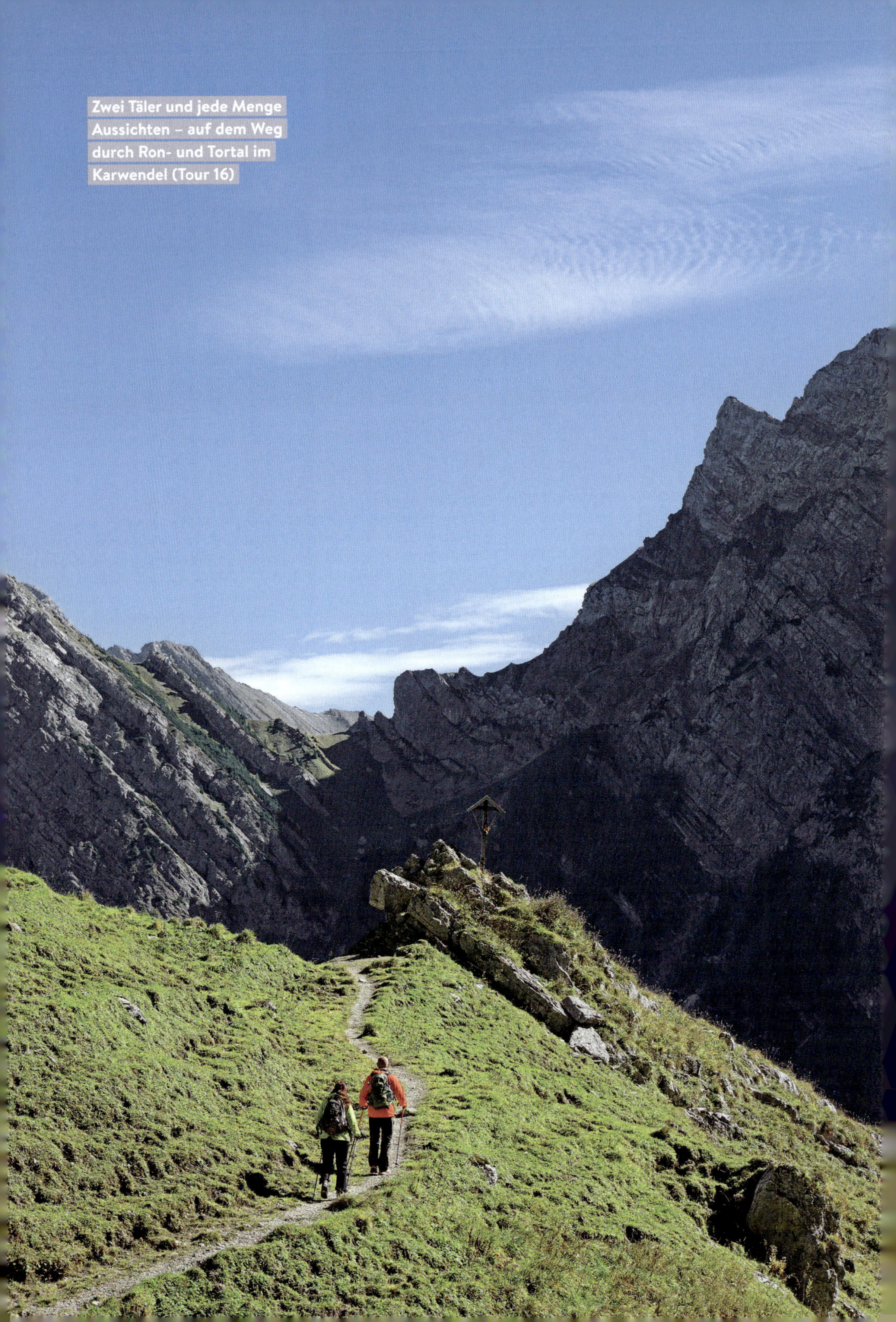

Zwei Täler und jede Menge Aussichten – auf dem Weg durch Ron- und Tortal im Karwendel (Tour 16)

Wilfried und Lisa Bahnmüller · Markus Meier

PANORAMAWEGE

BAYERISCHE HAUSBERGE

33 aussichtsreiche
Wanderungen

BRUCKMANN

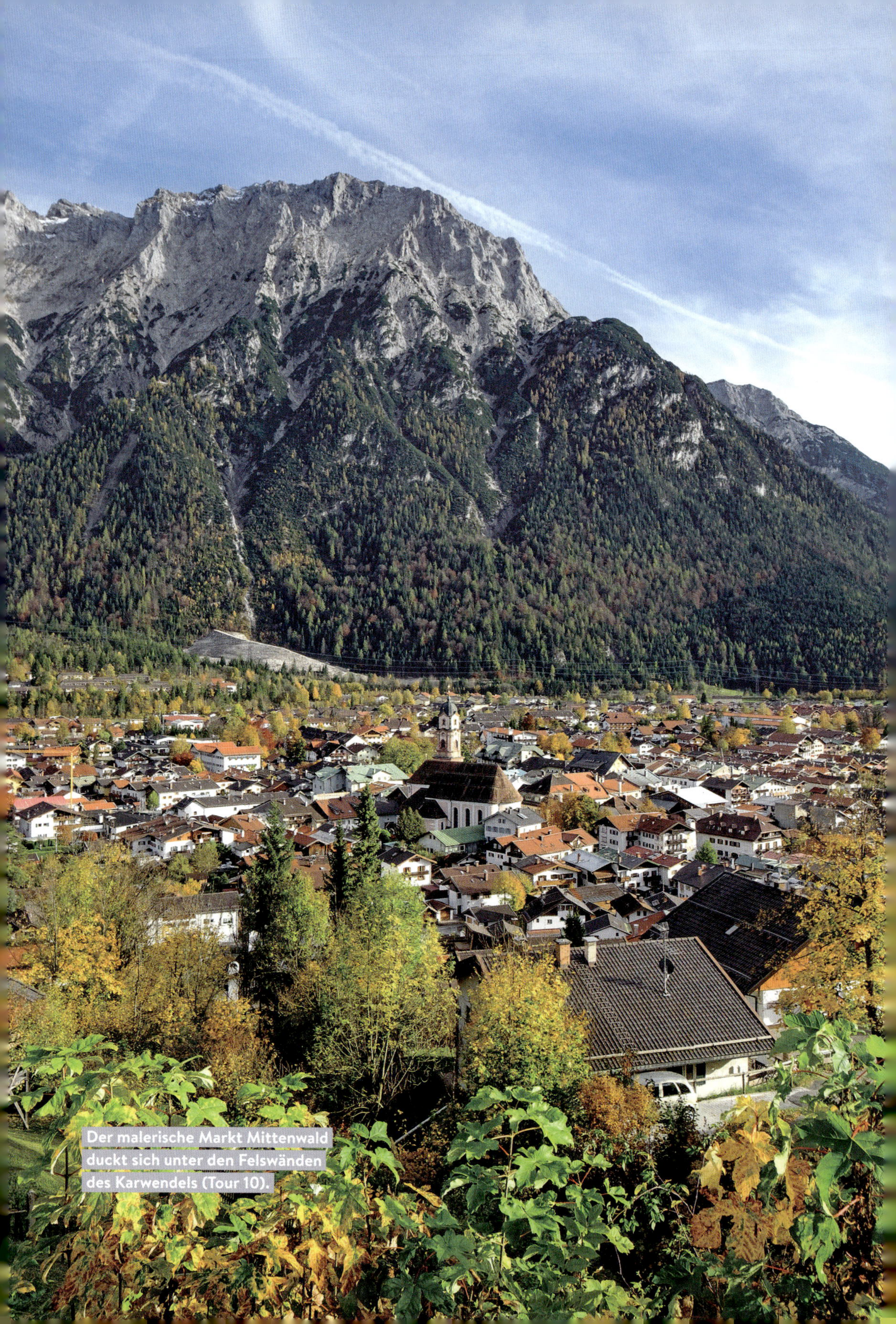

Der malerische Markt Mittenwald duckt sich unter den Felswänden des Karwendels (Tour 10).

INHALT

Mangfallgebirge und Inntal

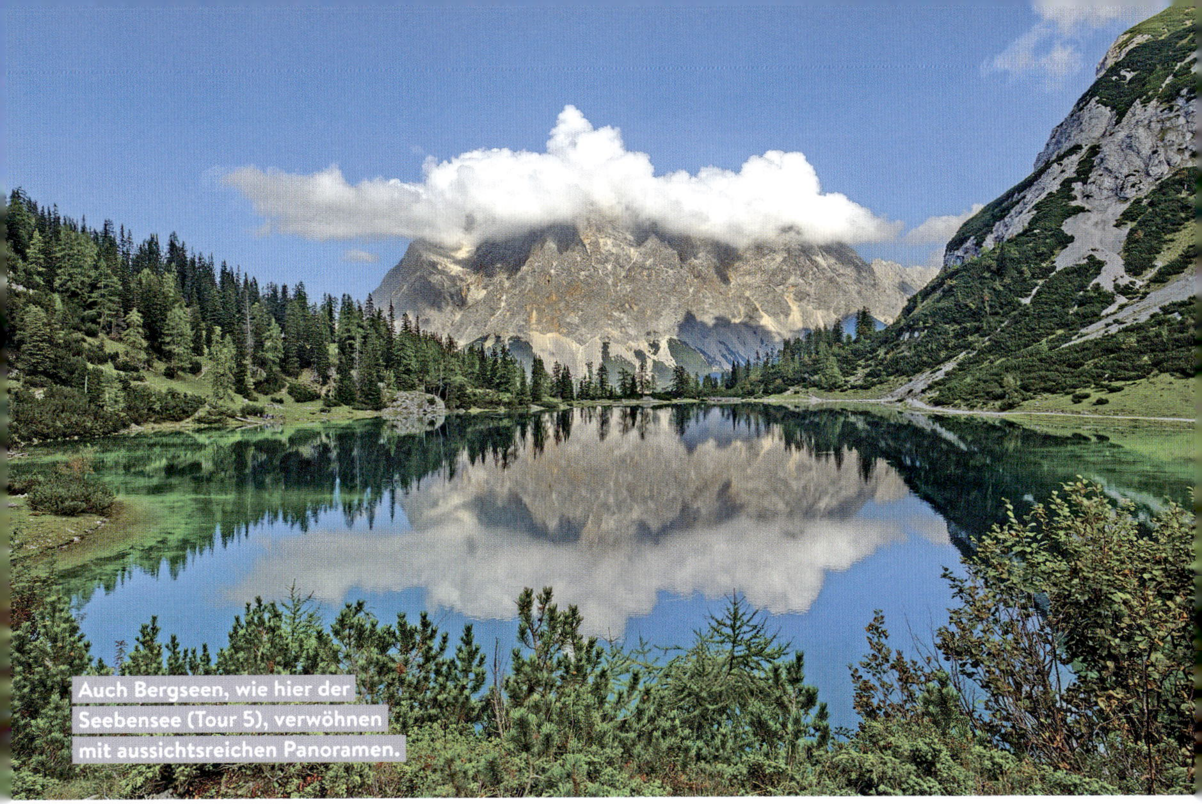
Auch Bergseen, wie hier der
Seebensee (Tour 5), verwöhnen
mit aussichtsreichen Panoramen.

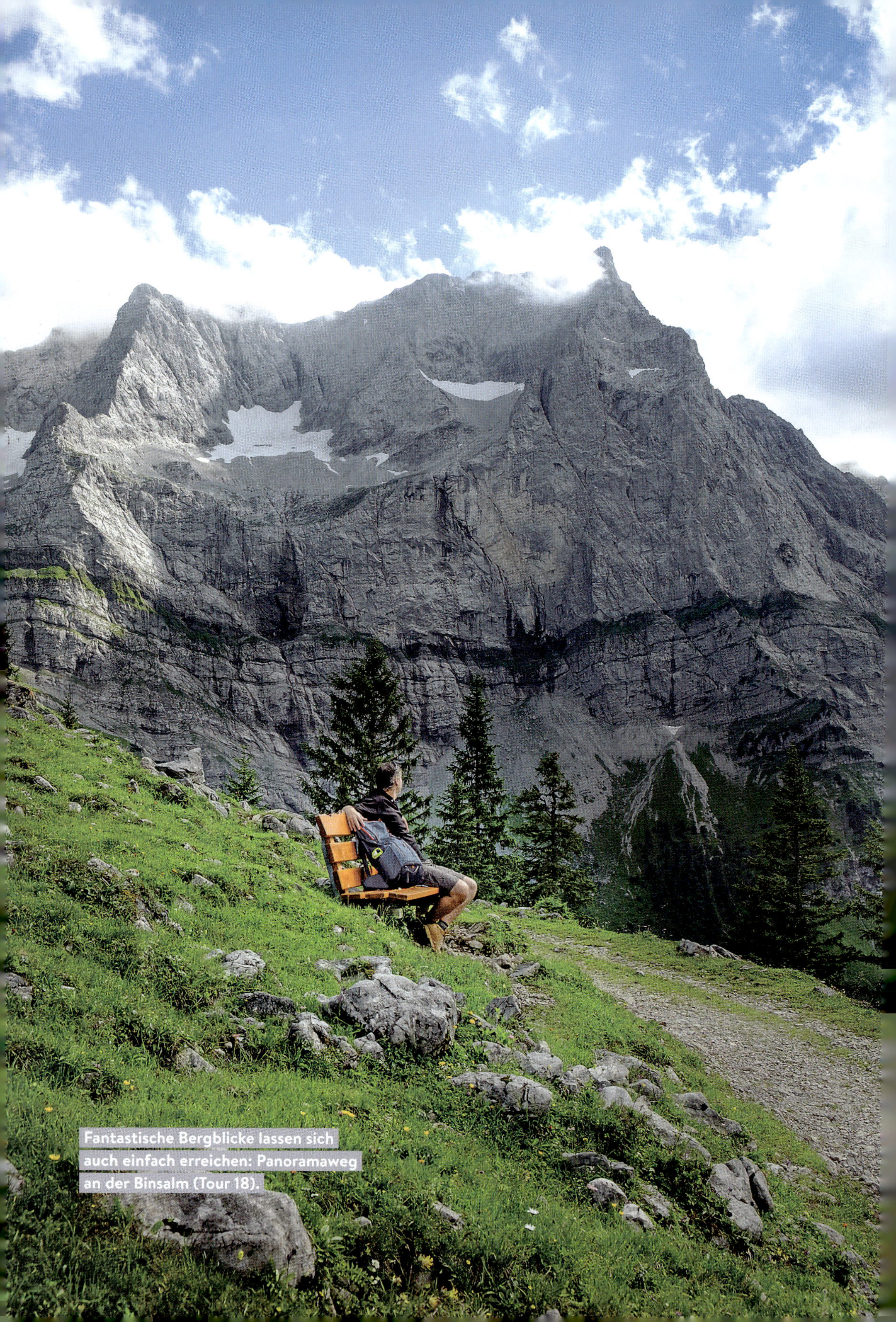

Fantastische Bergblicke lassen sich auch einfach erreichen: Panoramaweg an der Binsalm (Tour 18).

Vorwort

HÖHENWANDERN LIEGT IM TREND, UND DAS HÄUFIG SOGAR OHNE EINE GIPFELBESTEIGUNG. Wir haben bei unserer Tourenauswahl eine bunte Mischung an aussichtsreichen Wanderungen zusammengestellt und bei vielen Touren dennoch schöne Gipfelbesteigungen integriert, bilden diese doch immer besondere Highlights. Anspruchsvolle und lange Touren, manche teils auch über zwei Tage hinweg, wechseln sich mit kurzen Touren für Genießer ab – damit sollte für jeden Wandernden etwas dabei sein.

Die dabei beschriebene Region vom Tegelberg im Ostallgäu bis zum Spitzstein im Chiemgau zeichnet sich durch ganz unterschiedliche, kontrastreiche Landschaften aus. Das Wetterstein mit der Zugspitze ist sicherlich das schroffste und alpinste Gebirge Bayerns; hier haben wir die Tourenauswahl ebenso wie in der benachbarten Mieminger Kette und den Lechtaler Alpen auf wenige Touren beschränkt. In den nördlich davon liegenden Ammergauer Alpen mit aussichtsreichen Gipfeln über waldreichen Tälern stellen wir mehrere Höhepunkte vor. Die Gipfel des Karwendelgebirges sind hingegen oft nur über lange Anmärsche zu erreichen; wir erkunden hier die Randgebiete und finden vor allem im Vorkarwendel, in der Soierngruppe, über Mittenwald und in der Eng schöne Ziele. Die Bayerischen Voralpen erstrecken sich von der Loisach bis zum Inn, vom Ester- bis zum Mangfallgebirge und locken mit bekannten Zielen wie Herzogstand, Halserspitz oder Wendelstein. Die sanft geformten Chiemgauer Berge sind häufig bis in die Gipfelregionen hinauf begrünt – hier machen wir einen Abstecher zum Spitzstein. Südlich davon stehen die Felszacken des Kaisergebirges, wo wir zwei Touren in den Randbereichen vorstellen.

Alle Touren haben etwas gemeinsam: eine großartige Aussicht. Häufig verlaufen Auf- und Abstieg auf unterschiedlichen Wegen, sodass sie als Überschreitungen oder Rundtouren angelegt sind – mit dabei auch einige überraschende Routenkombinationen.

Viel Freude beim Schauen und Entdecken wünschen

Lisa und Wilfried Bahnmüller

und

Markus Meier

Willkommen in den Bayerischen Hausbergen

Die oberbayerischen Berge südlich von München zwischen dem Ostallgäu und dem Chiemgau sind eine ganz besondere Landschaft voller Magie und Zauber – diese Gipfelregion zieht jeden Wanderer und Bergsteiger in ihren Bann.

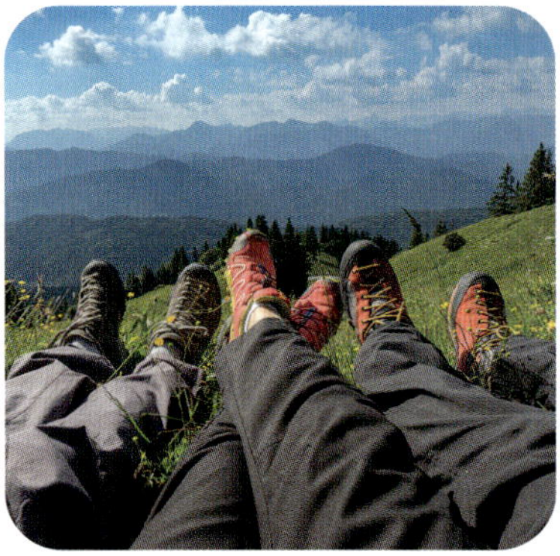

Panoramawege

Wilde Alpengipfel, gemütliche Wanderwege, steile Pfade, friedvolle Almen, karge Felsen, grüne Moränenhügel, weite Täler, blaue Seen, tosende Wasserfälle und freundliche Almbauern – das alles lässt sich auf den Panoramawegen erleben. Und natürlich Ausblicke, Ausblicke und nochmals Ausblicke! Die weiten Aussichten über die Täler oder auf die endlosen Reigen vieler weiterer Berggipfel spielen die Hauptrolle bei allen diesen Touren.

Berggasthäuser und Almen

Auf den meisten Touren bekommen wir etwas zum Essen und Trinken. Aber gerade Almen haben nur im Sommer, solange das Vieh dort weidet, geöffnet.

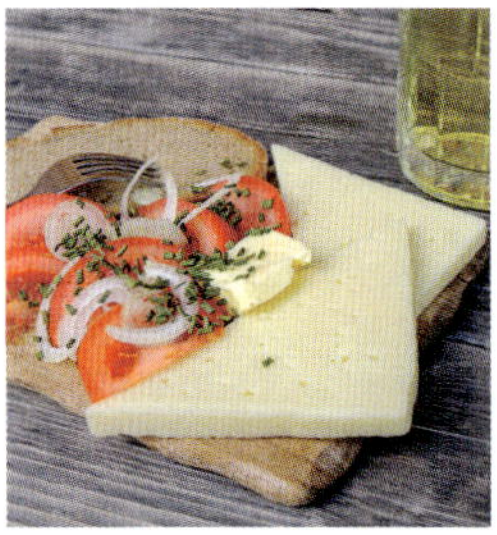

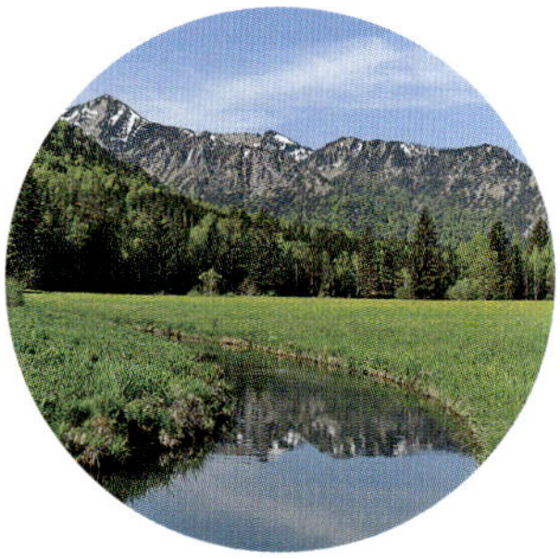

30 %

Bayern ist das beliebteste Reiseziel innerhalb Deutschlands – etwa 30 Prozent der Besucher bevorzugen einen Aufenthalt in den Bergen.

Alpenkonvention

Im November 1991 wurde ein länderübergreifender Vertrag unterzeichnet, der den umfassenden Schutz und die nachhaltige Entwicklung der Alpen garantiert. Neben Deutschland setzen sich Frankreich, Österreich, Italien, Schweiz, Liechtenstein, Monaco sowie Slowenien für Natur- und Kulturlandschaftsschutz ein.

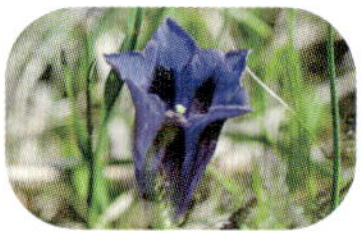

Ohne Pause

Zu vielen der Touren kann man fast das ganze Jahr über aufbrechen, nur die höheren (Gipfel-)Ziele sind den Sommermonaten vorbehalten.

Gipfelreigen

Wer auf den Panoramawegen gern die Gipfel bestimmen möchte, die man in der Nähe und Ferne so sieht, nutzt die Gipfel-App »peakfinder«.

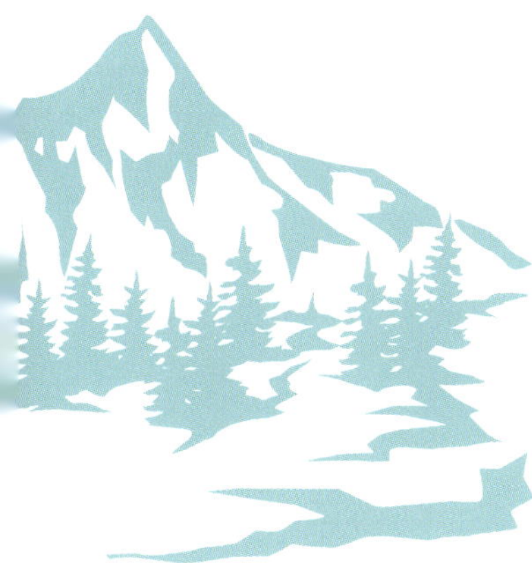

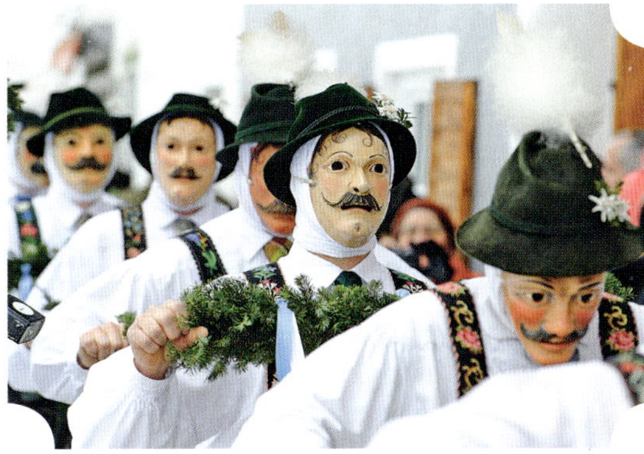

Brauchtum und Traditionen

In vielen Regionen der bayerischen Hausberge gibt es eine unglaubliche Vielzahl an Brauchtumsfesten im Lauf des Jahres. Einhergehend mit den großen kirchlichen Feiertagen gehen viele von ihnen auf heidnische Rituale und vorchristliche Bräuche zurück, was ihnen einen ganz eigenen Reiz verleiht. Wer Glück hat oder etwas vorrausschauend plant, kann so bei einer Wanderung Naturgenuss und Kulturtraditionen miteinander verbinden.

Spitze oder Kopf?

Viele Bergnamen sind auf das Aussehen und die Form des Gipfels zurückzuführen. So handelt es sich bei Bergen mit dem Beinamen Kopf oder Kogel (Katzenkopf, Bärenkopf) meist um abgerundete Gipfel, während alle Berge, die den Namen Eck, Spitz(e) oder Horn beinhalten (Kranzhorn, Halserspitz), auf steile, felsige Gipfelaufbauten schließen lassen.

1000

Die 1000-Höhenmeter-Marke knackt man schnell auf den Panoramatouren in diesem Buch. Ein alter Brauch besagt, dass man sich oberhalb dieser Höhenmarke grundsätzlich duzt. Das muss natürlich nicht sein, aber nach wie vor wird Freundlichkeit am Berg großgeschrieben. So ist es üblich, dass sich Wanderer gegenseitig höflich grüßen, wenn sie sich begegnen.

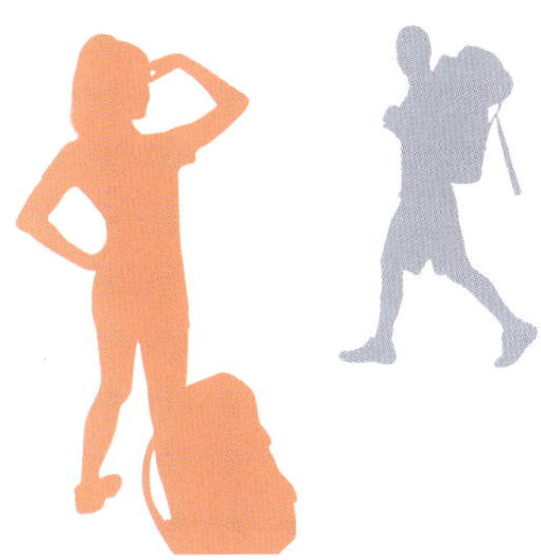

Bruckmann-Tourenfinder

Für jeden Tag die richtige Tour

			Std.	km	Hm							
1	**Über den Zirmgrat**	🔴	4.30	15,5	600	✓		✓			✓	✓
2	**Königliche Runde am Tegelberg**	🔴	3.15	7,5	100/950	✓	✓	✓		✓		
3	**Krähe und Hochplatte**	⚫	6.45	16,7	1135	✓				✓		
4	**Vom Daniel zum Plattberg**	⚫	7.45	14,3	1540/1440	✓				✓		
5	**Über das Hintere Tajatörl**	🔴	5.30	13,4	870	✓				✓		
6	**Auf den Kramerspitz**	🔴	5.30	15,7	1260	✓				✓		
7	**Über den Kramerplateauweg**	🔵	3	11	300	✓	✓	✓	✓			✓
8	**Vom Wank zum Krottenkopf**	🔴	8	22,3	890/1900	✓				✓		
9	**Herzogstand und Heimgarten**	🔴	4	10,1	420/1210	✓				✓		
10	**Auf den Kranzberg**	🔵	3	11,5	500	✓	✓	✓		✓		✓
11	**Über den Katzenkopf**	🔴	3.45	15	550	✓		✓				
12	**Schöttelkarspitze und Soiernspitze**	⚫	11	28,6	1800	✓				✓		
13	**Auf die Benediktenwand**	🔴	6.15	15,4	700/1485	✓				✓		
14	**Auf den Staffel**	🔴	4.15	10,5	800						✓	
15	**Zum Demeljoch**	🔴	7.30	16,6	1370			✓				✓
16	**Rontal – Torscharte**	🔴	5	13,5	950			✓		✓		

Nr.	Tour		Std.	km	Hm							
17	Auf die Fleischbank	🔴	6.30	14,6	1105/1070					✓		
18	Panoramaweg zur Binsalm	🔵	2	6	450	✓	✓	✓		✓		
19	Auf den Bärenkopf	🔴	4	12	650/1120	✓		✓		✓		✓
20	Halserspitz und Blaubergkamm	⚫	8	18,6	1280	✓					✓	
21	Vom Tegernsee zum Schliersee	🔴	4	13	550	✓	✓		✓			✓
22	Zur Baumgartenschneid	🔴	6	15,3	980	✓						
23	Setzberg und Wallberg	🔴	3.45	9	1050/350	✓						
24	Brecherspitz und Bodenschneid	🔴	6	13,8	1180	✓					✓	✓
25	Stümpfling – Rosskopf – Stolzenberg	🔴	4	11	600	✓				✓		✓
26	Taubenstein und Rotwand	🔴	4	11	400/950	✓			✓	✓		✓
27	Schweinsberg und Wendelstein	🔴	4.30	8,5	1105/200	✓		✓		✓		
28	Auf den Farrenpoint	🔵	3	8	420	✓	✓	✓	✓	✓		
29	Zum Heuberg	🔵	3.30	8	600	✓						
30	Aufs Kranzhorn	🔴	3	8	500	✓	✓	✓		✓		
31	Klausenberg und Spitzstein	🔴	8	18,2	1510/1380							
32	Über die Pyramidenspitze	🔴	10	22,8	1760	✓						
33	Zum Baumgartenköpfl	🔴	5	10,3	930	✓				✓		

UNSER NACHHALTIGKEITSKODEX

Die Welt birgt viele Wunder, Abenteuer und spektakuläre Aussichten, die wir gerne erkunden möchten. Doch sie ist auch leicht aus dem Gleichgewicht zu bringen. Hier ein paar Tipps, wie wir unsere Welt nachhaltig entdecken können:

- **Abfall wieder mitnehmen:** Plastikverpackungen jeglicher Art, Dosen, Flaschen und Papiertaschentücher (es dauert Jahre, bis sich ein einzelnes Taschentuch vollständig abgebaut hat!) gehören nicht in die Natur, sondern fachgerecht entsorgt. Dazu zählen natürlich auch Toilettenpapier und der Inhalt von (Chemie-)Toiletten. Entsprechende Entsorgungsstationen finden sich überall.

- **Ressourcen gewissenhaft nutzen:** Manche Umweltressourcen sind bereits knapp, endlich sind auf jeden Fall alle. Um sie zu schonen, sollten wir sparsam mit ihnen umgehen, gerade in Gegenden, in denen zum Beispiel Wasser oder Strom nicht im Überfluss vorhanden sind.

- **Ein guter Gast sein:** Nachhaltig unsere Umgebung zu erkunden bedeutet auch, der hiesigen Flora und Fauna mit Respekt zu begegnen. Pflanzen sollten auf keinen Fall gepflückt werden, aber sie stehen uns bestimmt gerne Modell für das eine oder andere Foto. Das Gleiche gilt für wilde Tiere: Wir füttern sie nicht, halten Abstand und beobachten sie aus der Ferne.

- **Lokal kaufen:** Dadurch lernen wir nicht nur Land und Leute besser kennen und unterstützen die regionale Wirtschaft, sondern wir können so auch unsere Campingküche mit frischen Produkten nachhaltig gestalten.

- **Flexibel bleiben:** Camper sind keine Rudeltiere. Wir schonen die Natur auch, indem wir einen Ort nicht geballt belasten. Einen tollen Stellplatz entdeckt? Wir behalten es für uns und teilen ihn am besten nicht mit der Öffentlichkeit. Übrigens gibt es inzwischen vielerorts auch nachhaltige Campingplätze.

- **Umweltbewusst fahren:** Reisen mit dem Auto oder Womo sind grundsätzlich umweltfreundlicher als mit dem Flugzeug, dennoch können wir noch mehr tun und zum Beispiel den Kraftstoffverbrauch minimieren, indem wir vorausschauend fahren, so wenig Last wie möglich mit uns führen und die Umgebung vor Ort mit dem Fahrrad oder zu Fuß erkunden.

- **Nur dort parken und campen, wo es erlaubt ist:** Selbst wenn wir uns noch so vorbildlich verhalten und unseren Aufenthaltsort so hinterlassen, wie wir ihn vorgefunden haben, stören wir den Lebensraum von Wildtieren und hinterlassen Spuren und Gerüche. Auch Lagerfeuer entzünden wir ausschließlich an den dafür vorgesehenen Stellen und achten dabei auf Waldbrandstufen und Naturschutzgebiete.

So wie wir die Umwelt respektieren, wollen wir auch unseren Mitmenschen und deren Kultur Respekt entgegenbringen, gerade im Hinblick auf deren Traditionen, Religion oder typische Gebräuche. So können ein Lächeln oder ein paar Worte in der Landessprache Berge versetzen!

INFO

PIKTOGRAMME ERLEICHTERN DEN ÜBERBLICK

Gehzeit | Länge | Höhenunterschied

Einkehr

wintergeeignet

schattiger Weg

kindergeeignet

viel Sonne

Bademöglichkeit

Sehenswürdigkeit

ANFORDERUNGEN

● LEICHT

Technisch einfache Wanderungen auf ebenem Terrain sowie zumeist auf asphaltierten und befestigten Wegen, teils innerstädtischen Straßen und Gassen

● MITTEL

Überwiegend technisch anspruchslose, etwas ausgedehntere Wanderungen in meist ebenem Gelände sowie auf asphaltierten und befestigten Wegen, Waldpfaden und land- oder forstwirtschaftlich genutzten Straßen

● SCHWER

Anspruchsvollere Touren bedingt durch ihre besondere Länge und geografische Beschaffenheit, die schmale Waldpfade ebenso einschließen können wie etwas größere Steigungen. Hier sind ein wenig mehr Kondition und Ausdauer erforderlich, jedoch keine sportlichen Herausforderungen.

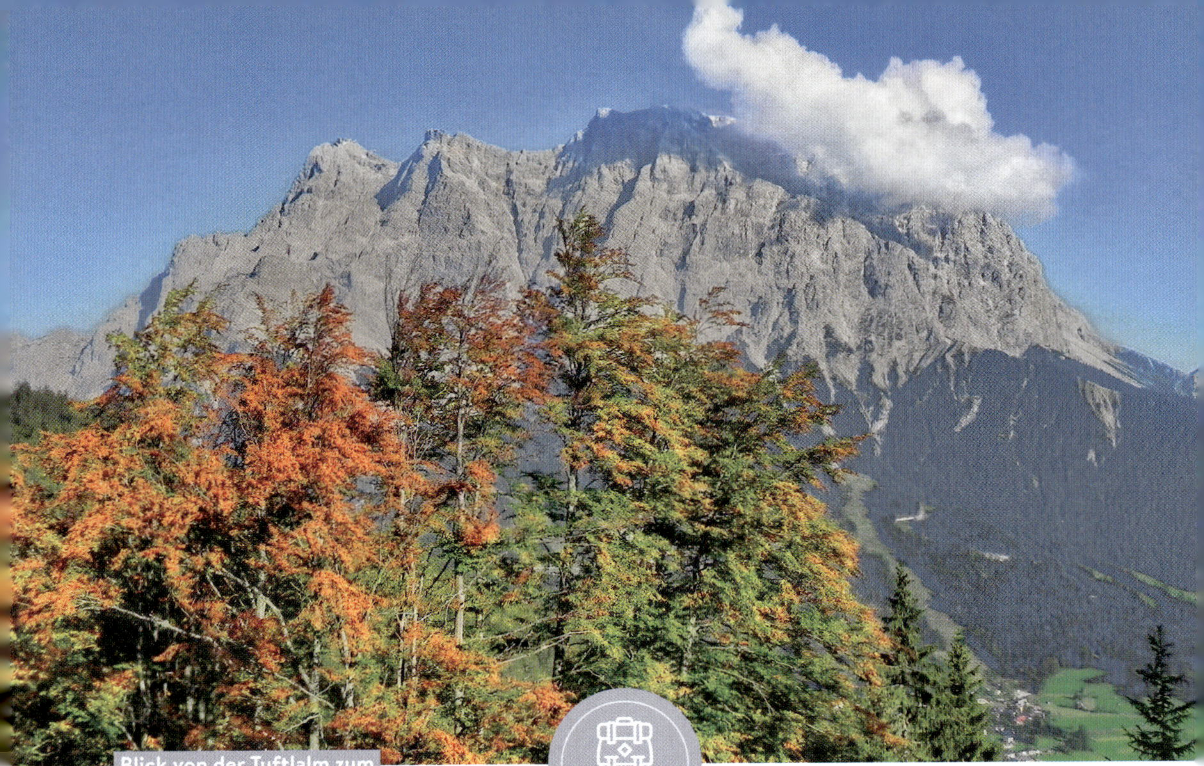

Blick von der Tuftlalm zum Zugspitzmassiv (Tour 4)

Aussichtsreiche Wege und Gipfel

Die Bayerischen Alpen bieten trotz ihres hohen Waldanteils ungemein aussichtsreiche Wanderungen: Von kurz bis lang, von einfach bis schwierig – hier ist alles dabei!

ANREISE

Alle Ausgangspunkte sind auf gut ausgebauten Straßen erreichbar: Ammergau und Garmisch-Partenkirchen von München über die A 95, der Isarwinkel über Bad Tölz (B 13), die Schlierseer und die Tegernseer Berge über die A 8 München–Salzburg, die uns auch weiter nach Osten zu den Chiemgauer und Berchtesgadener Bergen bringt. Da viele der hier beschriebenen Touren unterschiedliche Ausgangs- und Endpunkte haben, ist die Anreise mit öffentlichen Verkehrsmitteln ideal. Das Allgäu ist bequem mit dem Zug erreichbar, und die Busverbindungen sind vorbildlich ausgebaut. Auch Garmisch-Partenkirchen ist ebenso wie Bad Reichenhall und Berchtesgaden problemlos mit der Bahn erreichbar. Die Bayerische Oberlandbahn (BRB) bringt Wanderer von München aus schnell in den Isarwinkel und in die Tegernseer und die Schlierseer Berge.

AUSRÜSTUNG

Für die meisten in diesem Buch beschriebenen Touren ist eine gute Bergwanderausrüstung ausreichend. Sie sollte allerdings der Jahreszeit und dem Wetter angepasst sein. Bei der Bekleidung hat sich das Zwiebelprinzip aus mehreren Schichten bewährt. Die Materialien von Shirts, Hemden und Unterwäsche sind idealerweise aus Kunstfaser oder Merinowolle – während Kunstfaser die Feuchtigkeit vom Körper wegtransportiert, wärmt Merinowolle auch im feuchten Zustand noch und riecht auch nach Tagen nicht unangenehm. Eine lange Berghose gehört zur Standardausrüstung und ist auch bei heißen Sommertagen, wenn ein Paar Shorts ausreicht, zumindest im Rucksack mit dabei. Ein wärmender Fleecepullover und für Regenwetter ein Anorak gehören ebenso in den Rucksack wie Handschuhe und Mütze bei kühleren Temperaturen. Die Bergschuhe sollten unbedingt passen, eine gute Profilsohle aufweisen und idealerweise über die Knöchel reichen – für lange Wanderungen sollte man die Schuhe gut eingelaufen haben. Gute Wandersocken haben eine Polsterung an Zehen und Ferse, die den Tragekomfort deutlich erhöht. Einige haben auch eine Bezeichnung für rechts und links, die man unbedingt beachten sollte. Weitere wichtige Ausrüstungsgegenstände sind ein guter Rucksack, Sonnenschutzcreme, Sonnenbrille, Taschen- oder Stirnlampe, Erste-Hilfe-Set, ggf. Biwaksack, Brotzeit und Getränke. Bei langen Abstiegen können Teleskopstöcke von Vorteil sein und die Gelenke deutlich entlasten. Für die Übernachtung auf Alpenvereinshütten benötigt man einen Hüttenschlafsack.

Am Gipfelkreuz des Daniel in den Ammergauer Alpen (Tour 4)

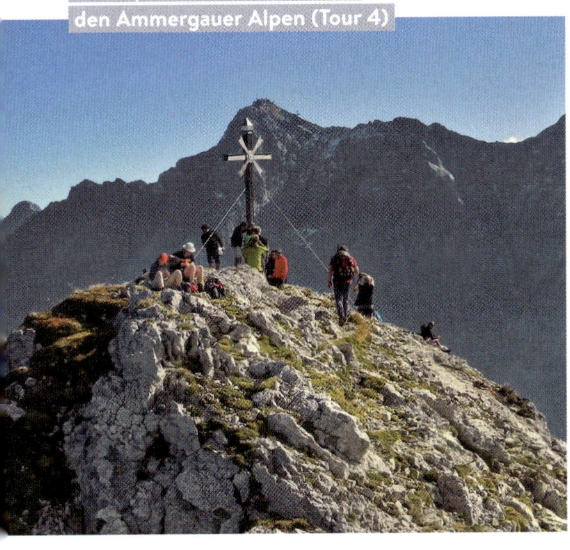

TOURENPLANUNG

Eine sorgfältige Tourenplanung bildet die Grundlage für eine sichere und gelungene Tour. Unsere vorgestellten Touren verlaufen alle auf gut markierten Wanderwegen. Die Markierungen sind in den jeweiligen Regionen allerdings sehr unterschiedlich: Sie reichen von vorbildlich markierten Wanderwegen mit Wegweisern inklusive Zeitangabe bis zu einfach markierten Wegen mit spärlichen Wegweisern. Daher ist die Mitnahme einer guten topografischen Karte unerlässlich. Der Deutsche Alpenverein hat zusammen mit dem Bayerischen Landesvermessungsamt Alpenvereinskarten im Maßstab 1:25 000 für den gesamten bayerischen Alpenraum herausgebracht – diese decken (mit ein paar weiteren AV-Karten) das gesamte Gebiet dieses Buchs ab. Aufgrund unserer Routenbeschreibungen kann auf weitergehende Literatur verzichtet werden. Zur konkreten Planung sollten unbedingt Erkundigungen über die aktuellen Verhältnisse am Berg eingeholt werden – diese Infos kann man inzwischen im Internet auf diversen Tourenforen erhalten. Gezielte Informationen geben z. B. auch die Internetseiten der Seilbahnen oder auf telefonische Nachfrage die Hüttenwirte oder Fremdenverkehrsämter.

WETTER

Da man sich beim Wandern in der freien Natur bewegt, spielt das Wetter eine entscheidende Rolle. Heutzutage sind die Wetterprognosen für die nächsten 24 bzw. 48 Stunden sehr genau. Informationen bekommt man über den Alpenvereinswetterbericht unter alpenverein.de oder telefonisch unter Tel. 089/290 50 70. Ist man sich einmal unsicher, kann man die persönliche Beratung des Österreichischen Alpenvereins unter Tel. +43/(0)512/29 16 00 von 13 bis 18 Uhr in Anspruch nehmen. Leider beobachtet man häufig, dass viele Wanderer das Wetter unterschätzen, was zu gefährlichen Situationen führen kann. Wenn für den Nachmittag Gewitter angekündigt sind, sollte man früh aufbrechen, um rechtzeitig die Tour beendet zu haben, auch wenn sich am Morgen noch keine Wolke am Himmel gezeigt haben sollte.

NOTFÄLLE

Die Bergunfallstatistik besagt eindeutig, dass die meisten der Bergunfälle beim Wandern passieren. Deshalb kommt es neben einer guten Tourenplanung besonders auf die richtige Einschätzung des eigenen Leistungsvermögens an. Sollte es doch einmal zu einem Unfall kommen, heißt es ruhig bleiben und Erste Hilfe leisten. Es ist wichtig, schnell Hilfe zu holen – daher ist das Mobiltelefon inzwischen auf jeder Tour im Rucksack mit dabei. Die internationale Notrufnummer ist die 112. Folgende Angaben sind erforderlich:

- Wo ist der Unfall passiert (eindeutige Ortsangabe, Koordinaten, Kartenblatt)?
- Was ist passiert (Art und Schwere der Verletzungen)?
- Wie viele Personen sind verletzt?
- Welche Verletzungen haben die Personen (Art und Schwere der Verletzung)?
- Warten auf Rückfragen

Nach dem Notruf das Handy angeschaltet lassen und nicht mehr telefonieren, damit die Rettungsleitstelle bei Rückfragen zurückrufen kann.

Alpines Notsignal: Sollte man einmal keinen Handyempfang haben, sendet man das alpine Notsignal: sechsmal in einer Minute ein optisches oder akustisches Signal geben (Pfeifen, Rufen, Lichtsignal). Diese wiederholt man nach einer Pause von einer Minute so lange, bis man Antwort erhält: Diese besteht aus drei Signalen innerhalb von einer Minute.

Hubschraubereinsatz: Beim Hubschraubereinsatz signalisiert man mit der YES-Position, dass man Hilfe benötigt. Der Hubschrauber ist einzuweisen. Hierzu sollte der Einweiser mit dem Rücken zum Wind stehen und sich nicht bewegen, wenn der Hubschrauber sehr nahekommt (evtl. knien). Der Landeplatz sollte frei von losen Gegenständen sein.

ALPINE GEFAHREN

Wetter: Wie schon beschrieben kann sich das Wetter im Gebirge innerhalb eines Tages schnell ändern, und Wetterstürze bringen Gefahren mit sich. Während bei Gewitter die unmittelbare Gefahr eines Blitzschlags besteht, kann bei Wetterstürzen mit Neuschnee einfaches Wandergelände plötzlich vereisen oder die damit verbundene Kälte bei unzureichender Ausrüstung schnell zu Unterkühlung führen. Bei Gewittergefahr sollte man nach Möglichkeit umkehren. Auf alle Fälle sind Grate und Gipfel ebenso wie Wasser führende Rinnen und Gräben zu meiden und Drahtseile nicht mehr zu berühren. Man sollte Mulden aufsuchen und sich auf eine isolierende Unterlage (Rucksack) setzen.

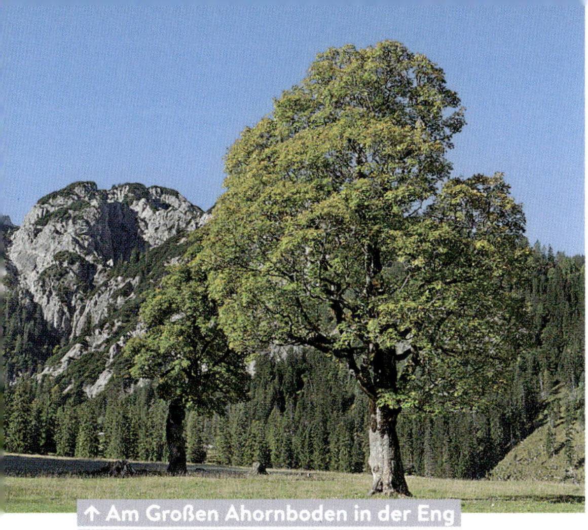

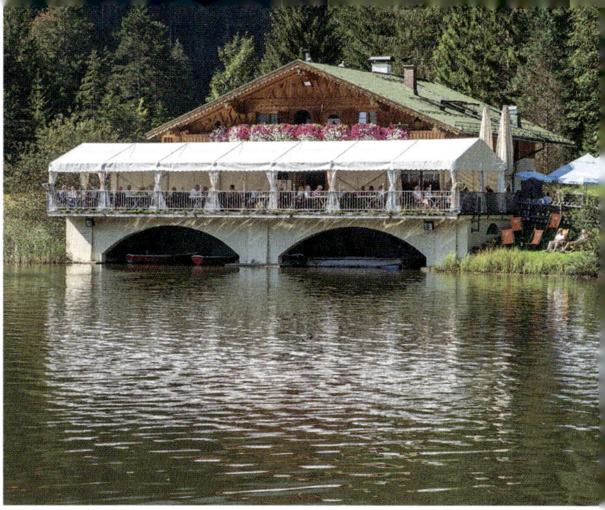

↑ Am Großen Ahornboden in der Eng (Tour 18) ↗ Gasthaus Pflegersee am Kramerplateauweg (Tour 7)

Verhältnisse: Nicht nur ein plötzlicher Wettersturz kann durch Schnee, Vereisung oder Nässe zu Gefahren führen. Im Frühsommer behindern häufig Altschneefelder auf den Wegen ein einfaches Fortkommen. Hier helfen Steigeisen und Pickel gut darüber hinweg. Im Falle eines Sturzes sollte man sich sofort mit dem Gesicht zum Hang drehen und in die Liegestütz-Position kommen, um den Sturz abzufangen.

Steinschlag: Auf einigen schrofigen Passagen im Bereich von Rinnen besteht die Gefahr von Steinschlag. Diese Passagen sollte man schnell durchqueren.

Wechten: Gerade im Frühsommer können auf den Graten von höheren Gipfeln Wechten ausgeprägt sein. Hier sollte man nie ganz auf dem Grat gehen, sondern lieber etwas unterhalb. Auch auf den Gipfeln sollte man vorsichtig sein.

Subjektive Gefahren: Man sollte bei der Auswahl der Touren die konditionelle Verfassung und das persönliche Können berücksichtigen. Kondition kann man sich durch regelmäßiges Training aneignen – lieber erst mal eine kleinere Tour wählen, als bei einer größeren überfordert zu sein und sich in Gefahr zu bringen. Während der Tour ausreichend Pausen einlegen und genügend trinken. Notfalls lieber die Tour abbrechen. Ist man sich unsicher, ob man die anvisierte Tour allein durchführen kann, sollte man einen erfahrenen Begleiter mitnehmen oder, noch besser, sich vorher durch entsprechende Kurse in den Sektionen des Deutschen Alpenvereins dafür fit machen.

UMWELTSCHUTZ

Unsere Alpen sind durch den Tourismus einer immer stärkeren ökologischen Belastung ausgesetzt, und wir können durch eine Anreise mit öffentlichen Verkehrsmitteln einen kleinen Beitrag zu ihrer Entlastung leisten. Die Verkehrsnetze sind mittlerweile gut ausgebaut, sodass man viele Ausgangs- und Endpunkte der Touren sehr gut mit dem ÖPNV erreichen kann – deshalb haben wir, wo möglich und sinnvoll, die Anreise mit öffentlichen Verkehrsmitteln im Infokasten angegeben. Des Weiteren versteht es sich natürlich von selbst, den eigenen Müll wieder mit ins Tal zu nehmen, genauso, wie man die Blumen – und sind sie noch so schön – nicht mit nach Hause nimmt, sondern auf der Wiese stehen lässt. Man will ja selbst auch nicht durch eine Müllhalde und über abgerupfte Wiesen laufen.

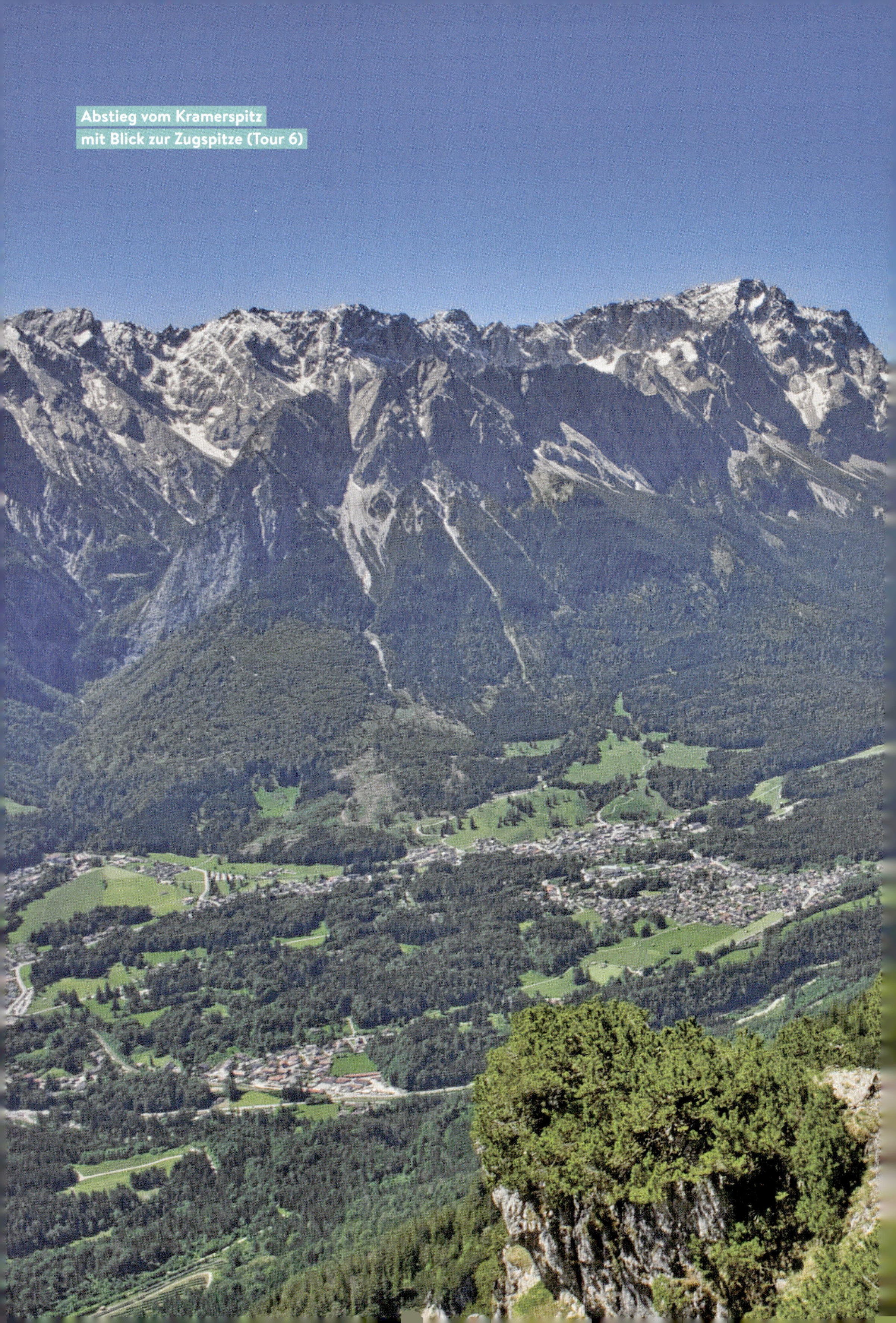

Abstieg vom Kramerspitz
mit Blick zur Zugspitze (Tour 6)

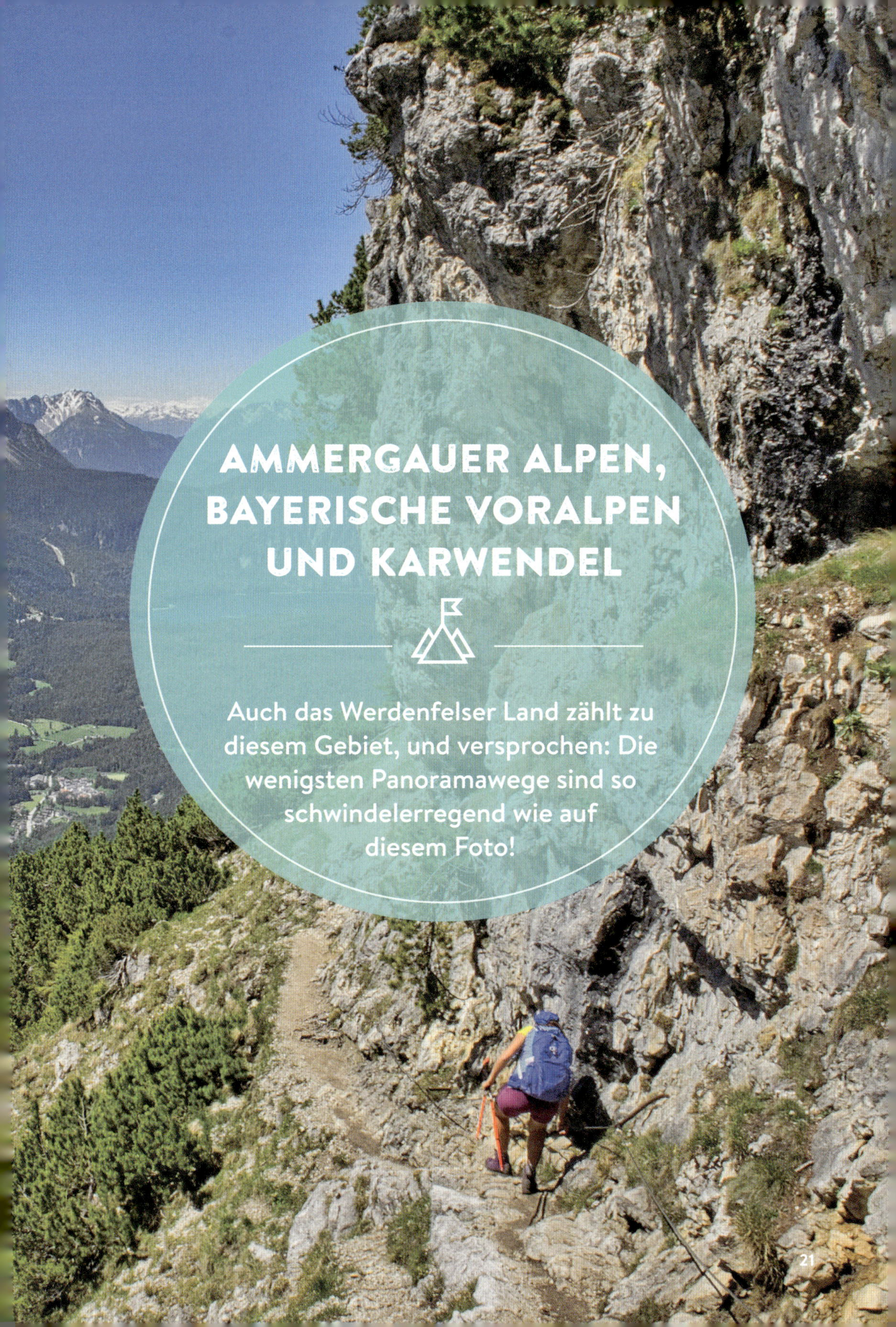

AMMERGAUER ALPEN, BAYERISCHE VORALPEN UND KARWENDEL

Auch das Werdenfelser Land zählt zu diesem Gebiet, und versprochen: Die wenigsten Panoramawege sind so schwindelerregend wie auf diesem Foto!

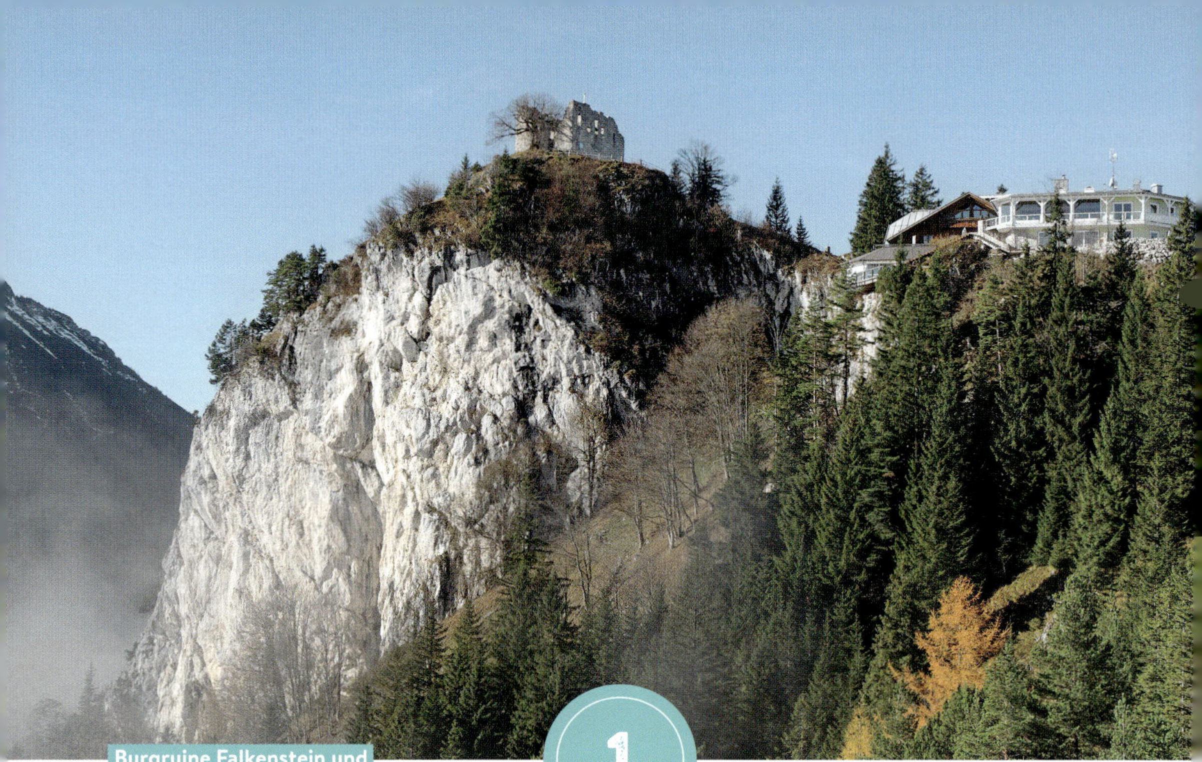

Burgruine Falkenstein und das gleichnamige Hotel liegen auf einem Felssporn.

1

Über den Zirmgrat

Zwischen Füssen und dem Vilstal

Auf dieser Bergwanderung folgt ein Höhepunkt auf den nächsten – von der historisch interessanten Burgruine Falkenstein über den stillen, sagenumwobenen Alatsee bis zum quirligen Weißensee, und gekrönt wird das Ganze natürlich vom aussichtsreichen Zirmgratweg und von der perfekt für eine Einkehr gelegenen Salober Alm.

GEMÜTLICHER ANSTIEG Wir beginnen die Wanderung am **A Parkplatz des Badegeländes** in Oberkirch am Weißensee. Mit Blick auf die Häuser in Oberkirch wandern wir auf dem Seeuferweg, das Wasser zu unserer linken Seite. Nach gut 500 Metern biegen wir rechts auf den Wanderweg ein und verabschieden uns vorerst vom Weißensee. Der Weg steigt an, und bald wandern wir parallel zur Bundesstraße auf einem Rad- und Fußweg bis zum Weiler **1 Roßmoos**. Hier folgen wir dem Linksverlauf der Straße, passieren einige Häuser und halten uns dann an die Beschilderung »Saloberalp/Falkenstein«, die uns bergauf leitet. Ein geteerter kleiner Wirtschaftsweg bringt uns mit herrlichen Ausblicken über den Weißensee und die Füssener Bergwelt in den Wald.

Tipp

BURGRUINE FALKENSTEIN

Hoch über dem Vilser Tal stehend, war die Burgruine einst der letzte große Traum König Ludwigs II. Es gab bereits konkrete Pläne, anstelle der Ruine ein feudales Schloss ganz im fantastischen Ludwig'schen Stil zu errichten. Seinem vielleicht überzogenen Ehrgeiz wollen wir jedoch entgegenhalten, dass der König ein wirklich begnadetes Händchen für Orte mit einer besonderen Lage hatte – die Aussicht von Falkenstein auf Pfronten ist unbezahlbar. Auch wenn er damals durch seine Bauprojekte den bayerischen Staatshaushalt fast zum Bankrott brachte, sind sämtliche Ludwig-Schlösser heute eine gewinnbringende Einnahme für Bayern.

Nach 300 Metern wendet sich unser Weg nach rechts, und wir halten uns nun stets an die Beschilderung Richtung Falkenstein. Der Weg wird steiler, und schließlich stoßen wir auf eine kleine geteerte 2 **Bergstraße**. Hierher werden wir nach dem Besuch der Burgruine Falkenstein zurückkommen.

KÖNIG LUDWIGS LETZTER TRAUM Zunächst folgen wir der Falkensteinstraße nach rechts und über zwei Kurven und staunen dann über den unvermittelten Blick nach Süden über das Vilser Tal hinweg auf die Tannheimer Berggipfel. Bis zum 3 **Hotel Falkenstein** ist es nur noch ein kurzes Stück bergauf. Hinter dem Hoteleingang beginnt der Aufstieg zur Burgruine Falkenstein – für uns eine erste Herausforderung, fällt doch nach Süden hin der Fels steil ab. Der Weg ist jedoch vorbildlich mit einem Eisengeländer gesichert und dürfte keine Probleme bereiten. Oben erwarten uns prachtvolle Allgäuer Ausblicke und die Überreste der 4 **Falkensteiner Burg** (1277 m), auf deren Turm wir noch hinaufsteigen können. Auf der südlichen Mauerseite finden sich einige perfekt aufgestellte Rastbänke für eine kurze Schau-, Verschnauf- und Verpflegungspause.

HIMMLISCHER BEISTAND Dann wandern wir auf demselben Weg zurück zum 3 **Hotel Falkenstein**, von wo wir einen

Der Weißensee ist einer der unzähligen Seen im Ostallgäu.

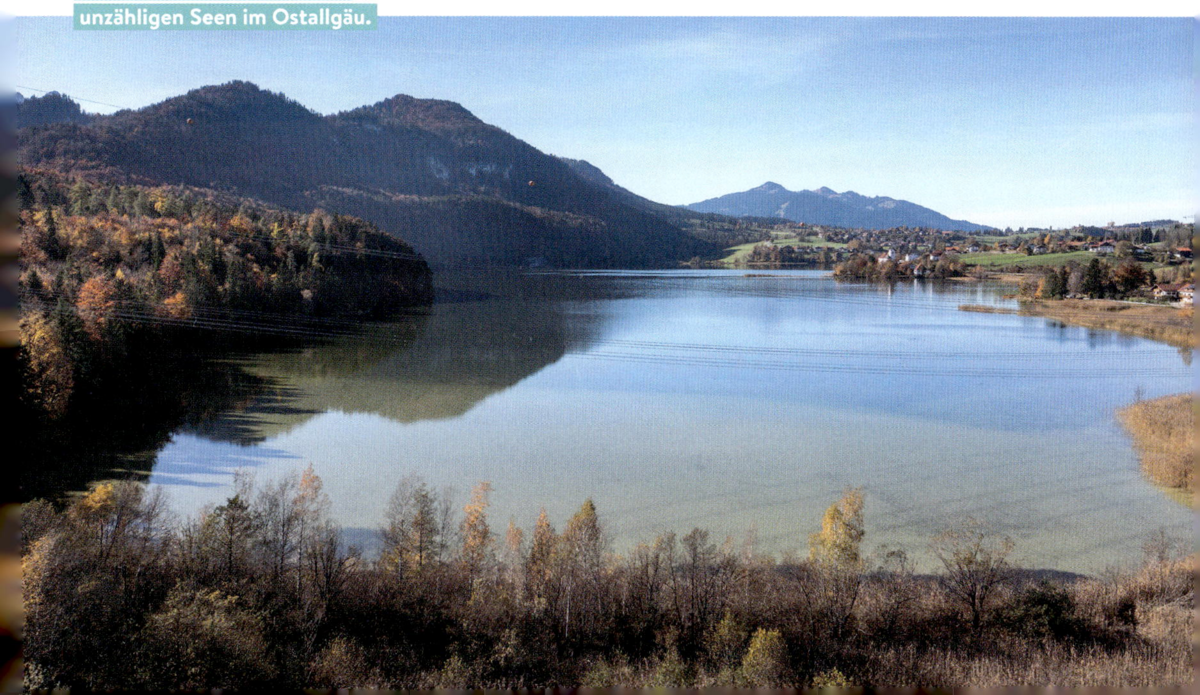

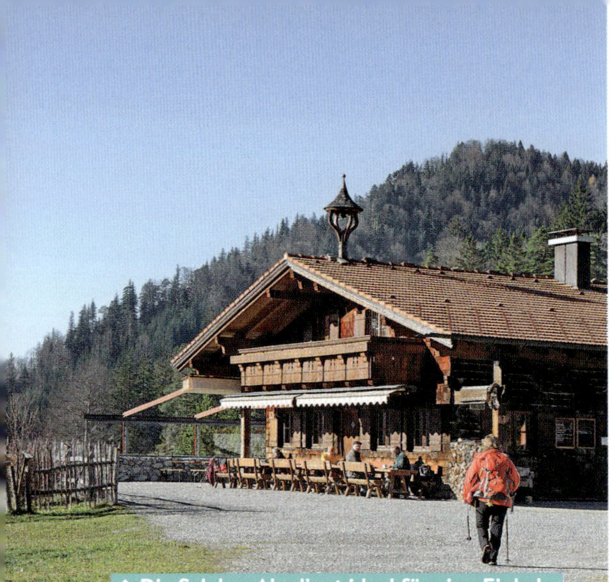

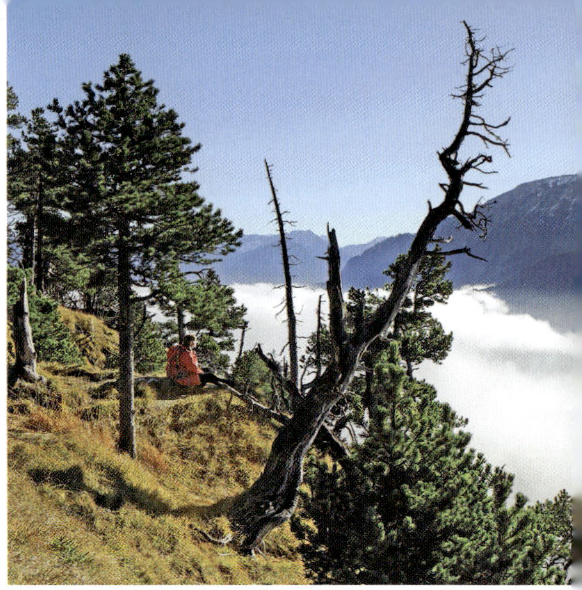

↑ Die Salober Alm liegt ideal für eine Einkehr im letzten Drittel der Wanderung. ↗ Einige wenige Zirben stehen noch auf dem Zirmgrat.

kurzen, aber interessanten Umweg zur Mariengrotte machen. Dafür wählen wir die Treppen, die rechts von der Hotelterrasse beginnen und steil abwärtsführen. Rechts von uns türmt sich der blanke Fels des Falkensteins in die Höhe, und unter uns liegt in der Tiefe der Vilser Talboden. Die Treppe endet, und der Weg verläuft in einigen Zickzackkurven abwärts bis zu einem quer verlaufenden Pfad. Hier geht es nun wenige Schritte nach rechts, und schon stehen wir vor einem mächtigen Felsspalt, in dem eine große 5 **Marienfigur** aufgestellt wurde. Gebetsbänke und Opferkerzen zeigen, dass dieser Platz auch heute noch gern von Gläubigen besucht wird.

Tipp

SALOBER ALM

Im Allgäuer Dialekt auch Salober Alpe genannt, eignet sich die Alm hervorragend für eine Einkehr. Der Berggasthof ist ein beliebtes Ausflugsziel, das gern von Familien über den kurzen direkten Anstieg vom Alatsee her angesteuert wird. Es gibt eine kleine Tageskarte mit warmen Gerichten, Kaffee und Kuchen. Das Schönste ist hier jedoch die wunderbare Aussicht auf die Allgäuer und Tannheimer Berge, die man von der Terrasse vor dem Haus genießt.

Anschließend wandern wir auf dem quer verlaufenden Pfad zurück, der fast eben unterhalb des Falkenstein-Hotels vorbeiführt und schließlich in der Nähe des Gebirgsschützendenkmals auf die Falkensteiner Straße stößt. Dieser folgen wir über die beiden Spitzkehren bis zu der Stelle, die wir vom Hinweg bereits kennen.

AM ZIRMGRAT Dieses Mal halten wir uns rechts und folgen der Beschilderung »Zirmgrat/Salobergrat« am alten Grenzstein aus dem Jahr 1773 vorbei in den Wald hinein. Wir sind nun auf einem Teilstück des Europäischen Weitwanderwegs E4 unterwegs. Der Waldweg steigt an und wird zu einem Bergpfad. Anfangs windet er sich noch entlang der Nordflanke, dann erreichen wir einen 6 **Sattel am Einerkopf** und damit den Beginn des Zirmgratwegs. Nun geht es auf dem Panoramaweg fast eben mit fantastischem Ausblick dahin. Der Weg ist breit genug, sodass auch nicht ganz schwindelfreie Wanderer Vergnügen daran finden. Kiefern und Latschen versperren manchmal die Sicht auf die Vilser und die Tannheimer Berge. Zirben, im Dialekt »Zirm« genannt, wachsen hier nur noch sehr vereinzelt.

GRENZÜBERSCHREITUNG An der letzten Erhebung des Zirmgrats, dem Zwölferkopf, wendet sich unser Weg nach links und verliert im Folgenden rasch an Höhe. In einer Waldbodensenke teilt er sich, und wir können aus zwei Varianten wählen, um zur Salober Alm zu gelangen: entweder über die Aussichtskanzel Vier-Seen-Blick oder nach rechts über den schnelleren und direkteren Weg dorthin. Egal, wie wir wandern, die Beschilderung leitet uns bis zur **7 Salober Alm** (1150 m) auf österreichischem Grund und Boden, die sich perfekt für eine Einkehr anbietet. Nach der verdienten Rast wandern wir immer der Almstraße folgend zurück auf die deutsche Seite und dann bergab zum idyllischen und sagenumwobenen **8 Alatsee**, wo sich erneut eine Rast anbietet und im Sommer auch ein Sprung ins kühle Nass.

Alsdann überqueren wir den Wanderparkplatz am Alatsee und können nun links ziemlich steil zum Südufer des Weißensees absteigen. Wer das scheut, folgt einfach der kleinen Fahrstraße bergab zum Weissensee-Ostufer und wandert dann links auf dem Uferweg das letzte Stück genüsslich direkt am Wasser entlang zum **E Parkplatz des Badegeländes** zurück.

INFO

TOURENCHARAKTER

Konditionell nicht allzu anstrengende, aber längere Bergwanderung, vorwiegend auf breiten Almwegen, Bergstraßen und Pfaden. Einige Wegpassagen erfordern Trittsicherheit. Wer nicht ganz schwindelfrei ist, kann den Anstieg zur Burgruine Falkenstein und den Weg zur Mariengrotte auslassen.

AUSGANGS-/ENDPUNKT

Parkplatz des Badegeländes in Oberkirch am Weißensee
GPS: 47.577200, 10.626162

ANFAHRT

ÖPNV: Mit der Bahn bis Füssen, weiter mit Bussen nach Weißensee
Auto: B 310 über Füssen zum Weißensee

EINKEHR

Salober Alm

INFORMATION

fuessen.de

Mittel | 4.30 Std. | 15,5 km | 600 Hm

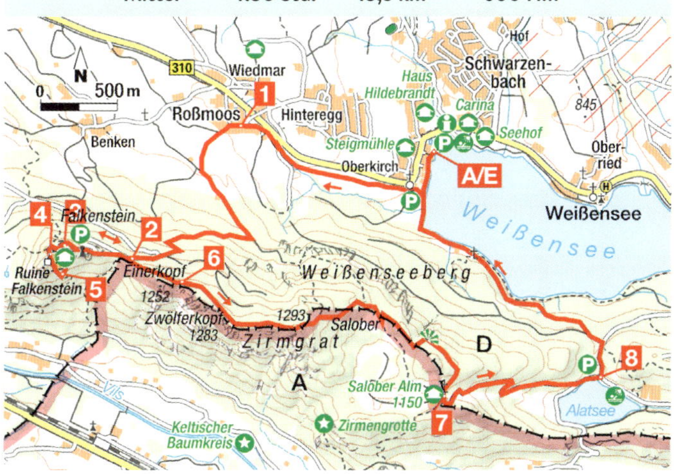

Königliche Runde am Tegelberg

Mit der Gondel in die Bergwelt König Ludwigs II.

Seen wie hellblaue Tintenkleckse auf grünem Löschpapier flirren in der Mittagssonne im Tal. Eingebettet in die hügelige Wiesenlandschaft des Füssener Lands liegen Dörfer und Weiler, und umrahmt von wilden, zackigen Bergspitzen gibt sich der Tegelberg wahrhaft königlich.

2

Bezeichnend: Die spitze Felsnadel am Tegelberg wird »Finger« genannt.

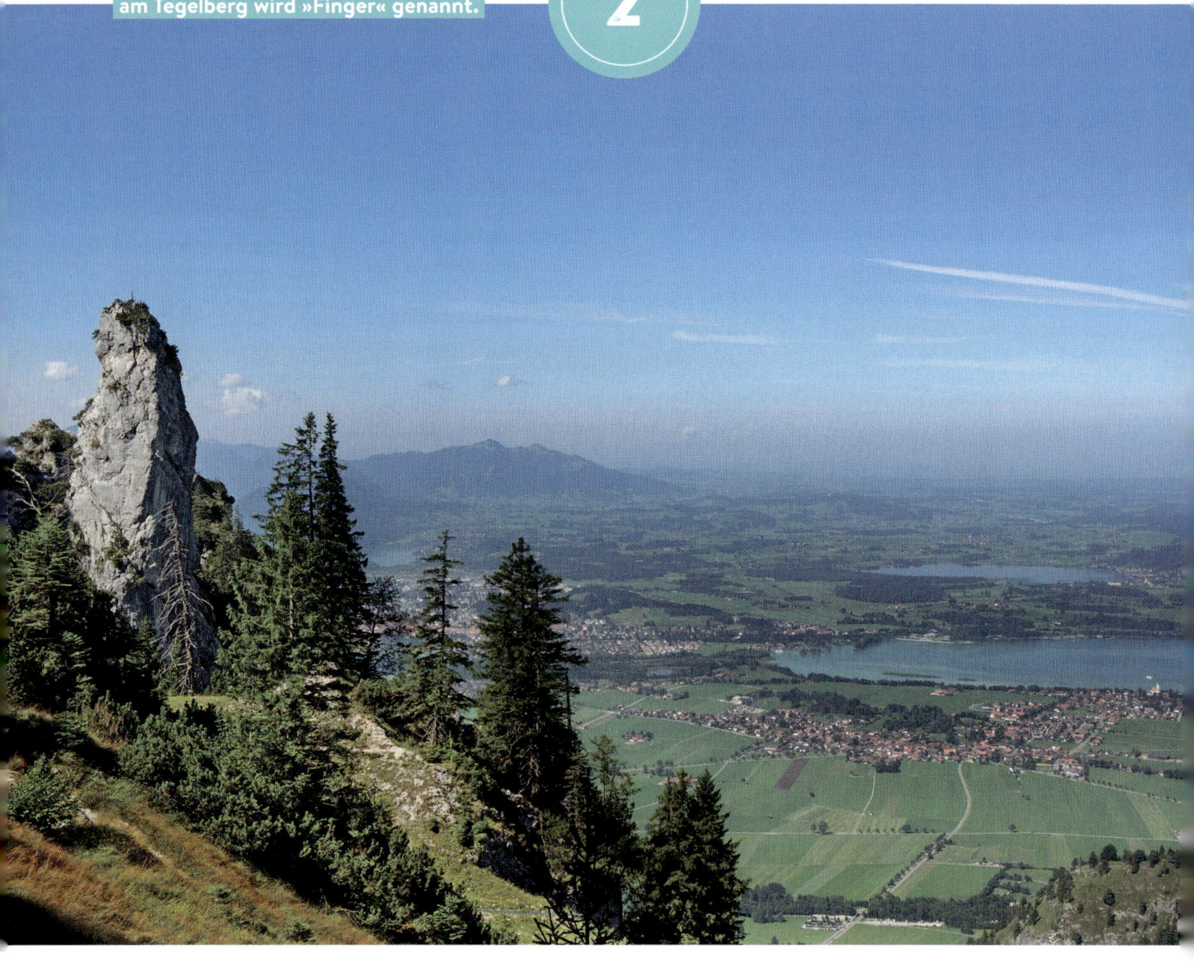

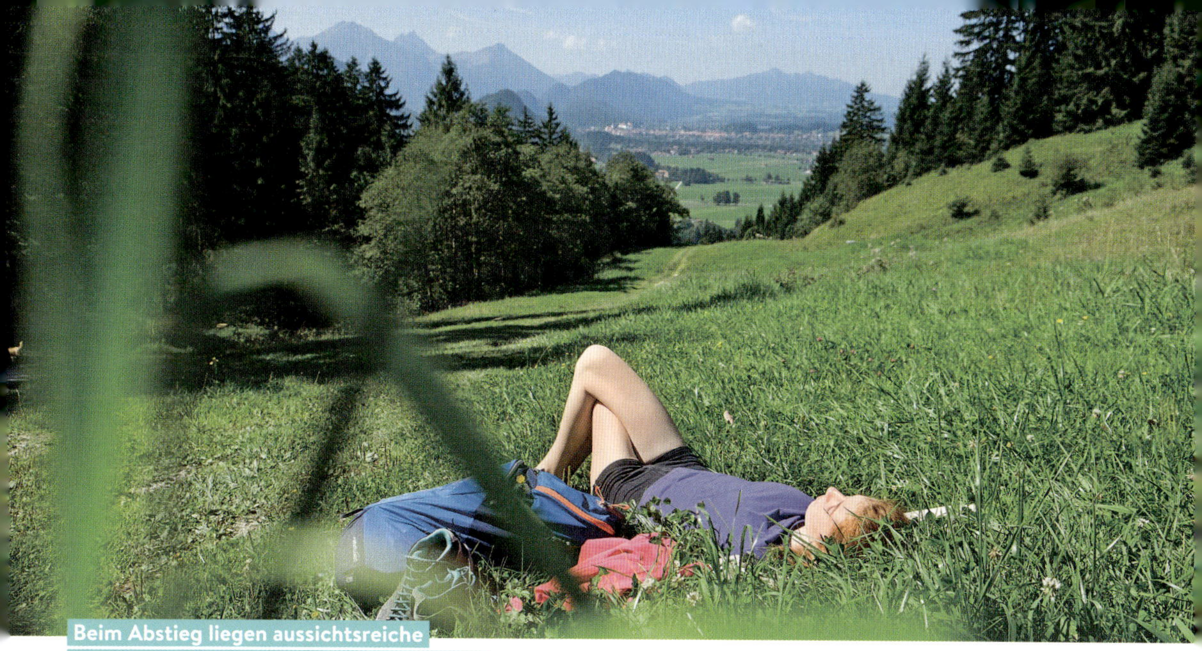

Beim Abstieg liegen aussichtsreiche Almwiesen am Weg – ideal für eine Pause.

DEM HIMMEL ENTGEGEN Das Bergaufwandern sparen wir uns heute und damit auch einige Schweißperlen. Nach dem Erwerb des Lifttickets an der **A Talstation der Tegelbergbahn** schweben wir mir der Gondel knapp 900 Höhenmeter steil über tiefe Felsspalten hinauf zur **1 Bergstation der Tegelbergbahn**. Kaum ausgestiegen, sind wir schon einmal überwältigt von der grandiosen Aussicht hier oben auf dem Tegelberg. Diese lässt sich noch steigern, wenn wir zur kurzen Königsrunde aufbrechen. Der aussichtsreiche Panoramaweg ist ab der Bergstation ausgeschildert, unterwegs informieren einige Hinweistafeln über die historischen, kulturellen und geologischen Besonderheiten der Gegend.

KÖNIGLICHE AUSBLICKE Der Rundweg führt mit knapp 100 Höhenmetern Steigung zur Branderschrofen-Schulter (1781 m), wo uns weitere Traumaussichten am **2 Viscope** erwarten. Tief unter uns leuchten die blauen Flächen der Füssener Seenplatte mit Forggen-, Bannwald-, Alp- und Schwansee, und am Horizont sieht man sogar den Hopfensee. Drum herum reihen sich die Trauchgauer, die Lechtaler und die Allgäuer Alpen in einer schönen Mischung aus sanften Hügeln, wilden Felsnadeln und einigen gewaltigen Gipfeln aneinander. Ein paradiesisch schöner Flecken Erde!

Wer den Branderschrofen bezwingen möchte, steigt von dort nochmals 15 Minuten weiter aufwärts. Für den Gipfel, der stellenweise

Tipp

STEINBÖCKE UND RÖMER

Mit etwas Glück kann man am Tegelberg Steinböcke beobachten – vor allem an der Branderschrofen-Schulter tauchen des Öfteren welche auf. Für etwas Kulturprogramm sorgt an der Talstation der Tegelbergbahn die römische Villa Rustica aus dem 2. Jh., die man 1934 entdeckte. Das Gut war luxuriös mit Fußbodenheizung, Bädern und Fresken ausgestattet. Heute sind die dortigen Ausgrabungen zu ihrem Schutze überdacht, können aber besichtigt werden.

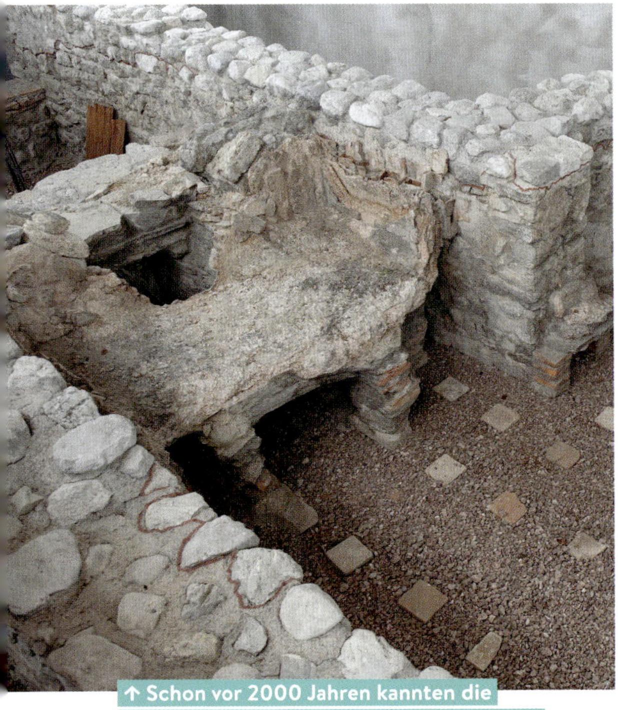

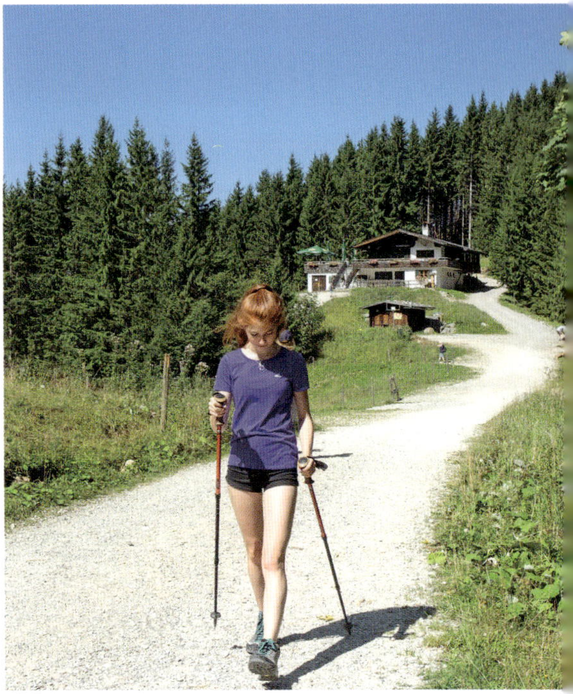

↑ Schon vor 2000 Jahren kannten die Römer Fußbodenheizungen. ↗ Stöcke sind beim langen Abstieg sehr hilfreich.

drahtseilversichert ist, muss man jedoch schwindelfrei und trittscher sein.

Ansonsten sehen wir zurück zur 1 **Bergstation** – der Königsweg ist somit ideal für alle, die nur mal Bergluft mit viel Aussicht schnuppern möchten. Denn eines muss man jetzt wissen: Der Abstieg führt über die 900 Höhenmeter, die wir hinaufgeschwebt sind, auch wieder hinab. Das ist zwar konditionell nicht anstrengend, sorgt aber doch für ordentlich Oberschenkelbrennen und Kniewackeln. Wer sich das nicht zutraut, schwebt besser wieder mit der Bahn hinab ins Tal.

BERGAB INS PARADIES Zu Fuß geht es von der Bergstation mit dem Panoramarestaurant über den breiteren Weg in einem Bogen zum Tegelberghaus – beides übrigens hervorragende Einkehrmöglichkeiten, um das Gipfelgefühl hoch oben am Berg noch länger zu genießen. Wir folgen weiter dem äußerst aussichtsreichem Wanderweg und unterqueren die Seilbahn. Wenige Meter weiter ist der breite Weg zu Ende, und es geht auf einem steinigen Bergpfad steil bergab.

Tipp

HIMMEL VOLLER FARBEN

Direkt neben der Bergstation am Tegelberg befindet sich eine Startrampe für die Könige der Lüfte, die Gleitschirm- und Drachenflieger. An manchen Tagen sirrt die Luft förmlich aufgrund der vielen Leinen, und der blaue Himmel ist bunt getupft. Das wäre natürlich auch eine Möglichkeit, wieder ins Tal zu gelangen …

Über Stufen und im Zickzack verliert dieser rasch an Höhe. Alle alternativen Abzweigungen, die zum Teil über kleine Klettersteige ins Tal führen würden, lassen wir unberücksichtigt und wir genießen die Aussicht über das weite grüne Ostallgäu.

Die Rohrkopfhütte ist unser nächstes Ziel. Kurz vor der Hütte teilt sich der Weg – wir bleiben links und wandern direkt zum **3 Berggasthof Rohrkopfhütte** auf 1320 Metern Höhe. Hier haben wir die Hälfte der abzusteigenden Höhenmeter zurückgelegt und gönnen uns gern eine Pause auf der sonnigen Terrasse, die nicht nur geniale Fernsichten auf die Allgäuer Berge zu bieten hat, sondern mit sehr bequemen Liegestühlen und Sitzgelegenheiten ausgestattet ist. Noch dazu schmecken die bayerischen Schmankerln aus der Küche, darunter Brezenknödel-Carpaccio, Sennerpfanne, Senners Glück oder ein karamellisierter Kaiserschmarren.

AM SCHUTZENGELWEG Unterhalb der Hütte weist uns ein Schild auf den Schutzengelweg. Nun kommen wir in den Wald, folgen im Zickzack dem Weg und der Beschilderung und spüren so langsam unsere Oberschenkelmuskeln. Das letzte Wegstück führt uns über kleinere Almwiesen, vorbei an der Sommerrodelbahn, hinab zur **E Talstation der Tegelbergbahn**. Vielleicht haben wir jetzt noch etwas Zeit übrig, um die Villa Rustica zu besuchen oder um uns eine wilde Fahrt auf der rasanten Sommerrodelbahn zu gönnen.

INFO

Mittel | 3.15 Std. | 7,5 km | 100/950 Hm

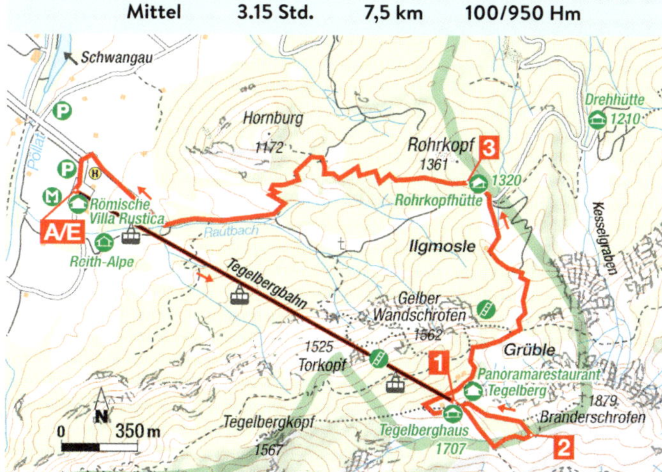

TOURENCHARAKTER

Sehr sonnige Wanderung auf Bergpfaden und Forstwegen, die durch die Auffahrt mit der Tegelbergbahn fast nur bergab führt. Teleskopstöcke sind hilfreich. Ohne die Königsrunde ca. 45 Min. kürzer

AUSGANGS-/ENDPUNKT

Talstation der Tegelbergbahn
GPS: 47.567923, 10.756769

ANFAHRT

ÖPNV: Mit der Bahn bis Füssen, weiter mit Bussen
Auto: A 7 bis Füssen oder A 95 nach Murnau und über Bad Kohlgrub nach Steingaden, dann auf der B 17 nach Schwangau. Dort links zur ausgeschilderten Talstation der Tegelbergbahn (kostenpflichtige Parkmöglichkeiten)

EINKEHR

Sowohl das Panoramarestaurant an der Bergstation als auch das Tegelberghaus sowie auf dem Abstiegsweg die Rohrkopfhütte (Di/Mi Ruhetag) bieten sonnige Terrassen mit tollen Aussichten.

INFORMATION

fuessen.de, tegelbergbahn.de

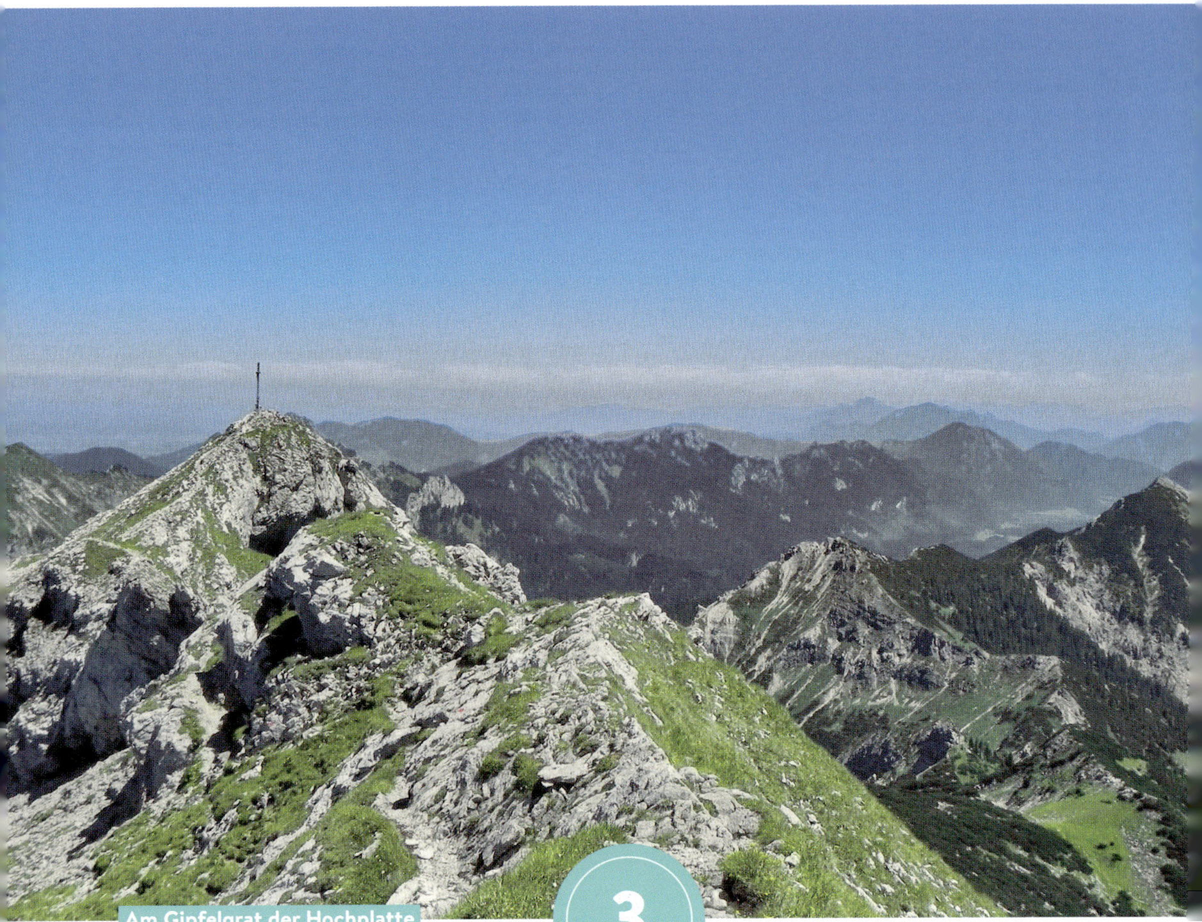

Am Gipfelgrat der Hochplatte

3

Krähe und Hochplatte von Süden

Aussichtsreiche Grattour im Ammerwald

Die Ammergauer Hochplatte ist einer der beherrschenden Gipfel und schenkt einen weiten Blick auf das Alpenvorland. Krähe und Hochplatte mit ihren langen Graten bieten sich für eine Überschreitung geradezu an. Der Anstieg über den Schützensteig und weiter auf die Krähe ist landschaftlich großartig.

Tipp

ABSTIEG OHNE HOCHPLATTE

Wem die Überschreitung der Hochplatte zu anspruchsvoll ist, der kann nach der Überschreitung der Krähe wieder zum Schützensteig absteigen. Vom Fensterl folgt man dem Steig hinüber zur Roggentalgabel, wendet sich dort nach Westen und steigt ins Köllebachtal hinab. Man gelangt zum Aufstiegsweg und folgt diesem nach links zur Jägerhütte. Über den Schützensteig geht es dann zur Ammerwaldalm. Die Runde hat in etwa die gleiche Länge wie die Überschreitung zur Hochplatte. Man spart sich den anspruchsvollen Abschnitt vom Fensterl nach Osten, verzichtet dafür aber auch auf einen Gipfel (6.30 Std., 18,6 km, 965 Hm).

ZUM STRAUSSBERGSATTEL Da die Parkplätze am Hotel Ammerwald für Gäste reserviert sind und wir am Ende der Tour nicht unbedingt auf der Straße zurück zum Auto spazieren wollen, ist es geschickter, an der **A Ammerwaldalm** (1090 m) zu parken und in 15 Minuten zum Hotel Ammerwald zu gehen. Neben dem Hotel führt ein Forstweg in den Wald. Bei einer Jagdhütte biegt der Schützensteig nach links ab und schlängelt sich in einigen Kehren schön durch den Wald empor. Er passiert einen idyllischen Wasserfall und erreicht bald die Wiesen der **1 Jägeralm**.

Nach einer kurzen Pause nehmen wir den rechten Weg, der in Richtung Niederer Straußbergsattel führt. Vorher zweigt die kürzere Variante ins Köllebachtal ab, die direkt in den Sattel vor der Hochplatte mündet und somit die Krähe auslässt. Viel schöner ist es aber, beide Gipfel zu überschreiten. Der Weiterweg gewährt uns einen wunderbaren Rundblick auf die umliegenden Berge. Bald stehen wir am **2 Niederen Straußbergsattel**, wo wir uns eine Pause gönnen und die eindrucksvollen Nahblicke auf den Hohen Straußberg genießen.

AUF DIE KRÄHE Nach der Rast wandern wir auf dem Weg am Niederen Straußberg empor und über eine längere flache Querung zum Schwangauer Kessel. Die Abzweigung

An der Jägerhütte ist das Gelände noch recht lieblich.

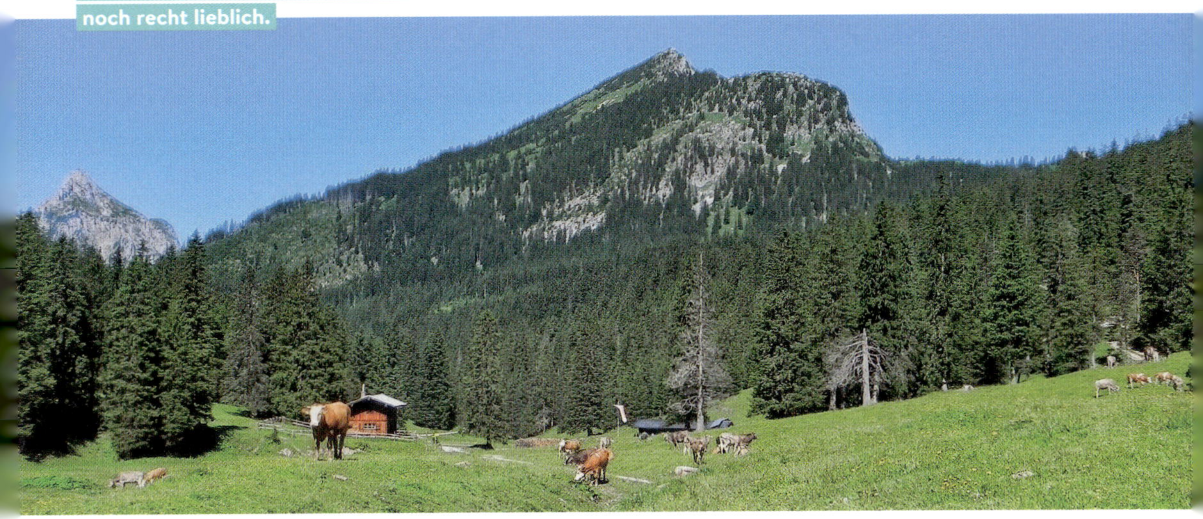

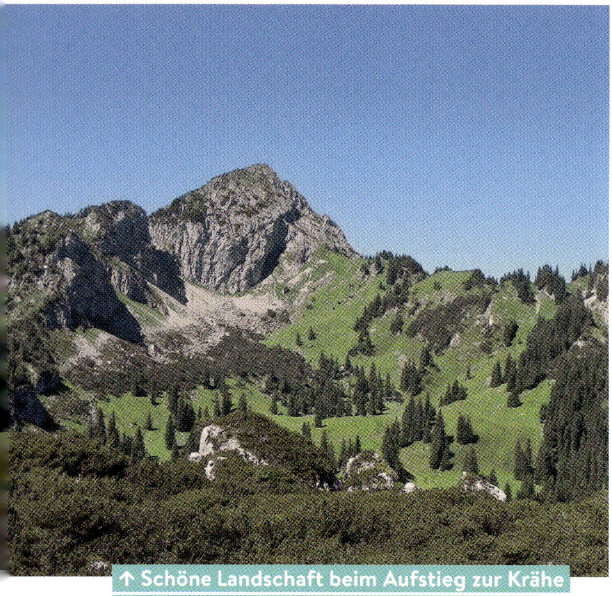

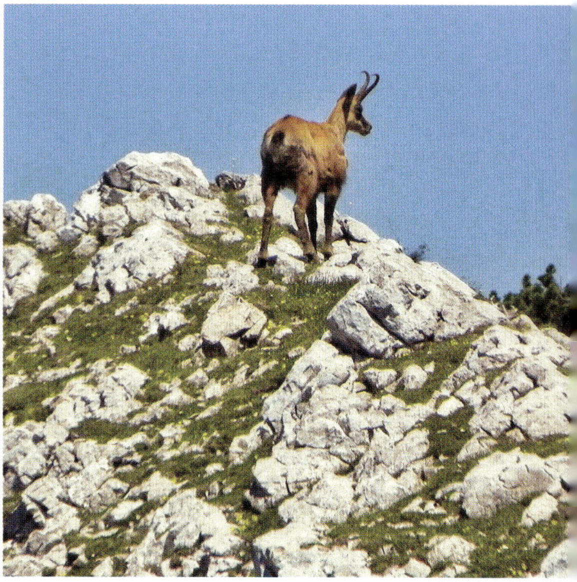

↑ Schöne Landschaft beim Aufstieg zur Krähe
↗ Gemse beim Abstieg von der Hochplatte

des Prinzregentensteigs lassen wir links liegen und folgen dem Pfad, der sich in einigen Serpentinen hoch in den eindrucksvollen Gabelschrofensattel schlängelt. Das Gipfelkreuz scheint zum Greifen nahe, allerdings ist das felsige Steilgelände nichts für Wanderer, sodass wir uns wieder unserem eigentlichen Ziel, der Krähe, zuwenden.

Am Sattel kommt ein weiterer Steig vom Gumpenkar herauf, mit dem wir gemeinsam in einem Linksbogen durch eine felsige, aber unschwierige Rinne die Südabdachung und wenige Minuten später den Gipfel der **3 Krähe** (2010 m) erreichen. Die fabelhafte Aussicht bringt uns zum Staunen: Im Süden steht wie eine eindrucksvolle Mauer das Zugspitzmassiv, im Westen erheben sich die Allgäuer Alpen mit dem Hochvogel, und im Norden begeistern die Füssener Seen. Die Hochplatte, unser nächstes Gipfelziel, ist von hier oben gut zu sehen – wir können den ganzen langen Westgrat bis zum Gipfelkreuz überblicken.

ZUR HOCHPLATTE Während der Gipfel der Krähe nach Norden hin senkrecht abfällt, führt uns der Weg über die harmlose Südabdachung abwärts in den Sattel zwischen Krähe und Hochplatte. Dort befindet sich das Fensterl, ein Felsdurchschlupf, durch das ebenfalls der vom Gumpenkar heraufkommende Weg kommt. Hier treffen wir auf den Direktabstieg ins Roggenbachtal und die kürzere Anstiegsvariante aus dem Köllebachtal. Auf dem Weg zur Hochplatte wandern wir anfangs auf dem gutmütigen und breiten Gipfelkamm, der bis kurz vor dem Gipfel bequem zu begehen ist.

Dann aber schnürt sich der Kamm zu einem Grat zusammen und wird sehr ausgesetzt. Ein gut verankertes Drahtseil hilft dabei über die Schlüsselstelle der Tour hinweg, sodass wir bald am Hauptgipfel stehen. Von hier sind es nur wenige Meter zum kreuzgeschmückten Ostgipfel der **4 Hochplatte** (2082 m), wo uns die verdiente Belohnung erwartet: Die Aussicht von hier oben ist sogar noch besser als von der Krähe! Der

Kletterberg der Ammergauer Alpen, der Geiselstein, steht im Norden und lenkt alle Blicke auf sich, aber auch die Zugspitze im Süden ist von hier noch viel mächtiger und eindrucksvoller anzusehen.

INS ROGGENBACHTAL Der Abstieg verläuft zunächst über den Ostgrat, dann oberhalb der Mulde des Gamsangerls entlang. Bald wird auch dieser Grat etwas schmaler, aber schon hilft ein weiteres Seilgeländer problemlos über diese Passage hinweg. Der Weg zieht nun durch Latschen- und über Karrenfelder. Wir achten gut auf die Markierungen, um uns nicht zu verirren, und gelangen bald zum Weitalpjoch (1780 m), in dem es sich nochmals gut verweilen lässt. Während des gesamten Abstiegs halten wir aufmerksam nach Gämsen Ausschau, die in der Gegend zahlreich beheimatet sind.

Vom Weitalpjoch bringt uns der Weg steil in den Graben des Roggentalbachs und zu einer Wegverzweigung. Die Wegweiser schicken uns in Richtung Ammerwald, und wir wandern durch das schmale Tal schnell talauswärts. Den Bach überschreiten wir zweimal, und wo sich das Tal weitet, erreichen wir eine Forststraße, auf der wir zur E **Ammerwaldalm** hinabspazieren.

INFO

TOURENCHARAKTER

Mittelschwerer Anstieg zur Krähe, anspruchsvoller Weiterweg zur Hochplatte. Trittsicherheit und Schwindelfreiheit sowie gute Kondition erforderlich

AUSGANGS-/ENDPUNKT

Ammerwaldalm
GPS: 47.53218, 10.85921

ANFAHRT

ÖPNV: Mit dem Zug nach Oberau oder Reutte und mit dem Wanderbus zur Ammerwaldalm
Auto: A 95 München–Garmisch-Partenkirchen bis Oberau und weiter über Ettal und Graswang zur Ammerwaldalm

EINKEHR

Jägeralm, Ammerwaldalm

INFORMATION

ammergauer-alpen.de

Schwer | **6.45 Std.** | **16,7 km** | **1135 Hm**

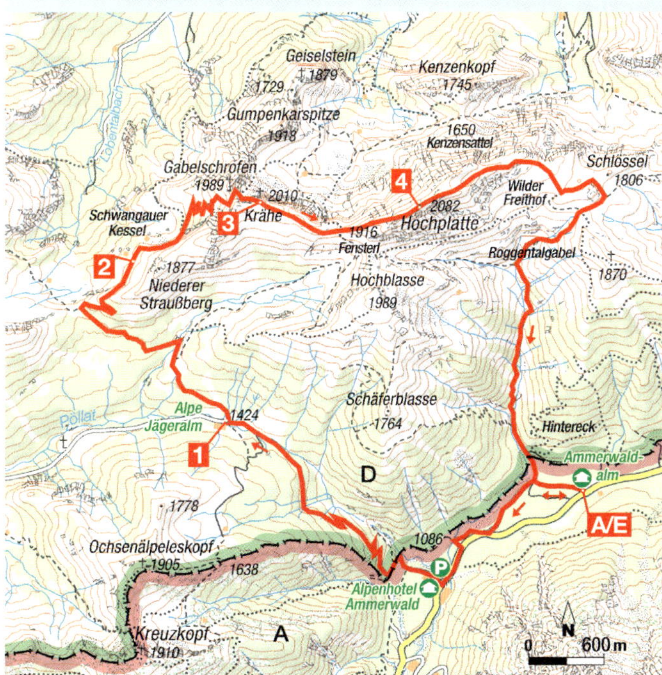

Vom Daniel zum Plattberg

Abenteuerliche Überschreitung in den Ammergauer Bergen

Der Daniel ist der höchste Gipfel der Ammergauer Alpen, und man sieht den Berg, der einem Felshorn gleicht, schon bei der Anfahrt von Garmisch-Partenkirchen. Die Tour hinauf ist schon sehr eindrucksvoll, geradezu grandios ist dann aber noch die anspruchsvolle Überschreitung zum benachbarten Plattberg.

ZUR TUFTALM Vom Parkplatz am **A Bahnhof in Lermoos** sind wir in wenigen Minuten am Panoramabad. Der Weg zur Tuftlalm taucht jetzt in den Wald ein. Bald erreichen wir eine Forststraße, auf der wir gemütlich zur Tuftlalm wandern können – schneller ist es aber, den Steig zu nehmen, der die Straße zweimal quert. Nach der letzten Querung wandern wir über eine Lichtung und gleich wieder in den Wald hinein. Der Weg führt an ein paar netten Felstürmchen vorbei, und schon bald sind wir an der **1 Tuftlalm** (1496 m) angelangt, die zu einer ersten Rast einlädt. Hier an der Alm kann man bereits den Daniel mit seinem Nachbargipfel, der Upsspitze, sehen. Unweit der Alm gibt es auch eine Aussichtsplattform mit schönem Blick auf das Talbecken und die mächtige Sonnenspitze in der Mieminger Kette.

ANSTIEG ZUM DANIEL Der Weiterweg bringt uns an einer kleinen Kapelle vorbei und taucht bald wieder in den Wald ein.

4

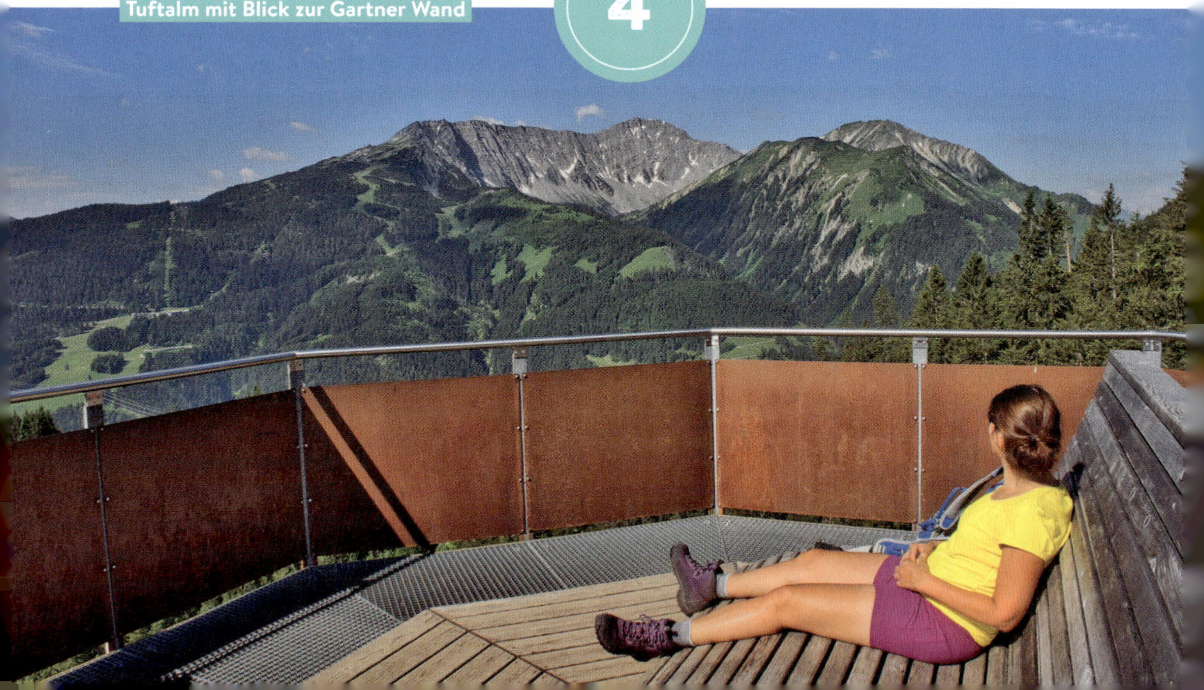

An der Aussichtsplattform der Tuftalm mit Blick zur Gartner Wand in einigen Kehren schlängelt sich der Weg bergauf. Bald schon ersetzen Latschen die Fichten, und es macht sich bezahlt, wenn wir früh aufgebrochen sind: Durch die südseitige Lage kann es sich hier schon sehr aufheizen. Der Weg führt bald in freieres Gelände. Über Schutt und an Felsblöcken vorbei gelangen wir in ein Hochtal unterhalb der Upsspitze und steigen über ein Band hinauf in den Sattel zwischen den beiden Gipfeln. Nun trennt uns nur noch der Gipfelgrat vom Daniel, der zwar nicht schwierig ist, aber zumindest Trittsicherheit verlangt. Bald schon stehen wir am großen Kreuz auf dem 2 **Daniel** (2340 m), Auge in Auge mit der Zugspitze. Im Süden erhebt sich die Mieminger Kette, und daneben sehen wir mit Grubigstein und Gartnerwand die nördlichen Ausläufer der Lechtaler Alpen. Aber auch der Blick nach Norden in die wilden Ammergauer Alpen fasziniert.

Tipp

ÜBER DEN GRÜNEN UPS

Wem die hier vorgestellte Überschreitung zu lang oder zu anspruchsvoll ist, dem schlagen wir folgende mittelschwere Alternative vor: Über den Grünen Ups (1852 m) kann man von der Tuftlalm ebenfalls nach Lermoos wandern. Hierzu folgt man dem markierten Wanderweg von der Alm zum Grünen Ups, gönnt sich am kreuzgeschmückten Übergang eine Pause, genießt die wunderbaren Ausblicke auf das Ehrwalder Talbecken und die Zugspitze und steigt anschließend hinunter zur Bichlbacher Alm (Einkehr). Von hier geht es am Wanderweg hinab nach Lähn (4.30 Std., 9,3 km, 855 Hm Aufstieg/750 Hm Abstieg).

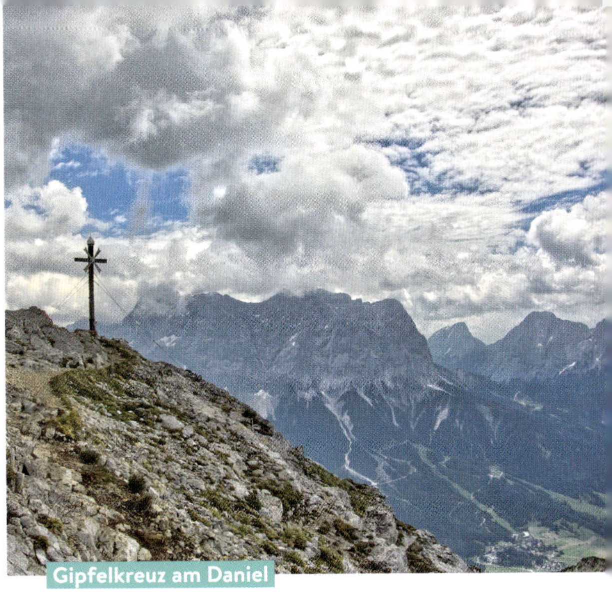

Gipfelkreuz am Daniel

ÜBERGANG ZUM PLATTBERG Vom Daniel steigen wir über den Gipfelgrat zurück, bis an der Upsspitze der Gratweg abzweigt. Ein beherzter Schritt und wir stehen auf der Upsspitze (2332 m). Wir folgen nun dem Gratweg in die Einsattelung vor dem Büchsentaljoch und ignorieren dabei die nach Süden und Norden abzweigenden Wege. Ohne größere Probleme steigen wir hinauf zum Büchsentaljoch (2244 m). War der Weg bis hierher relativ einfach, wird das Gelände nun deutlich anspruchsvoller. Wir wandern auf dem Kamm leicht abwärts, bis uns die Markierungen nach links in die Südwestflanke leiten. Wir umgehen eine Graterhebung und bleiben weiter auf dem Grat bis ins Hebertaljoch. Dieser Abschnitt erfordert unbedingt Trittsicherheit! Auch hier verlassen wir den Grat noch nicht, sondern steigen vorbei am Großen Pfuitjoch zum 3 **Kleinen Pfuitjöchl** (2135 m).

Hier setzt der Gipfelgrat zum Plattberg an. Wir folgen den deutlichen rot-weißen Markierungen nach links in Richtung des schon seit Langem sichtbaren Gipfelkreuzes. Zu Beginn ist der Grat ein wenig felsig und an zwei Stellen mit einem Drahtseil versichert;

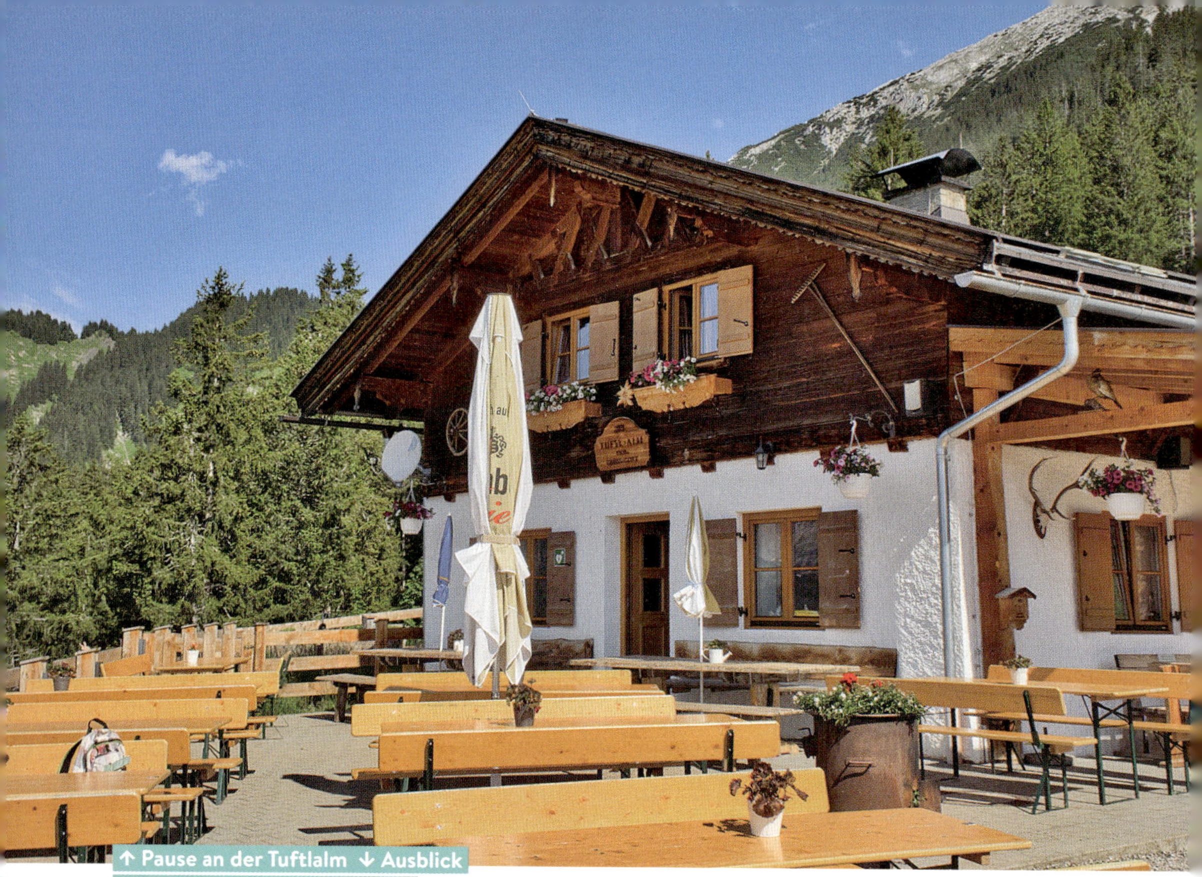

↑ Pause an der Tuftlalm ↓ Ausblick vom Grünen Ups zur Zugspitze

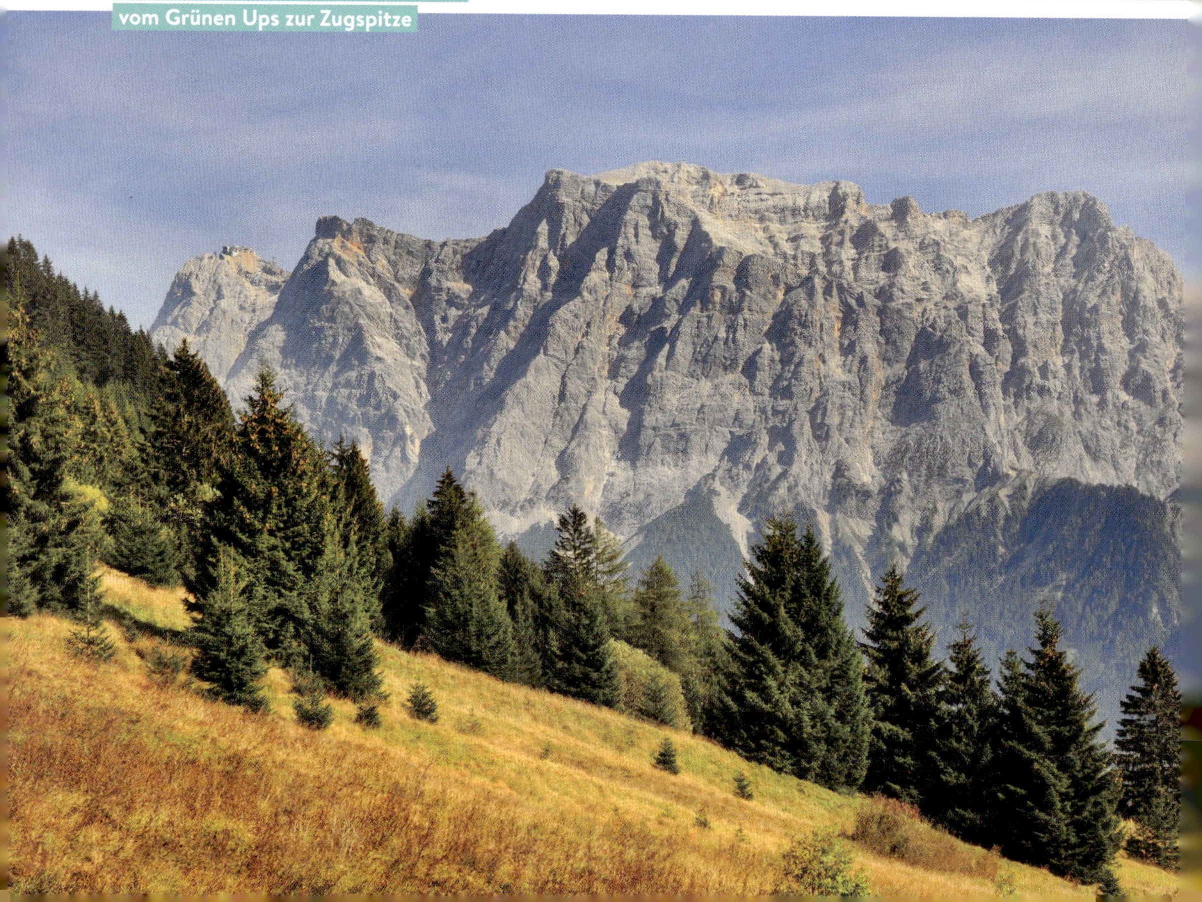

wenig später wird er wieder deutlich florareicher, dafür aber steiler und erfordert weiterhin etwas Vorsicht. Bald schon stehen wir am großen Gipfelkreuz auf dem **4 Plattberg** (2247 m) und genießen die grandiose Aussicht: Sie reicht nach Süden bis weit in die Lechtaler Alpen hinein, und im Norden beeindrucken die vielen einsamen Gipfel der Ammergauer Alpen. Eindrucksvoll ist auch der Tiefblick auf den Plansee.

ABSTIEG NACH LÄHN Am Anstiegsweg steigen wir über den Ostgrat zurück zum **3 Kleinen Pfuitjöchl**. Im Gipfelbereich sind wir dabei besonders vorsichtig, da dieser sehr steil ist und vor allem bei Nässe sehr rutschig sein kann. Vom Kleinen Pfuitjöchl steigen wir über den grasigen Rücken steil nach Süden ab und erreichen eine schöne Wiese, auf der vor allem im Frühsommer zahlreiche Alpenblumen blühen und über die wir hinunter zur Farenegg (1877 m) wandern.

Danach führt der Steig in den Wald und bringt uns über einen steilen, engen Rücken bergab. Wir kürzen die Fahrstraße ab, die zur Bichlbacher Alm zieht, und steigen über Wald- und Wiesengelände in Serpentinen bergab zu einem Fahrweg. Auf diesem wandern wir zu den Bahngleisen von **E Lähn** und in wenigen Minuten zum nahen Bahnhof. Von dort geht es mit dem Zug zurück nach Lermoos.

INFO

TOURENCHARAKTER
Anspruchsvolle Bergtour. Gerade der Übergang nach dem Büchsentaljoch, aber auch der Anstieg zum Plattberg und der Gratweg zum Daniel erfordern Trittsicherheit und Schwindelfreiheit.

AUSGANGSPUNKT
Bahnhof Lermoos
GPS: 47.40578, 10.87868

ENDPUNKT
Bahnhof Lähn
GPS: 47.41968, 10.83302

ANFAHRT
ÖPNV: Zugverbindungen nach Garmisch-Partenkirchen und von dort weiter nach Lermoos
Auto: A 95 bis Garmisch-Partenkirchen und weiter über Ehrwald nach Lermoos

EINKEHR
Tuftlalm

INFORMATION
zugspitzarena.com

Schwer | 7.45 Std. | 14,3 km | 1540/1440 Hm

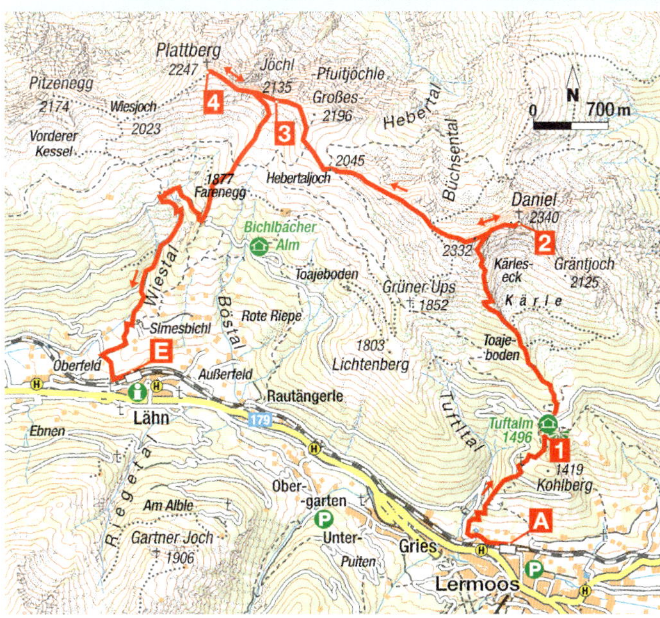

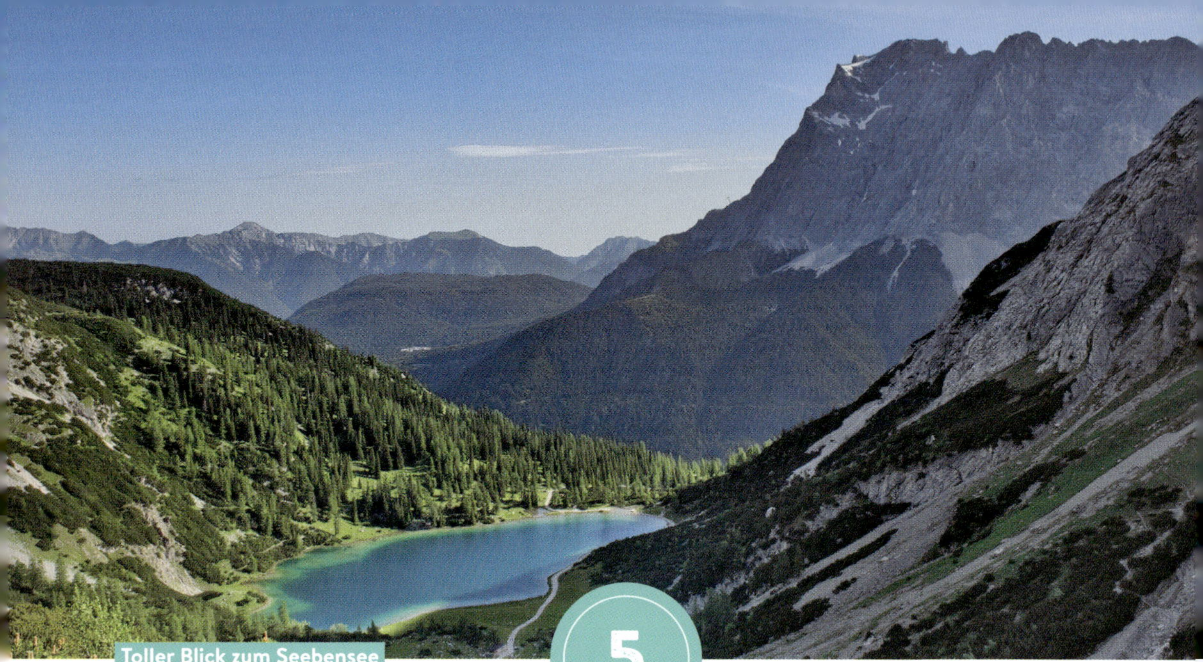

Toller Blick zum Seebensee und zur Zugspitze

5

Über das Hintere Tajatörl

Traumtour im Angesicht der Zugspitze

Die Runde über das Tajatörl führt durch eine außergewöhnlich schöne Landschaft: Im ersten Abschnitt bezaubert der idyllische Seebensee mit Blick auf das Zugspitzmassiv, dann folgt der dunkle Drachensee unterhalb der Coburger Hütte, und im Tajatörl beeindrucken steile Felsen und wilde Zacken, ehe es ins Brendelkar mit dem kleinen Brendelsee hinabgeht.

ZUM SEEBENSEE Von Ehrwald fahren wir mit der Ehrwalder Almbahn zur Bergstation an der **A Ehrwalder Alm** (1502 m). Nach der Auffahrt spazieren wir in Richtung Gasthof Alpenglühen, hinter dem der Weg im großen Rechtsbogen leicht bergan zu einer kleinen Anhöhe ansteigt. Danach geht es bergab bis zur Wegverzweigung am Igelsee. Nun führt der breite Weg gemütlich, teilweise sogar sehr flach, zur Seebenalm und weiter zum **1 Seebensee** (1657 m). Der Weiterweg führt eben am türkisblauen See vorbei zur Materialseilbahn der Coburger Hütte. Immer wieder drehen wir uns um und genießen den Ausblick auf das Zugspitzmassiv.

DRACHENSEE UND TAJATÖRL Anschließend führt der Steig über eine steilere Geländestufe in zahlreichen Kehren hinauf zur **2 Coburger Hütte** (1919 m), von deren Terrasse sich eine traumhafte Bergkulisse bietet, die wir ausgiebig genießen. Vor allem der Blick auf die Südseite des Zugspitzmassivs direkt über dem Seebensee sucht seinesgleichen. Schön ist aber auch der dunkle, direkt unterhalb der Hütte liegende Drachensee.

Um zum Tajatörl zu gelangen, steigen wir von der Hütte kurz hinab zum nahen Drachensee und am Gegenhang über Wiesen wieder bergauf in Richtung Scharte. Der Weg wird immer schottriger. Wir passieren die Abzweigung zur Grünsteinscharte und erreichen bald das **3 Hintere Tajatörl** (2259 m).

DURCHS BRENDLKAR Für den Abstieg wählen wir den Ganghofersteig nach Osten, der durch groben Schotter vom Tajatörl steil bergab ins Brendlkar führt. Das Kar wird bald flacher, der Weg dreht nach Norden ab und leitet über grasdurchsetzte Böden weiter bis zum **4 Brendelsee**. Auf dem nun wieder deutlich steileren Weg, der nah an die Felswände heranführt, gelangen wir über Serpentinen in ein kleines Waldstück und erreichen durch dieses bald eine Wegverzweigung an einem Querweg. Hier gehen wir nach rechts und folgen diesem Steig bis zu der Almstraße, die wir bereits vom morgendlichen Anstieg zum Seebensee her kennen. Auf dieser geht es dann mit dem kleinen Gegenanstieg zurück zur **E Ehrwalder Alm**, von wo wir mit der Ehrwalder Almbahn gemütlich zurück ins Tal fahren.

INFO

TOURENCHARAKTER

Lange, teilweise anstrengende Wanderung auf schmalen, aber gut markierten Wegen

AUSGANGS-/ENDPUNKT

Ehrwalder Alm, Bergstation der Ehrwalder Almbahn
GPS: 47.38475, 10.96828

ANFAHRT

ÖPNV: Mit dem Zug über Garmisch-Partenkirchen nach Ehrwald und mit der Gondelbahn zur Ehrwalder Alm
Auto: A 95 nach Garmisch-Partenkirchen und weiter nach Ehrwald zur Talstation der Gondelbahn

EINKEHR

Ehrwalder Alm, Coburger Hütte

INFORMATION

zugspitz-arena.com

Mittel | **5.30 Std.** | **13,4 km** | **870 Hm**

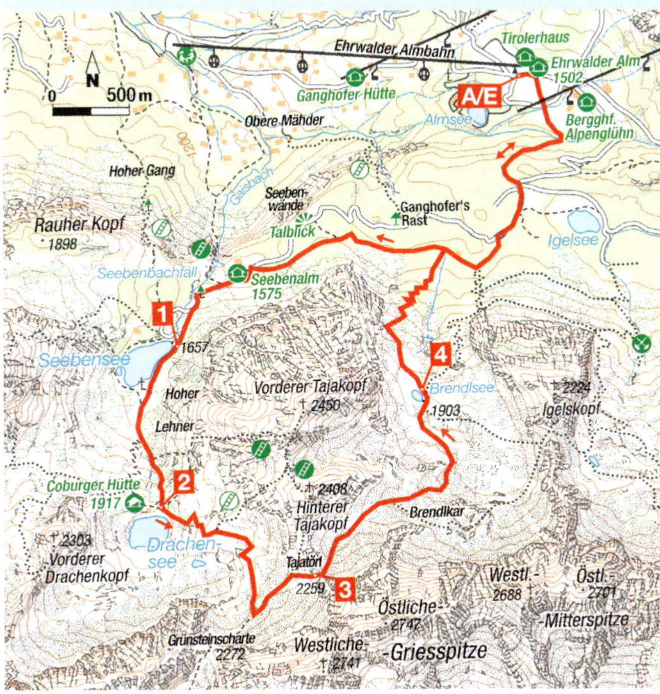

Auf den Kramerspitz

Aussichtsposten gegenüber der Zugspitze

Direkt über Garmisch-Partenkirchen erhebt sich der Kramerspitz. Gerade weil der Berg nicht zum berühmten Wettersteingebirge zählt, lohnt sich ein Besuch – man sitzt am Gipfelkreuz auf einem fabelhaften Aussichtsbalkon direkt über Garmisch-Partenkirchen und blickt hinüber zum beeindruckenden Zugspitzmassiv.

Am Kramerplateauweg beginnt und endet die Wanderung.

6

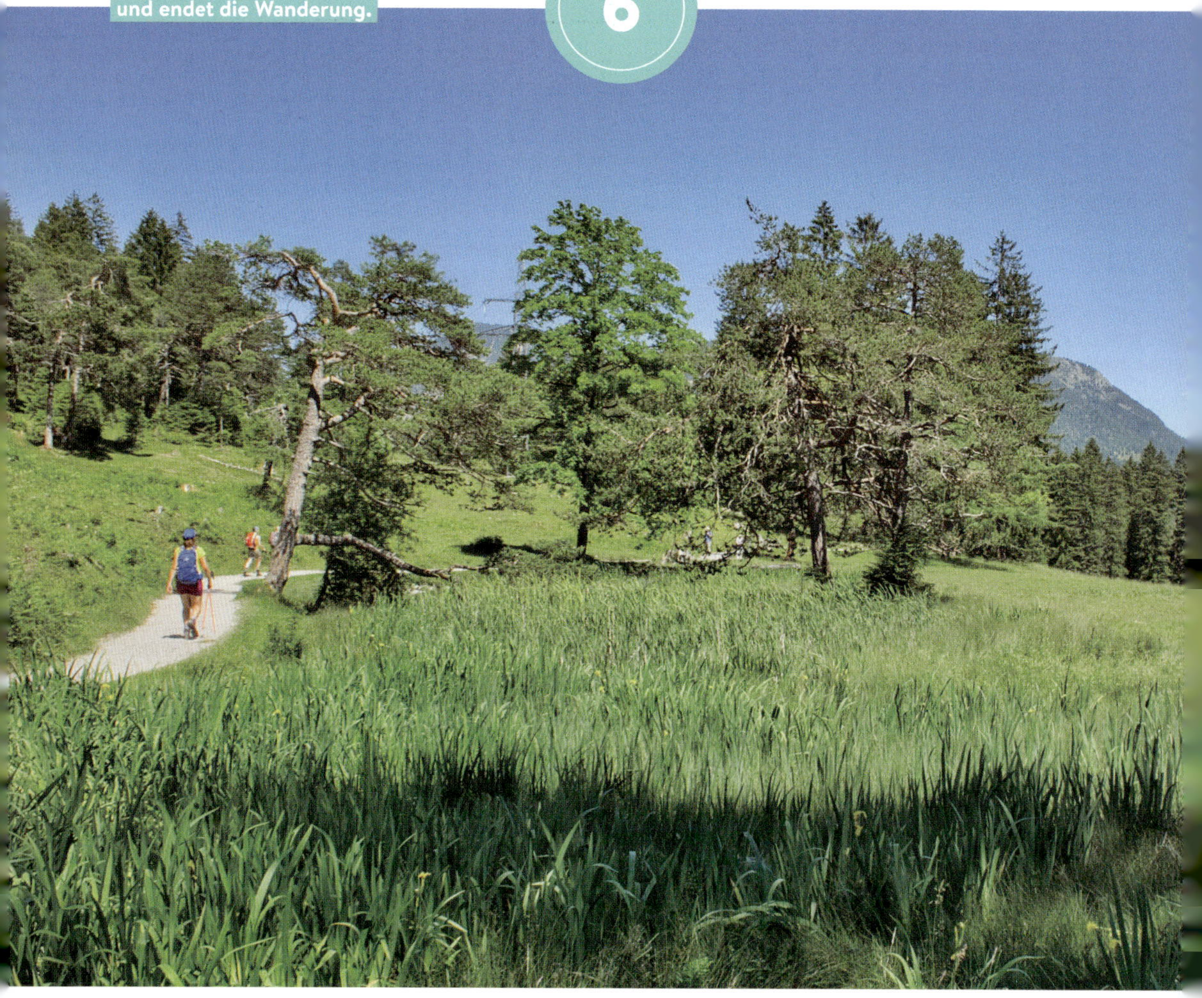

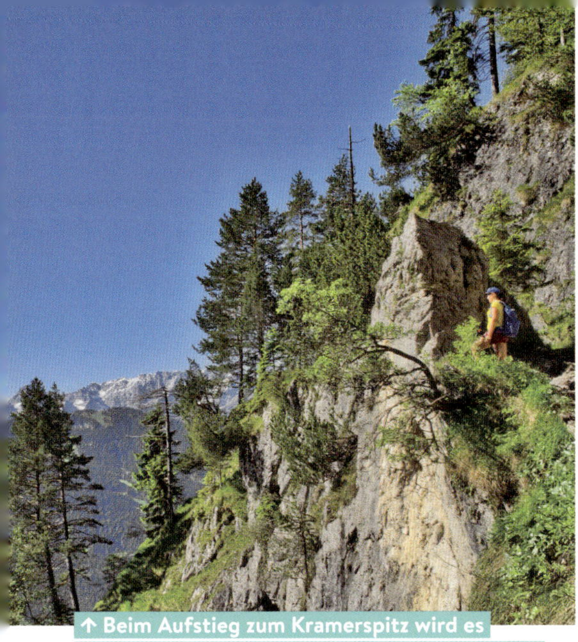

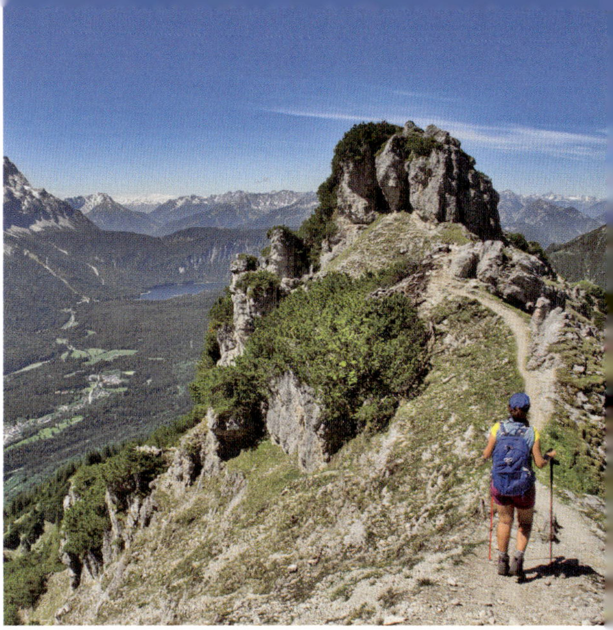

↑ Beim Aufstieg zum Kramerspitz wird es schnell heiß. ↗ Direkt unter dem Kramergipfel hat man eine tolle Aussicht.

NACH ST. MARTIN Vom großen Parkplatz am **A Berggasthof Almhütte** gehen wir zu einem großen hölzernen Wegweiser. Hier biegen wir nach rechts ab auf den breiten, flachen Kramerplateauweg, der am Fuß des Kramer-Massivs verläuft. Wir passieren einen kleinen Bergsee, von dem wir eine schöne Aussicht zu Wetterstein und Karwendel genießen, und wandern gemütlich weiter bis zu einer Wegverzweigung. Hier wählen wir nach links die Straße zum Berggasthaus St. Martin und zum Kramer. Der Weg führt nun gleichmäßig bergan und ist teilweise sogar recht steil, und in einer guten Stunde erreichen wir das **1 Gasthaus St. Martin am Grasberg** (1040 m). Von der freien Wiese neben der Hütte bietet sich eine grandiose Aussicht auf das gegenüberliegende Wettersteingebirge. Auch für eine kurze Trinkpause bietet sich das Gasthaus idealerweise an.

ZUM KRAMERGRAT Der Weiterweg wird nun schmaler und schlängelt sich in angenehmer Steigung durch den schönen Bergwald bergauf. Der Weg ist sehr gut angelegt und führt an einer Felsenkanzel vorbei, die einen völlig freien Blick zum Wettersteinmassiv bietet. Wieder im Wald erreichen wir auf 1440 Metern Höhe die Abzweigung zum Königsstand. Der Pfad wird nun steiler und schmaler, ist aber an keiner Stelle besonders schwierig. Er zieht durch Latschenfelder, die im Sommer sehr heiß werden können, bis wir auf etwas über 1700 Metern Höhe den **2 Kramergrat** betreten. Hier wird erstmals ein Blick auf die nördlich von uns gelegenen

Tipp

AUF DEN KÖNIGSSTAND

Wem die Tour auf den Kramerspitz zu anstrengend ist, der kann auf den benachbarten Königsstand (1453 m) ausweichen – diese Wanderung ist mittelschwer, aber deutlich kürzer. Der Weg zum Gipfel zweigt oberhalb von St. Martin nach rechts ab. Auch von hier oben genießen wir eine schöne Aussicht, zudem ist es meist etwas ruhiger als am berühmteren Nachbargipfel. Für den Abstieg wählen wir auf alle Fälle den Anstiegsweg (9,6 km, 4 Std., 700 Hm).

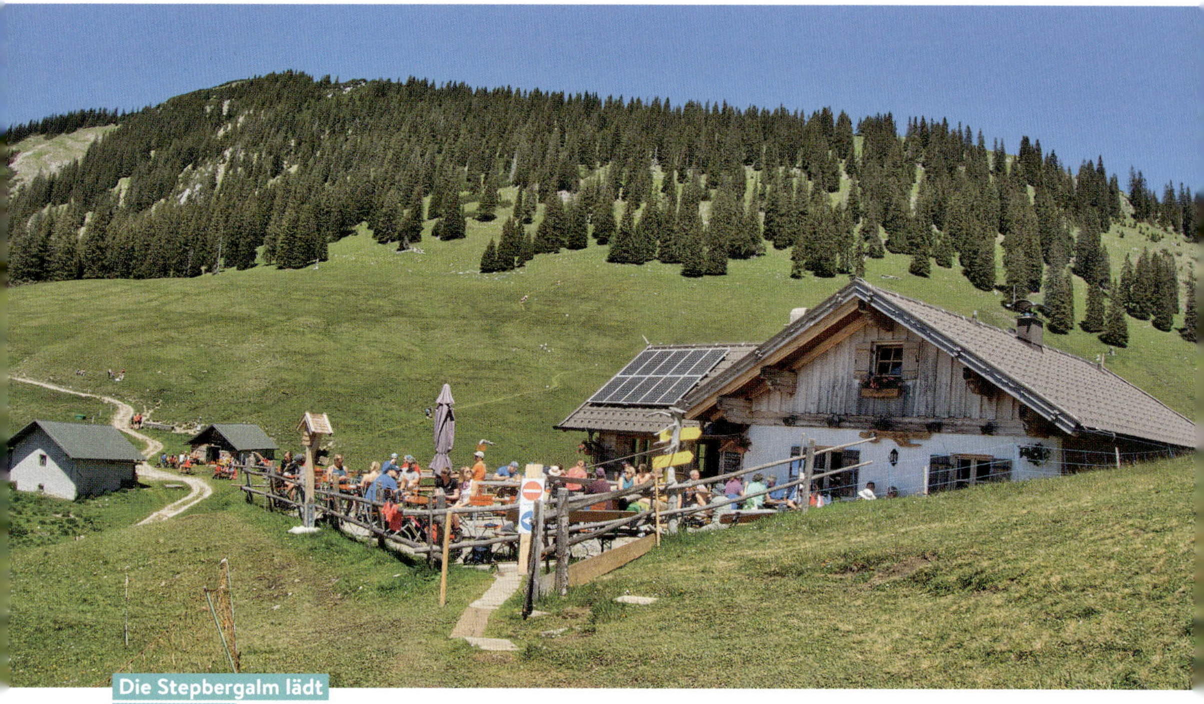

Die Stepbergalm lädt zur Einkehr.

Ammergauer Berge mit Notkarspitze, Brünstelskopf und Felderkopf frei.

LUFTIGER GIPFELGANG Der Weiterweg führt in leichtem Auf und Ab an einem Felszacken mit Kreuz und einem weiteren kreuzgeschmückten Vorgipfel vorbei. An einer kurzen Felspassage heißt es aufpassen und den Markierungen nach rechts um einen kleinen Kopf herum folgen. Nach einem steileren Zwischenabstieg gelangt man über ein steiles Schuttkar auf die Nordseite – hier kann im Frühsommer oft noch Schnee liegen, sodass diese Passage dann etwas Vorsicht erfordert!

Der Weg leitet nun zurück auf die sonnige Seite und führt auch wieder aufwärts. Wir kommen zurück auf den Grat, über den wir direkt auf das Gipfelkreuz auf dem **3 Kramerspitz** (1985 m) zuhalten und es bald erreicht haben. Wir befinden uns nun auf einem beeindruckenden Aussichtsbalkon: Tief unter uns liegt das Doppeldorf Garmisch-Partenkirchen, darüber erheben sich Zugspitze, Alpspitze, die Dreitorspitzen und all die anderen Wettersteingipfel, die herübergrüßen. Im Norden reicht der Blick zwischen den Ammergauer Alpen und dem Estergebirge hindurch weit ins Alpenvorland hinein.

ZUR STEPBERGALM Natürlich kann man nun wieder am Anstiegsweg zurückwandern. Viel schöner ist es aber, den Gipfel zu überschreiten und über die Stepbergalm abzusteigen: Vom Gipfel geht es dabei nun über etwas brüchiges Felsgelände nach Westen hinab, zu Beginn auch recht steil, sodass diese Passagen mit einem Drahtseil versichert wurden, das man aber eigentlich nur bei Schnee oder Nässe benötigt.

Bald wird das Gelände deutlich flacher, und wir wandern durch Latschengassen eine gute Weile recht eben dahin. Dabei bieten sich immer wieder schöne Blicke hinüber zur Zugspitze. Kurz oberhalb der Stepbergalm fällt der Weg steil ab. Wir wandern zuerst durch Latschen, später über freie Almwiesen und erreichen bald die **4 Stepbergalm** (1592 m), die in einem schönen Kessel liegt und umgeben ist von lieblichen Wiesen. Hier legen wir noch einmal eine gemütliche Pause ein.

AM KREUZWEG Für den Abstieg nach Garmisch wählen wir nun den Kreuzweg, der direkt an der Alm nach links abzweigt (Wegweiser am Zaun) und zu Beginn etwas undeutlich zu sehen ist. Wir schlendern in wenigen Minuten zum nahen Waldrand, wo ein Schild auf den Abstiegsweg hinweist, der zunächst recht gemütlich durch den Wald führt. In stetigem Auf und Ab quert er die Hänge des Kramer-Massivs und erlaubt dabei immer wieder schöne Blicke hinüber zum Wetterstein.

Später wird der Weg steiler, sodass wir schnell an Höhe verlieren. An seinem Ende erreichen wir eine Forststraße, die uns schnell wieder zum Kramerplateauweg bringt. Hier gehen wir nach links und gelangen in wenigen Minuten zum großen hölzernen Wegweiser, von dem es nur noch einige wenige Schritte sind bis zum **E Berggasthof Almhütte**. Wer möchte, kann hier nach der Tour einkehren und auf den Gipfelerfolg anstoßen.

INFO

TOURENCHARAKTER

Lange, anstrengende Wanderung auf einen grandiosen Aussichtsgipfel. Die südseitigen Hänge erfordern einen frühen Aufbruch. Am Gipfelgrat sind ein paar ausgesetzte Stellen zu bewältigen. Trittsicherheit und gute Kondition erforderlich.

AUSGANGS-/ENDPUNKT

Berggasthof Almhütte bei Garmisch-Partenkirchen
GPS: 47.493335, 11.063566

ANFAHRT

ÖPNV: Vom Bahnhof Garmisch-Partenkirchen mit Bus 1 bis Haltestelle Äußere Maximilianstraße (oder zu Fuß in 45 Min. ab dem Bahnhof)
Auto: A 95 nach Garmisch-Partenkirchen, an der Loisachbrücke links zum Sportplatz und hier rechts den Schildern zum Berggasthof Almhütte folgen

Mittel | 5.30 Std. | 15,7 km | 1260 Hm

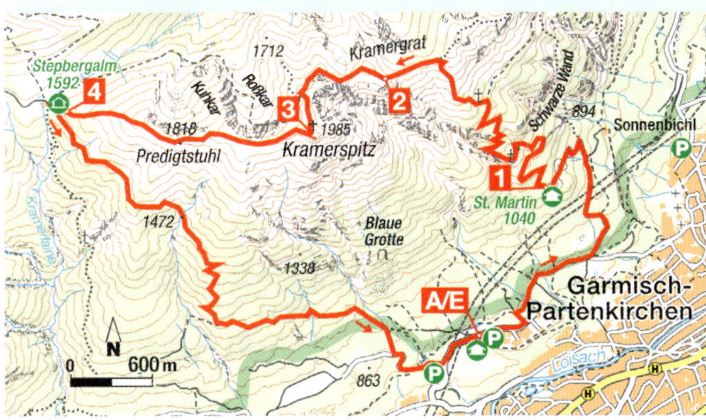

EINKEHR

Gasthaus St. Martin am Grasberg, Stepbergalm, Berggasthof Almhütte

INFORMATION

gapa-tourismus.de

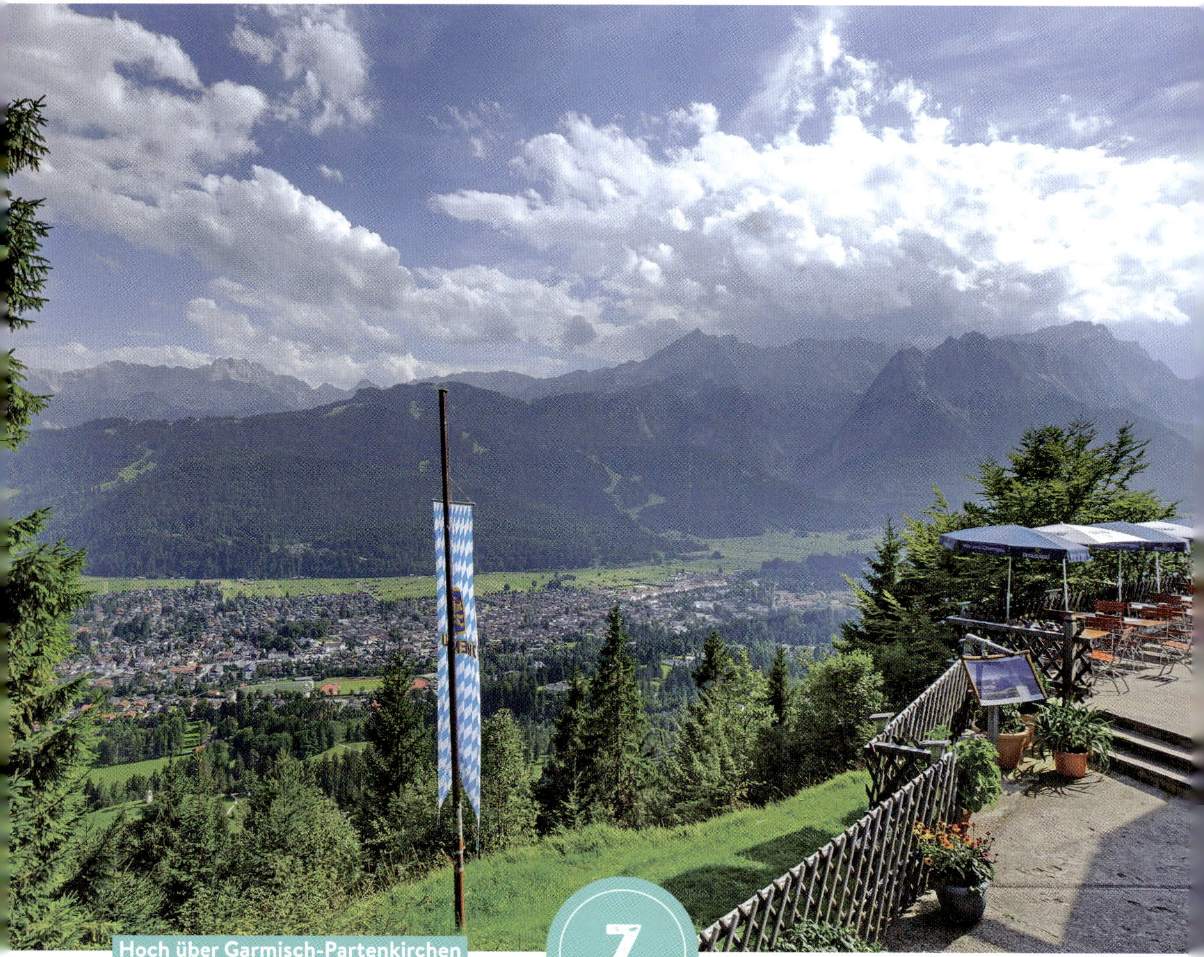

Hoch über Garmisch-Partenkirchen lockt die Martinshütte zur Einkehr.

7

Über den Kramerplateauweg

Wunderbar wanderbar

Der Kramer schirmt mit seinen fast 2000 Metern Höhe Garmisch-Partenkirchen vor Unwettern ab. Betrachtet man seine extrem steile Südostflanke, so mag man kaum glauben, dass sich hier der bequeme Kramerplateauweg nahezu ideal hindurchschlängelt. Er punktet nicht nur mit einer fantastischen Aussicht, sondern auch mit drei Wirtshäusern, in denen man genussvoll einkehren kann.

MEDITERRANER TRAUM Der Kramerplateauweg liegt im Durchschnitt 80 Meter oberhalb von Garmisch-Partenkirchen oder genauer gesagt: über dem Ortsteil Garmisch. Er zieht sich ohne nennenswerte Steigung am Südhang des Kramers entlang. Hier gedeiht die Vegetation besonders gut, denn die vielen Sonnenstunden schaffen ein warmes Mikroklima, was eine wunderbare Föhren-, Latschen- und Schneeheidevegetation begünstigt. Schon im Spätwinter taut die wärmende Sonne den Schnee hinweg, und die ersten zarten Blüten erfreuen den Wanderer – Schneeheide, Anemonen, Leberblümchen, Seidelbast und Huflattich blühen entlang des Wegs. Im Sommer verbreiten dann die Föhren ihren harzigen Duft und erinnern an mediterrane Wälder.

ZUR MARTINSHÜTTE Gegenüber dem **A Berggasthof Almhütte** beginnt das Kramer-Wandergebiet. An der Kneippanlage zeigt uns ein großer geschnitzter Holzwegweiser den Weg nach rechts an. Die ersten Kilometer wandern wir über den Kramerplateauweg entlang eines Waldlehrpfads und erreichen dann an einer Wiese, etwas oberhalb der Kriegergedächtniskapelle, eine **1 Wegverzweigung**. Der Kramerplateauweg führt eben weiter. Wir jedoch wollen höher hinauf

Tipp

HISTORISCHES WERDENFELS

Auf einem Ausläufer des Kramers steht die Ruine Werdenfels, die um 1200 erbaut wurde. Schlüpft man durch die Mauer der Ruine, kann man sowohl das Loisachtal als auch den Talkessel von Garmisch-Partenkirchen hervorragend überblicken. Im Mittelalter war das auch für den reichsunmittelbaren Grafen von Werdenfels wichtig, der sich von den Wittelsbachern bedroht fühlte. An diese wäre das Land nach seinem Tod gefallen, denn er hatte keine Erben. Da er dies nicht wollte, setzte er die Fürstbischöfe von Freising als Erben ein. Bis heute gehört das Werdenfelser Land demnach kirchlich nicht zu Augsburg (wie die Pfarreien in der Umgebung), sondern zu München-Freising.

↓ Im Pflegersee gibt es im Sommer ein Freibad.
↘ An der hölzernen Hauswand der Martinshütte sitzt man besonders gemütlich.

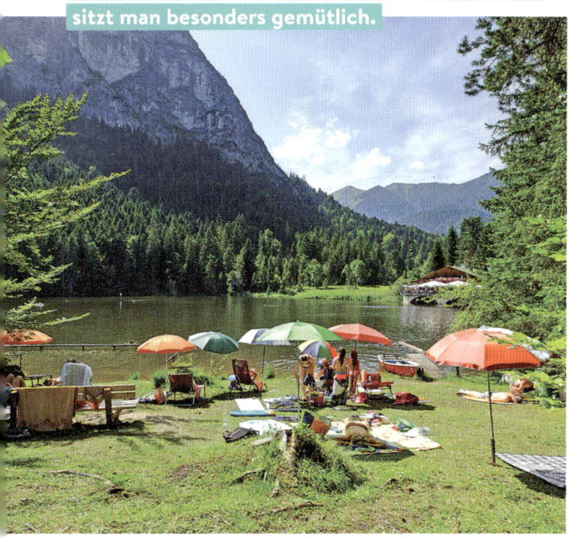

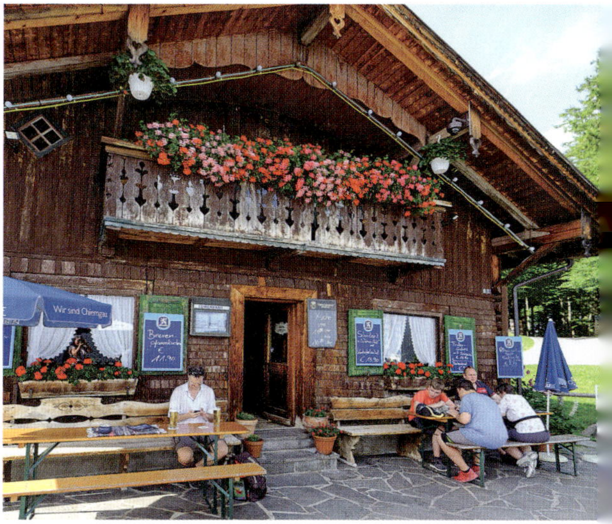

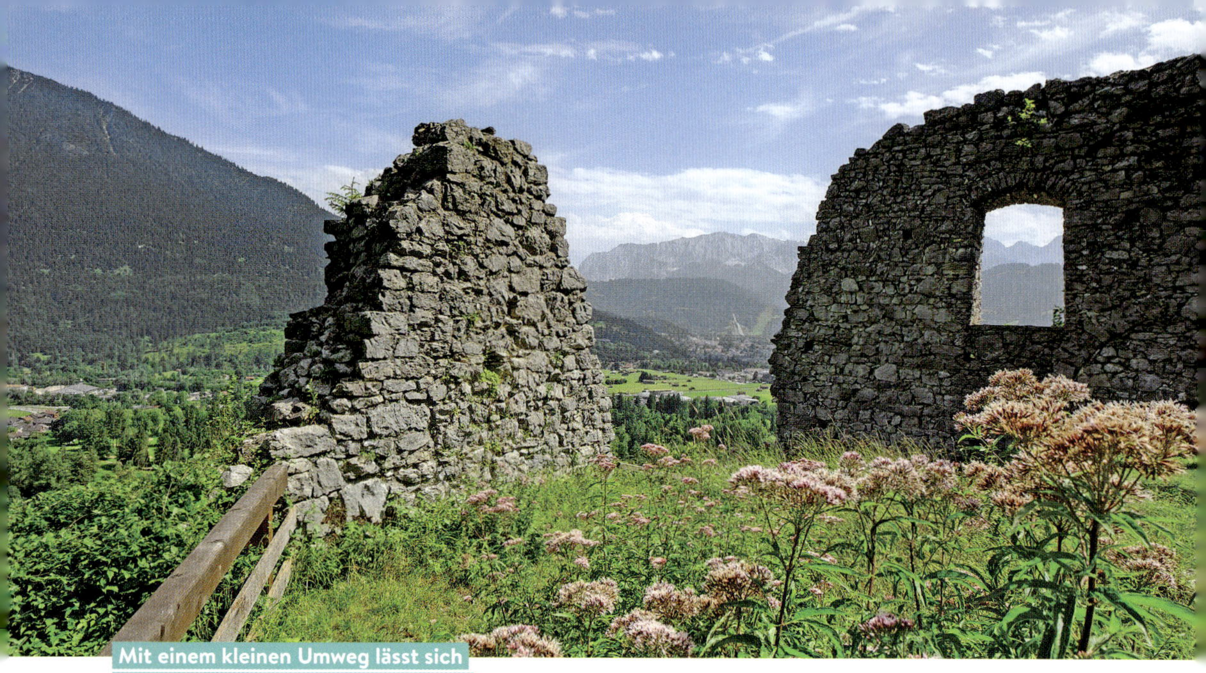

Mit einem kleinen Umweg lässt sich die Burgruine Werdenfels erreichen.

und steuern nun nach links auf die breite Almstraße in Richtung des Berggasthauses St. Martin am Grasberg. Ein paar Serpentinen bringen uns höher. Es wird stellenweise ganz schön steil, aber zum Glück wandern wir durch den schattigen Wald.

Wer keine Lust zur Rast in der Martinshütte hat, biegt etwas unterhalb davon rechts auf den Kellerleitensteig ab. Das **2 Gasthaus St. Martin am Grasberg** (1040 m) ist jedoch von dieser Abzweigung nur noch 15 Minuten entfernt, und das ist leicht zu schaffen.

Tipp

WINTERSPASS

Der gesamte Weg ist im Winter geräumt, und der Aufstieg zur Martinshütte eine beliebte Garmischer Rodelstrecke. In dieser Zeit hat die Hütte bis ca. 23 Uhr geöffnet. Ein weiteres Highlight ist die winterliche Wildfütterung oberhalb des Berggasthofs Almhütte.

Der kleine Berggasthof lohnt sich nämlich nicht nur wegen seiner guten Küche – durch die exponierte Lage steil am Hang über dem Loisachkessel genießt man dort einen der schönsten Blicke auf Garmisch-Partenkirchen sowie auf das Werdenfelser Land bis hinüber zum Karwendel, gekrönt noch durch das mächtige Felsmassiv des Wettersteins.

AM KELLERLEITENSTEIG Vom Berggasthaus St. Martin geht es zunächst auf dem bekannten Weg zurück bis zur Abzweigung des Kellerleitensteigs, in den wir nun einbiegen. Auf einem Pfad wandern wir nun im Wald bergab, bis wir ca. 30 Minuten später am Pflegersee ankommen, in dem sich ein paar Karpfen dick und feist gefressen haben. Nach links erreichen wir über eine Brücke das **3 Berggasthaus Pflegersee**, dessen Terrasse nahezu über dem Wasser zu schweben scheint. An Sommertagen, wenn Badegäste das Strandbad bevölkern, ist hier viel los. Der Pflegersee ist nämlich kein gewöhnlicher Bergsee, denn die bleiben normalerweise immer kalt – stattdessen erwärmt sich das Wasser hier sehr schnell und bietet angenehme Badetemperaturen.

LUST AUF MEHR? Für den Rückweg wandern wir zunächst vom Pflegersee auf dem Gehweg links neben der Zufahrtsstraße talwärts, bis uns die Schilder nach rechts auf den Kramerplateauweg leiten.

Wer möchte, kann auf diesem Abschnitt mit einem Umweg von etwa zwei Kilometern und 50 Höhenmetern nach links die Burgruine Werdenfels besuchen. Dafür steigen wir bergab und queren dann den Schwaiggraben. Die Burgruine ist bestens ausgeschildert. Diese ist nicht nur historisch wichtig (immerhin erhielt die ganze Region ihren Namen von dieser Burg), sie geizt auch nicht mit traumhaften Ausblicken auf das Loisachtal.

Nach dem Besuch der Ruine geht es zurück über den Schwaiggraben, dann aber links der Beschilderung zum Kramerplateauweg folgend. Schließlich erreichen wir wieder die Zufahrtsstraße. Kurz geht es nach rechts, dann biegen wir links auf den Kramerplateauweg ein. Diesem folgen wir nun gemütlich eben und mit schöner Sicht zurück bis zum **E Berggasthof Almhütte**.

INFO

TOURENCHARAKTER

Leichte Höhenwanderung auf gut ausgebauten Wegen und Bergstraßen, optimal für Kinder. Nur der Aufstieg zur Martinshütte ist etwas anstrengender; lässt man diesen aus, kann man die Strecke auch mit Kinderwagen befahren.

AUSGANGS-/ENDPUNKT

Berggasthof Almhütte
GPS: 47.49336, 11.06348

ANFAHRT

ÖPNV: Vom Bahnhof Garmisch-Partenkirchen mit Bus 1 bis Haltestelle Äußere Maximilianstraße (oder zu Fuß in 45 Min. ab dem Bahnhof)
Auto: A 95 nach Garmisch-Partenkirchen, an der Loisachbrücke links zum Sportplatz und hier rechts den Schildern zum Berggasthof Almhütte folgen

EINKEHR

Berggasthof Almhütte, Gasthaus St. Martin am Grasberg, Berggasthaus Pflegersee

INFORMATION

gapa.de

Leicht | **3 Std.** | **11 km** | **300 Hm**

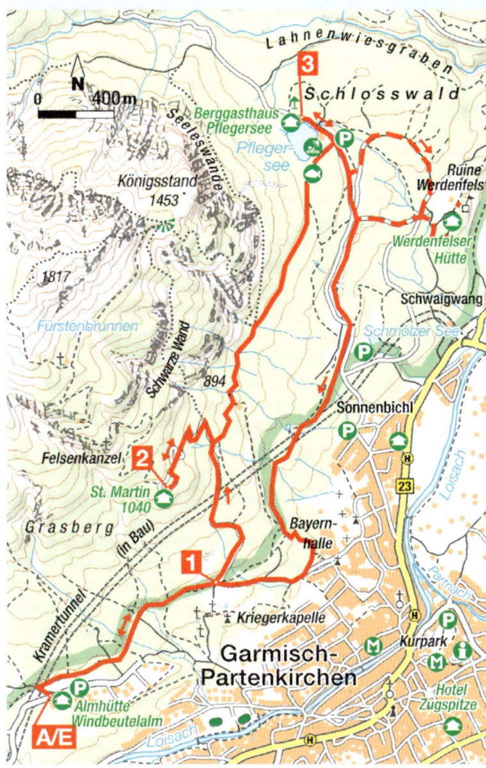

Vom Wank zum Krottenkopf

Der Riese des Estergebirges

Vom Krottenkopf als höchstem Gipfel des Estergebirges bietet sich eine entsprechend beeindruckende Aussicht. Der Weg dort hinauf ist aber lang und anstrengend, sodass man gut trainiert sein sollte für diese großartige Tour.

ZUR ESTERBERGALM Mit der Wankbahn fahren wir von Garmisch-Partenkirchen zur **A Bergstation** unterhalb des Wankgipfels. Von hier lohnt sich der kurze Abstecher auf den Gipfel des Wank, der auch der »Sonnenberg von Garmisch-Partenkirchen« genannt wird – dazu steigen wir auf dem breiten Weg in wenigen Minuten am Gipfelhaus vorbei zum schönen großen Gipfelkreuz hinauf. Grandios ist die Aussicht auf das über Garmisch-Partenkirchen aufragende Wettersteingebirge mit Alp- und Zugspitze.

Sonnenaufgang auf dem Krottenkopf

8

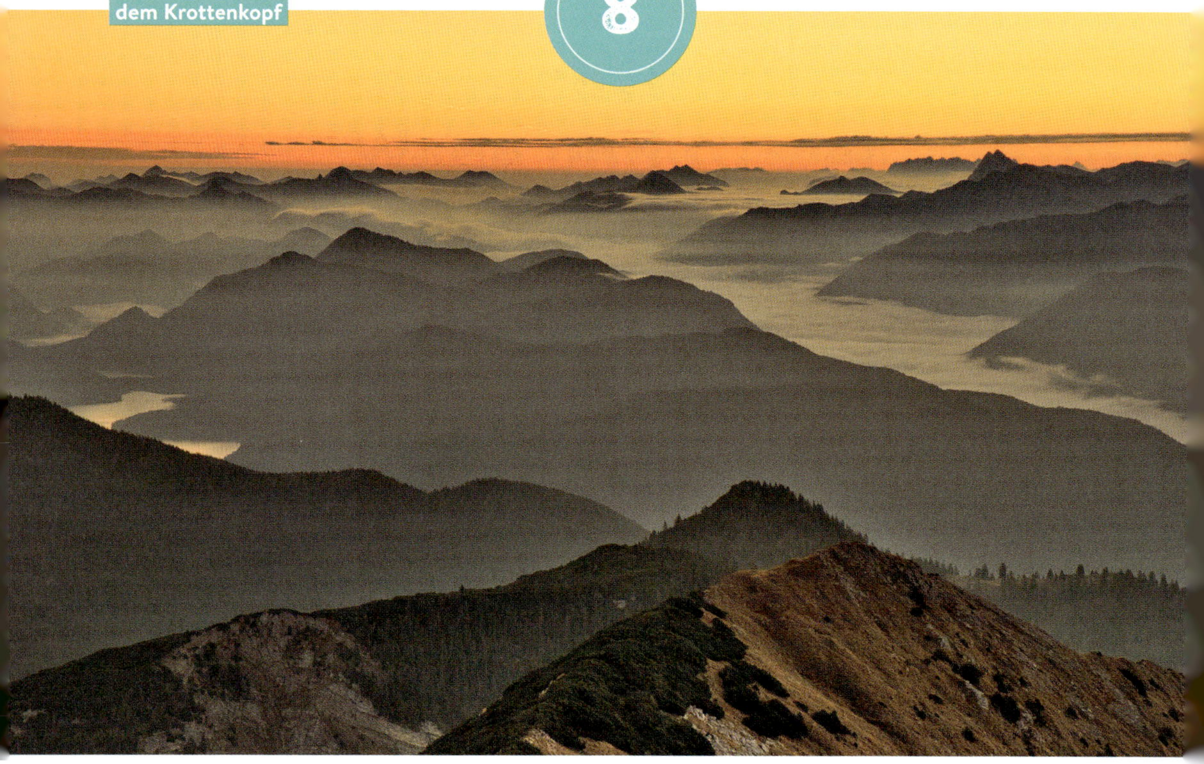

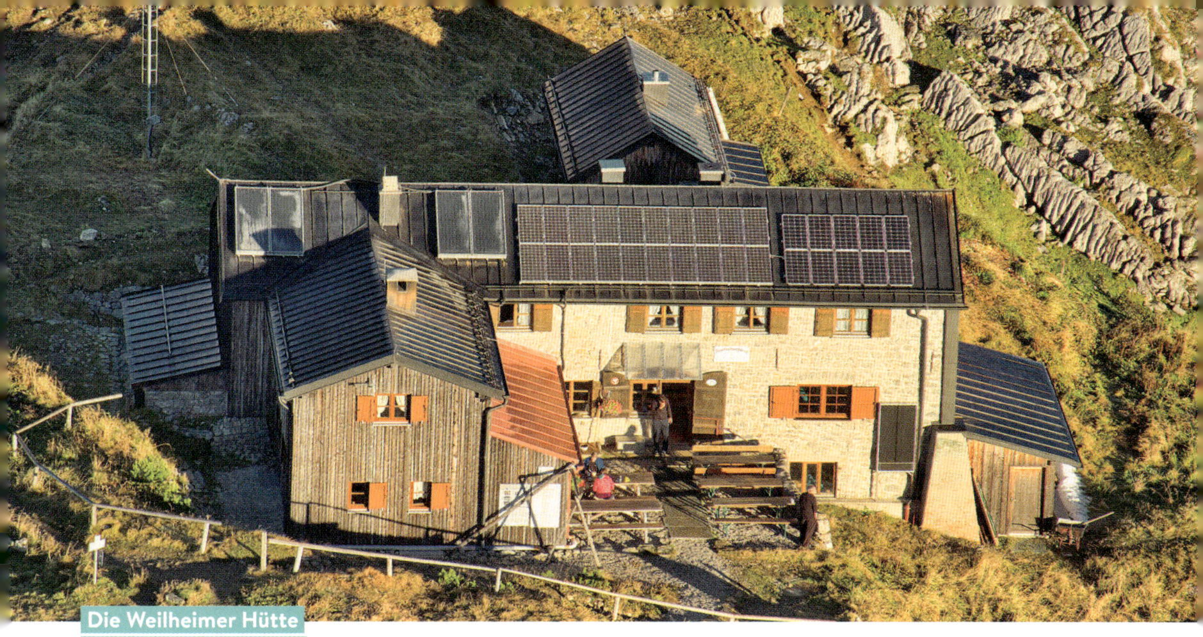

Die Weilheimer Hütte
im ersten Sonnenlicht

Nachdem wir die Gipfelaussicht genossen haben, kehren wir zur Bergstation zurück und wandern weiter gen Osten in Richtung Roßwank. Wir folgen dem breiten Weg an einem Aussichtspavillon vorbei, bis nach links die Skipiste abzweigt. Jetzt heißt es Abschied nehmen von der Aussicht aufs Wettersteingebirge. Über die Skipiste führt ein schmales Steiglein nach Norden bergab in Richtung Esterbergalm. Auf dem Steig verlieren wir schnell an Höhe und gelangen bald zu einer Weggabelung. Hier biegen wir nach links ab und erreichen kurz danach über Wiesen die schön gelegene **1 Esterbergalm** (1264 m). Da der Weg zum Krottenkopf noch weit ist, hebt man sich die Einkehr am besten für den Rückweg auf.

ZUM KROTTENKOPF Wir wandern auf der breiten Forststraße durch ein Gatter und weiter zur Farchanter Alm. Dabei kommt zwischenzeitlich der Krottenkopf erstmals ins Blickfeld. Der immer noch recht flache Weg führt weiter zur Abzweigung nach Krün, die wir unberücksichtigt lassen. Wir folgen dem linken Weg, der nun deutlich steiler emporzieht und nach einigen Kehren schräg ansteigend im Wald zu einem Tälchen zwischen Bischof und Krottenkopf hinaufführt. Der Weg ist auf den letzten Metern auch deutlich steiniger geworden.

Bald sind wir an der Materialseilbahn der Weilheimer Hütte, an der wir vorbeigehen. Der Weg wird zu einem Steig, der nun nach rechts abdreht und in einigen Kehren höher führt. Zuerst durch Latschen, später über Wiesen wandern wir ziemlich direkt zur **2 Weilheimer Hütte** (1955 m) hinauf.

Tipp

ZWEI-TAGES-TOUR

Der Weg vom Wank zum Krottenkopf ist weit. Wer es gemütlicher haben möchte, kann die Tour auf entspanntere zwei Tage aufteilen, in der Weilheimer Hütte übernachten und so einen wunderbaren Sonnenaufgang auf dem Gipfel des Krottenkopfs erleben. Es ist beeindruckend, wie die Sonne hinter den Gipfeln aufsteigt und ihre Strahlen uns mit ihrer Wärme verwöhnen!

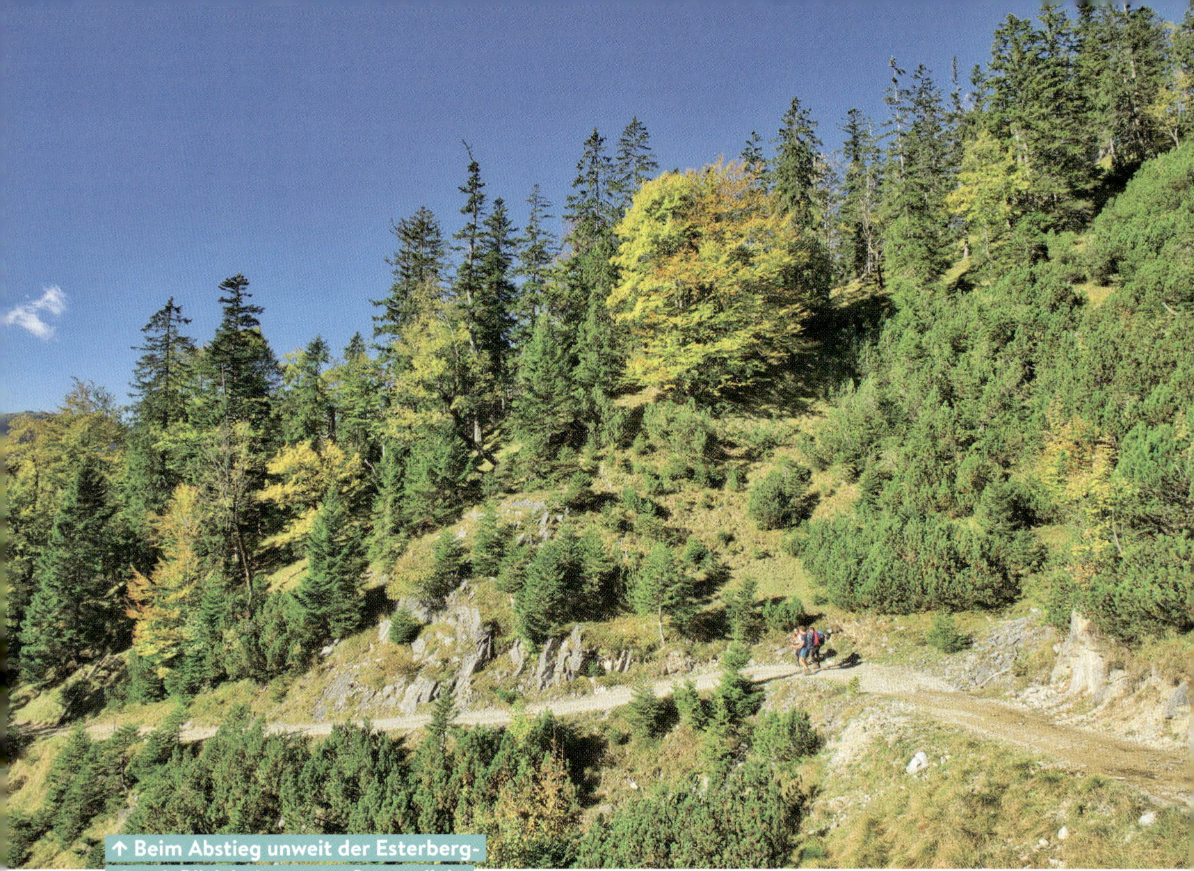

↑ Beim Abstieg unweit der Esterbergalm ↓ Blick beim ersten Sonnenlicht in Richtung Karwendel

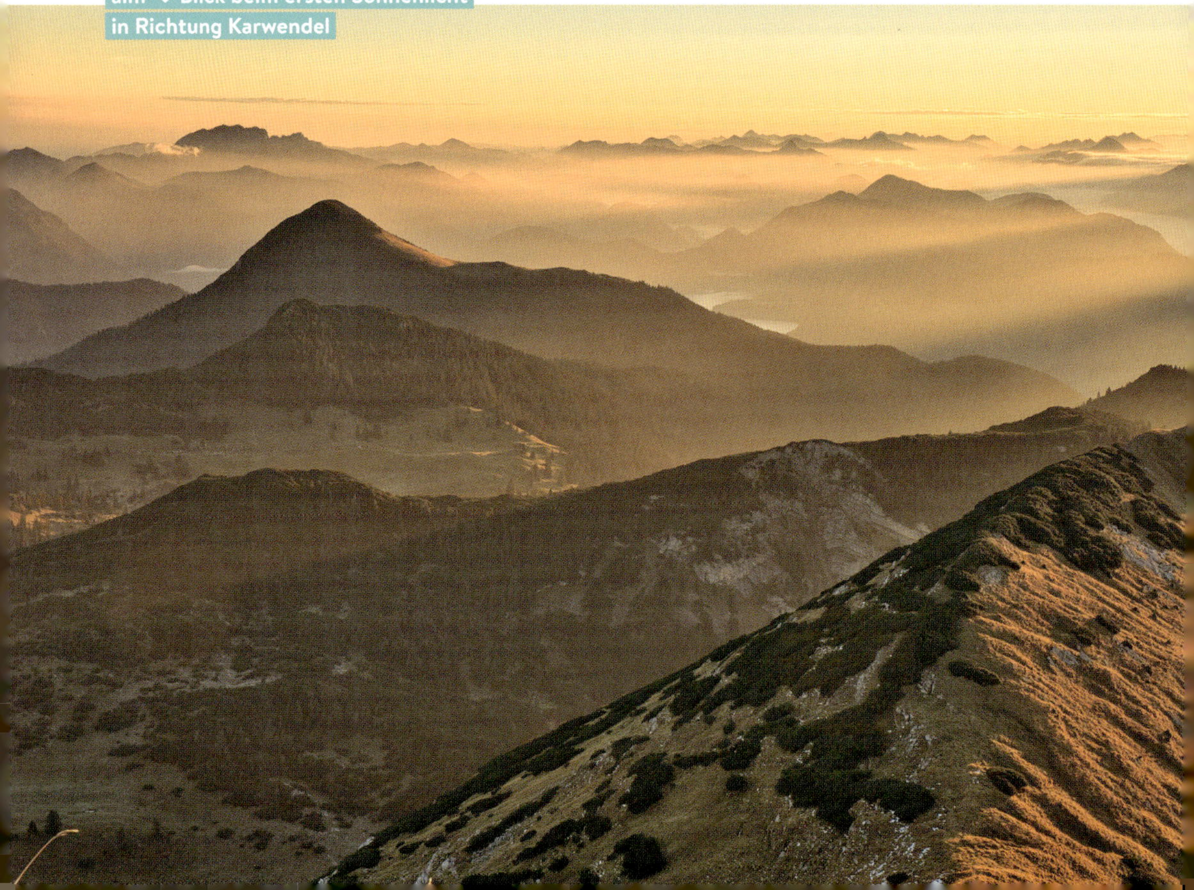

Hier wenden wir uns nach rechts und steigen über Kehren am Nordwestgrat bis zu einem Vorgipfel des Krottenkopfs auf, von wo wir in wenigen Minuten über eine schöne Wiese das Gipfelkreuz auf dem **3 Krottenkopf** (2086 m) erreichen. Neben der schönen Aussicht auf das Wettersteingebirge fasziniert auch das weiter im Osten stehende Karwendelgebirge. Besonders schön ist zudem der Blick nach Norden zur großen Karstfläche zwischen Krottenkopf und Hoher Kiste. Im Norden sehen wir die Münchner Hausberge Herzogstand und Benediktenwand. Der Krottenkopf als höchster Gipfel der Bayerischen Voralpen bietet wahrlich eine Aussicht.

RÜCKWEG ÜBER DIE DAXKAPELLE

Wir wandern zurück zur **2 Weilheimer Hütte**. Dann geht's am Anstiegsweg zurück zur **1 Esterbergalm**, an der wir nochmals einkehren können. Hier gehen wir aber nicht wieder bergauf zum Wank, sondern steigen auf dem Forstweg, teilweise gehörig steil, nach Garmisch-Partenkirchen ab. Dabei bieten sich immer wieder einige wunderbare Ausblicke auf das Loisachtal und die gegenüber aufragenden Berge. Die Straße führt weiter bergab und an der schönen **4 Daxkapelle** vorbei zum Kletterwald in der Nähe der Talstation. Über einen kleinen Steig gelangt man zur **E Talstation der Wankbahn**.

INFO

TOURENCHARAKTER

Lange, anstrengende Wanderung, die eine sehr gute Kondition erfordert. Technisch unschwierig. Gipfelanstieg etwas rutschig

AUSGANGSPUNKT

Bergstation der Wankbahn
GPS: 47.507528, 11.144642

ENDPUNKT

Talstation der Wankbahn
GPS: 47.503701, 11.107009

ANFAHRT

ÖPNV: Vom Bahnhof Garmisch-Partenkirchen mit dem Ortsbus (Linie 4 und 3/5) zur Talstation der Wankbahn
Auto: A 95 nach Garmisch-Partenkirchen und dort der Beschilderung zur Talstation folgen

EINKEHR

Esterbergalm, Weilheimer Hütte

INFORMATION

gapa-tourismus.de

Mittel | 8 Std. | 22,3 km | 890/1900 Hm

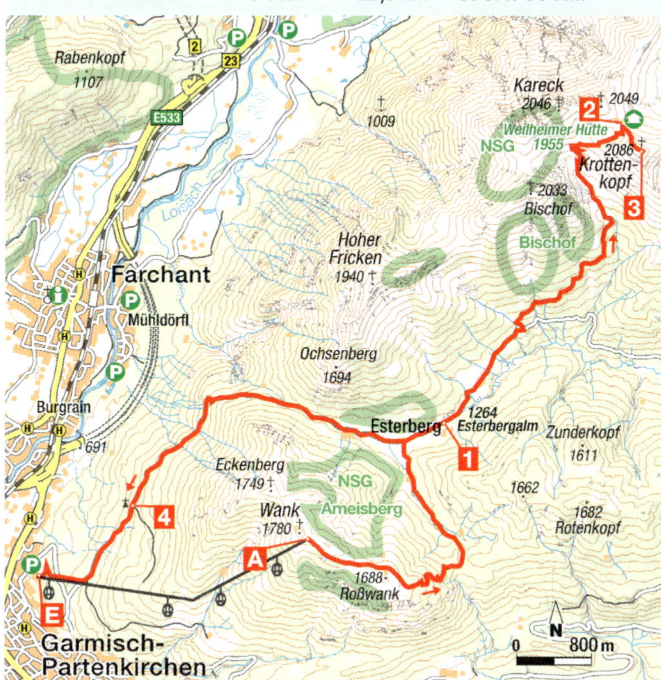

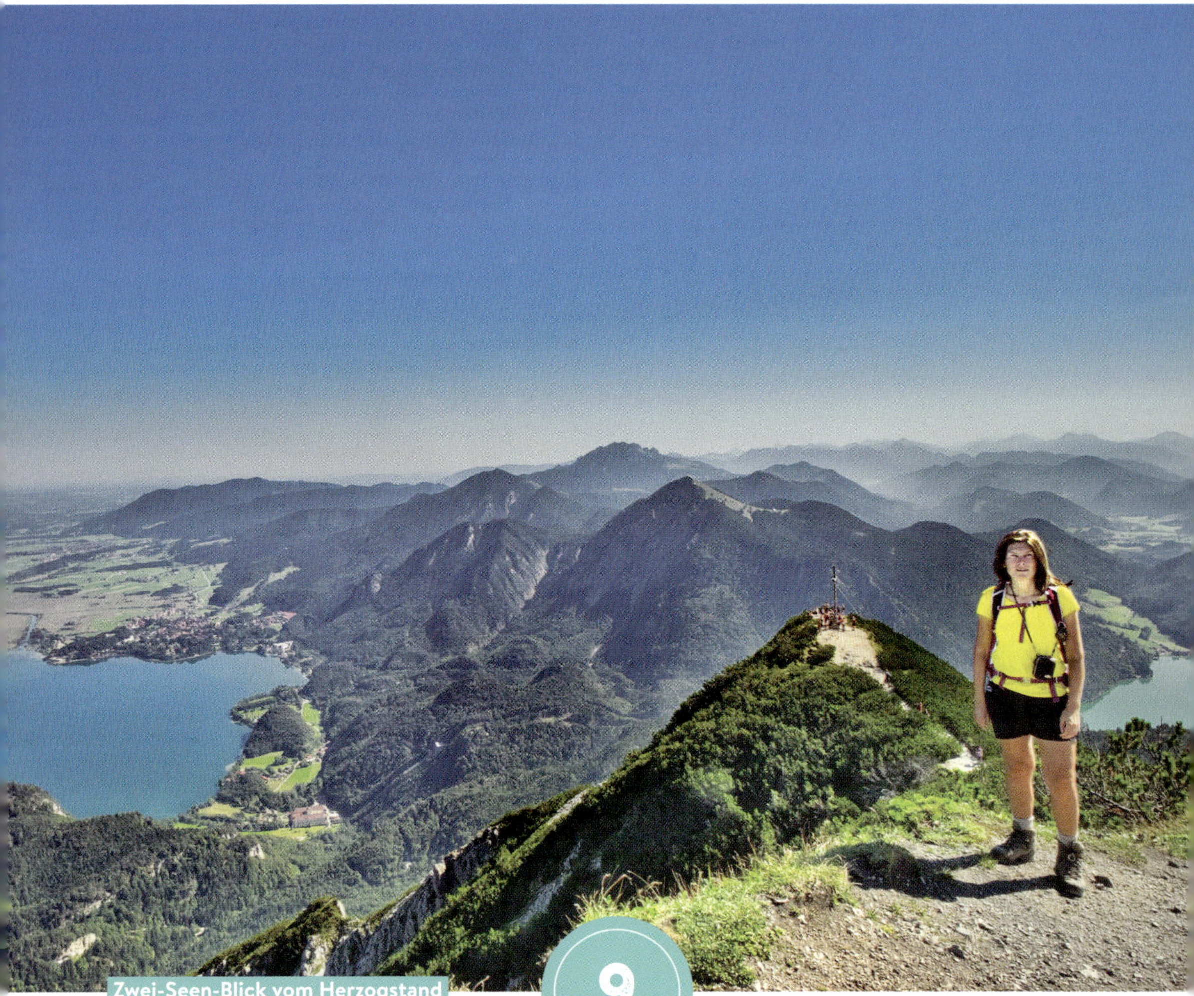

Zwei-Seen-Blick vom Herzogstand

9

Herzogstand und Heimgarten

Grattour über Kochel- und Walchensee

Der Übergang vom Herzogstand zum Heimgarten präsentiert sich als eine wunderschöne Gratwanderung mit überwältigenden Ausblicken, die wir aufgrund der Seilbahn leider mit vielen Gleichgesinnten teilen müssen. Am gesicherten Grat sind Schwindelfreiheit und Trittsicherheit von Vorteil.

ZUM HERZOGSTAND Nach der Auffahrt mit der Herzogstandbahn zur **A Bergstation** am Fahrenbergkopf (1627 m) wandern wir auf breitem Weg südlich um den Fahrenbergkopf herum zum nahen Herzogstandhaus – für eine Einkehr ist es leider noch zu früh, obwohl die sonnige Terrasse schon sehr einladend aussieht. Vom Berggasthaus geht es in einer halben Stunde auf einem aussichtsreichen Serpentinenweg hinauf zum Gipfel des **1 Herzogstands** (1731 m). Die Rundsicht vom Gipfel mit seinem kleinen Pavillon ist überwältigend: Tief unten liegen Kochel- und Walchensee, im Norden schauen wir übers Alpenvorland bis zur Landeshauptstadt München und erkennen dabei auch Starnberger und Ammersee. Im Süden begeistert vor allem der Blick auf das Karwendel und das Wettersteingebirge, und ganz rechts ragt die Zugspitze empor. Es verwundert nicht, dass der bayerische König Ludwig II. sich hier oben so wohlfühlte, dass er nicht nur die Herzogstandhäuser erbauen ließ, sondern auch gleich noch drei Pavillons auf den Gipfeln von Fahrenbergkopf, Martinskopf und Herzogstand.

ZUM HEIMGARTEN Nach der Pause machen wir uns an den Gratweg zum benachbarten Heimgarten. Dieser erfordert etwas Trittsicherheit und Schwindelfreiheit, ist insgesamt aber so traumhaft, dass er zu den

↑ Rückblick zu den Herzogstandhäusern und zum Martinskopf ↓ Tolle Aussicht auf den Walchensee ↘ Am Gratweg zwischen Herzogstand und Heimgarten

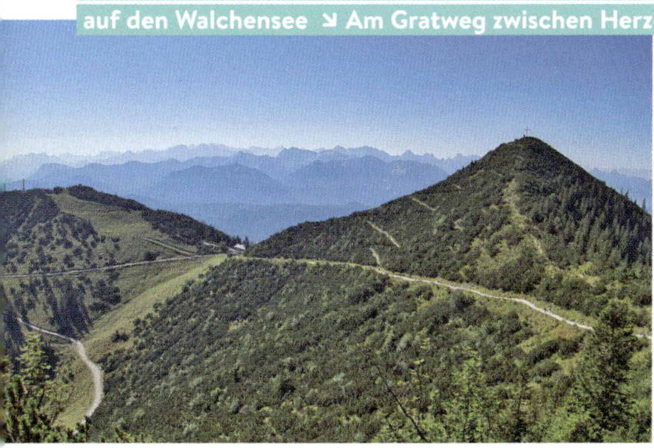

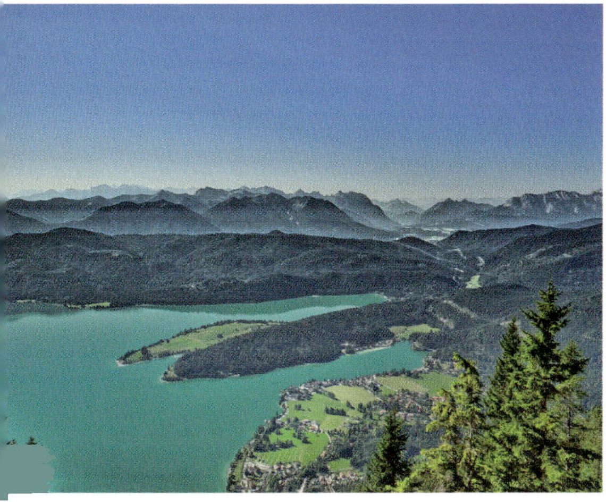

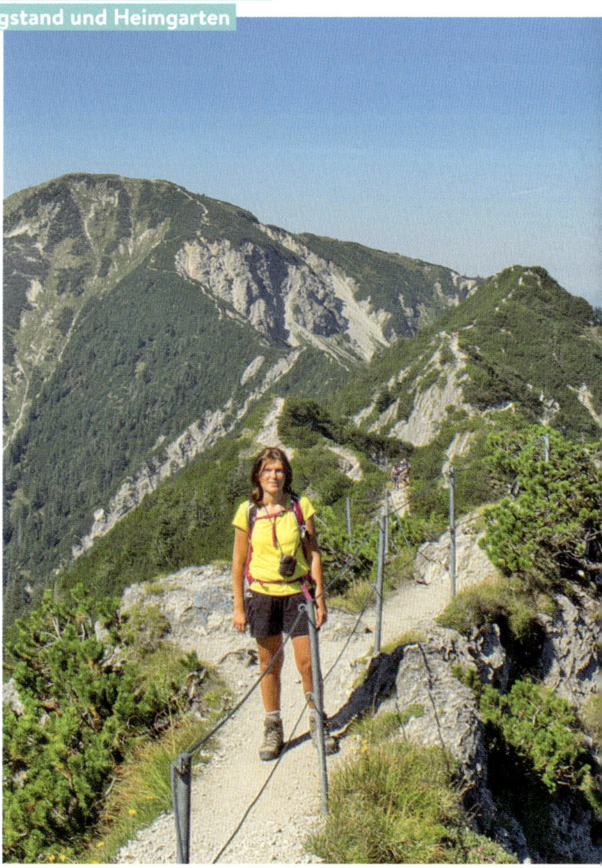

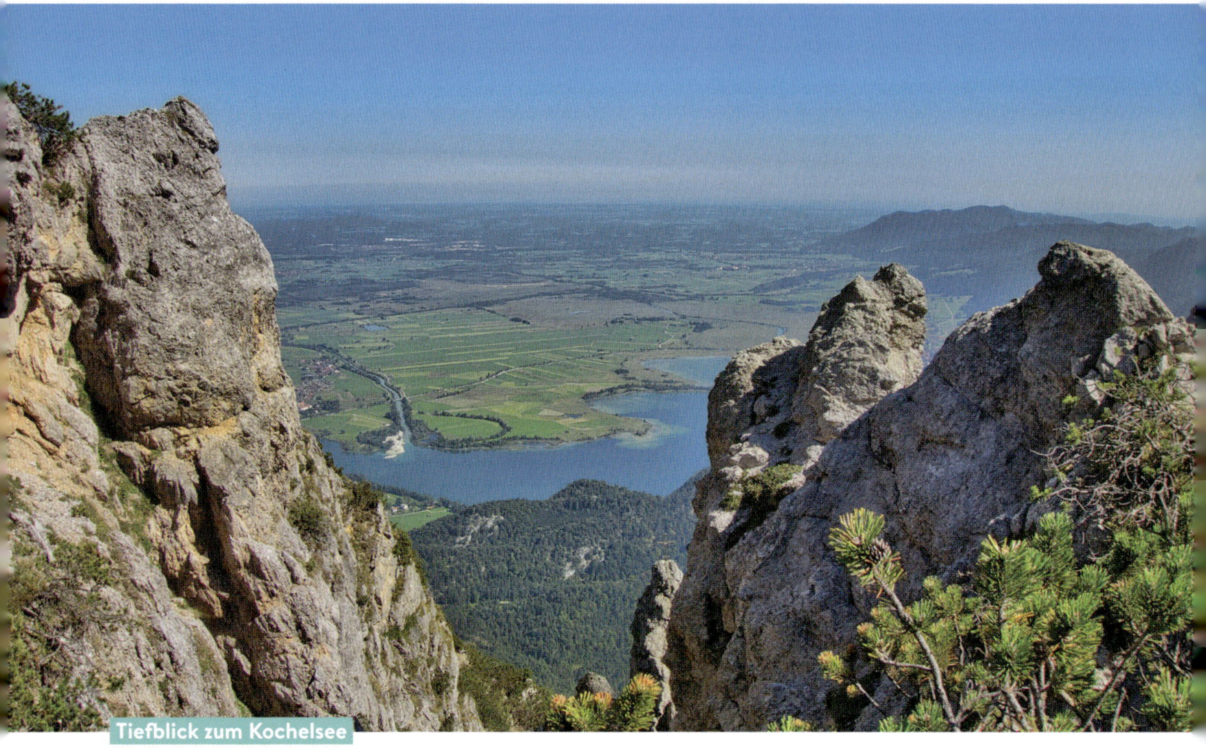

Tiefblick zum Kochelsee

Tipp

ANSTIEG VON DER KESSELBERGHÖHE

Wer nicht mit der Seilbahn hochfahren will, kann von der Kesselberghöhe über den ehemaligen Reitweg Ludwigs II. zum Herzogstandhaus wandern. Der Weg taucht gleich in den Wald ein, quert mehrmals die Skipiste und führt zum Schluss wenig ansteigend zum Sattel zwischen Fahrenbergkopf und Herzogstand mit dem Herzogstandhaus. Für den Anstieg bis zum Haus benötigt man 2 Std. Am Ende der Tour fahren wir idealerweise mit dem Bus von Walchensee zurück zur Kesselberghöhe.

schönsten Gratwegen in den Bayerischen Voralpen gezählt werden darf. Die Abzweigung des Wegs befindet sich etwas unterhalb des Pavillons – von hier überblicken wir fast schon den gesamten Weg bis hinüber zum Heimgarten.

Zuerst geht es ein Stück hinunter, Drahtseile helfen dabei über die schwierigeren Stellen hinweg. Vorbei an zerklüfteten Türmen und Zacken wandern wir über den Grat und genießen dabei die bezaubernden Ausblicke zu beiden Seiten. Ab dem Schlehdorfer Kreuz wird der Weg etwas breiter und zieht in leichtem Auf und Ab zum Gipfelaufbau des Heimgartens. Hier wird es nochmals etwas steiler, doch schon bald werden wir mit dem wunderbaren Ausblick vom Gipfelkreuz des 2 **Heimgartens** (1790 m) belohnt, der mindestens genauso beeindruckend ist wie der Panoramablick am Herzogstand. Wenige

Meter unterhalb des Gipfels steht die kleine Heimgartenhütte, von deren Terrasse wir die einmalige Kulisse rundum bei Brotzeit und Bier genießen können.

ABSTIEG ZUM WALCHENSEE Von der Heimgartenhütte führt ein Weg durch Latschen und lichten Wald hinunter nach Süden zur unbewirtschafteten Ohlstädter Alm. Am Sattel halten wir uns leicht links und queren unter dem Rotwandkopf in den Wald hinein. Bald biegt der Weg nach Osten ab und zieht auf einem langen Rücken steil hinunter bis zu einem Forstweg, dem wir kurz folgen. Dann zweigt ein Weg nach links ab, der uns am Bach entlang zurück zur **E Talstation** der Herzogstandbahn bringt.

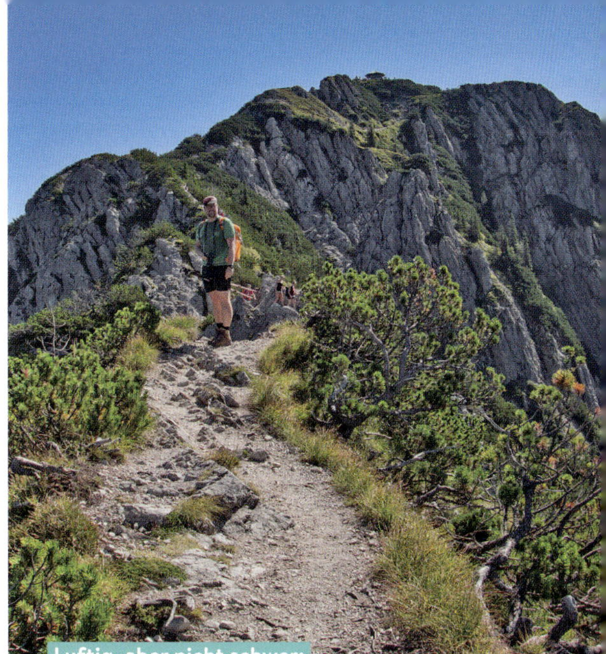

Luftig, aber nicht schwer: der Gratweg zum Heimgarten

INFO

TOURENCHARAKTER

Leichter, gut markierter Weg zum Herzogstand. Der Gratübergang zum Heimgarten ist an ausgesetzten Stellen mit Drahtseilen versichert – dieser Wegabschnitt ist zwar steil, aber unschwierig.

AUSGANGSPUNKT

Bergstation Herzogstandbahn
GPS: 47.60668, 11.31619

ENDPUNKT

Talstation Herzogstandbahn
GPS: 47.59615, 11.31644

ANFAHRT

ÖPNV: Mit dem Zug nach Kochel und weiter mit dem Bus zum Walchensee
Auto: A 95 bis Ausfahrt Kochel, weiter über Schlehdorf nach Kochel am See und von hier über den Kesselberg hinauf zum Walchensee und zur Talstation

EINKEHR

Berggasthaus Herzogstand, Heimgartenhütte

Mittel | 4 Std. | 10,1 km | 420/1210 Hm

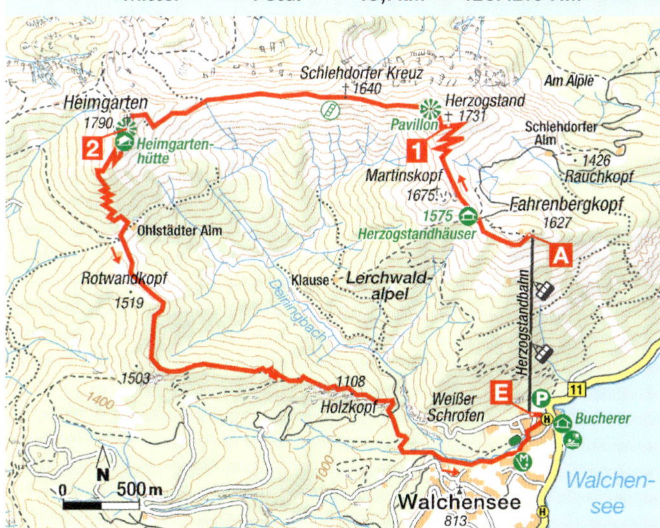

INFORMATION

zwei-seen-land.de

Auf den Kranzberg

Unverstellter Karwendel-Blick

Rund um Mittenwald gruppieren sich die imposanten Gipfel des Karwendels, des Ester- und des Wettersteingebirges. Da fällt für den niedrigeren Kranzberg nur das Wörtchen »Vorberg« ab. Aber weit gefehlt, glänzt der Kranzberg doch gerade durch seine zentrale Lage – von hier haben wir das ganze Jahr über die beste und schönste Sicht auf die Bergriesen rundum.

Mithilfe des Kranzberglifts eignet sich diese Bergtour auch gut für Senioren.

10

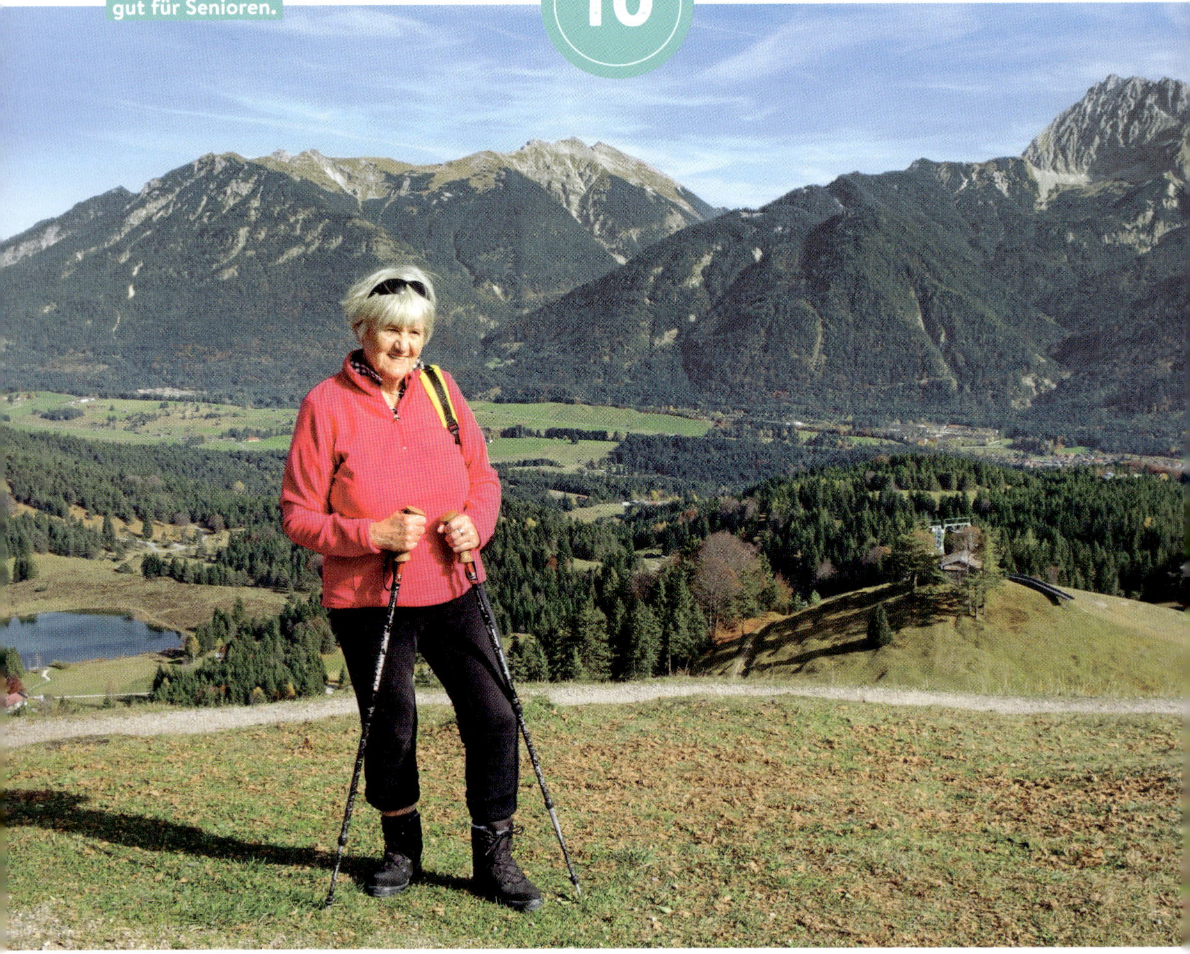

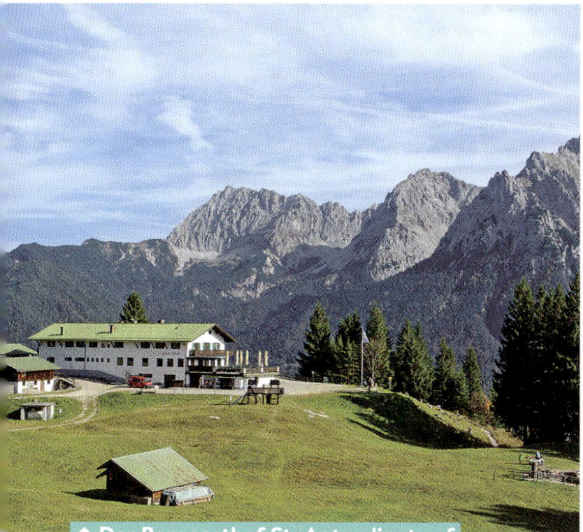

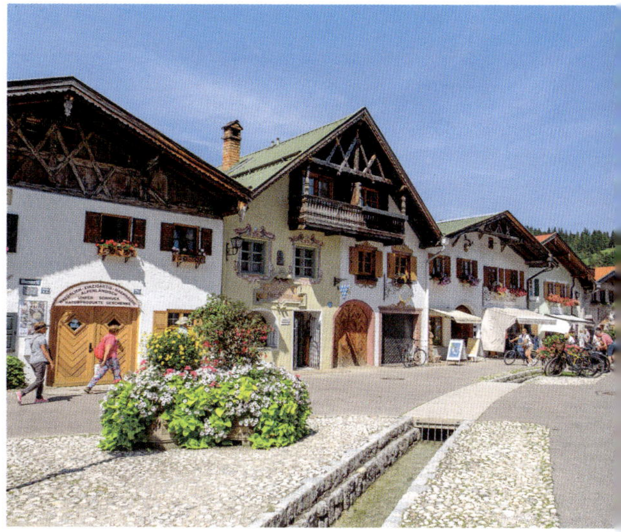

↑ Der Berggasthof St. Anton liegt auf einer Almwiese. ↗ Für den Markt Mittenwald sollten wir etwas Extrazeit einplanen.

EINER FÜR ALLE Das Beste daran ist, dass wir für die Besteigung des Kranzbergs keine steilen Abgründe überwinden müssen oder hochalpine Erfahrung benötigen, ist er doch von jedem Bergwanderer mit guter Kondition zu bewältigen. Obendrein würde der Kranzberglift sogar einen Teil des Aufstiegs abkürzen. Und alle, die wenig Zeit haben, lassen einfach den Rundweg aus, steigen wieder zur Bergstation des Lifts ab und sausen von dort statt mit dem Lift mit Mountaincars ins Tal.

Tipp

PANORAMAGENUSS

Vom Kranzberg blickt man auf die gewaltige Mauer des westlichen Karwendels, die sich hier mehr als 1400 Meter hoch aus dem Talgrund der jungen Isar auftürmt. Nach Norden wird es lieblicher, das östliche Werdenfelser Land mit seinen vielen Weiden liegt vor dem Estergebirge mit dem 2086 Meter hohen Krottenkopf als höchster Erhebung. Im Südwesten steht das Wettersteinmassiv mit der Zugspitze, und direkt im Süden schaut die Arnspitze vor den Eisgipfeln der Stubaier Alpen zu uns herüber. Panoramatafeln erklären uns den Gipfelreigen.

ZUM BARFUSSGENUSS Wir starten die Tour am Parkplatz an der A **Kranzberglift-Talstation** und folgen unterhalb der Lifttrasse dem Wanderweg bergauf, der zum Kranzberg perfekt beschildert ist. Wir queren die größere Fahrstraße und können immer wieder auf einen schmalen, aber steil ansteigenden Wanderweg ausweichen, der parallel zum Sessellift verläuft. So erreichen wir nach einer knappen Stunde die Bergstation des Kranzberglifts, wenden uns hier nach links und stehen mit wenigen Schritten am 1 **Berggasthof St. Anton**. Hier beginnt der große Barfußpfad, den wir mit einem kleinen Umweg gern benützen können. Wir müssen uns dann nur nach dem Panoramaaussichtsturm rechts zum Kranzberg halten und nicht wieder absteigen. In diesem Fall macht es Sinn, die Bergschuhe über die

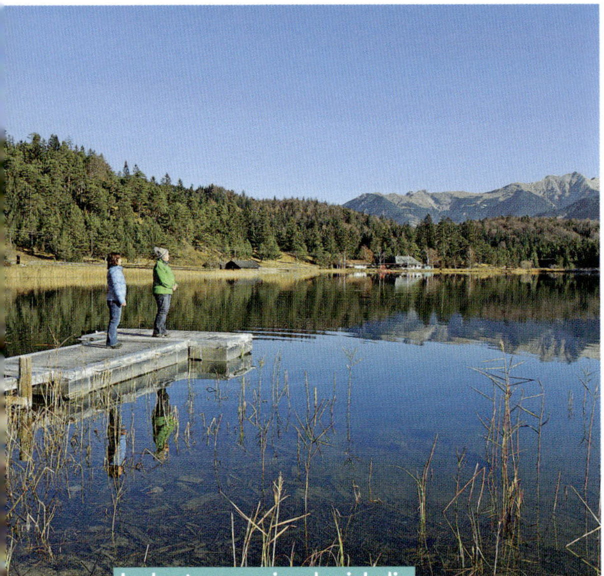

Im Lautersee spiegeln sich die Felswände des Karwendels.

Schulter zu werfen und sie nicht in den dafür vorgesehenen Regalen einzustellen, denn wir werden nach der Gipfeleroberung nicht nach St. Anton zurückkommen.

GIPFELGLÜCK Wer keine Lust auf eine durchblutungsfördernde Fußzonenreflexmassage hat, folgt einfach weiter der Beschilderung zum Hohen Kranzberg. Ab und an müssen wir uns umdrehen, um die herrliche Aussicht zu bewundern. Dann sehen wir auch schon das Kranzberghaus über uns und steigen dort rechts die wenigen Höhenmeter weiter hinauf zum 1391 Meter hohen **2 Kranzberggipfel**. Dieser entpuppt sich als sanfter grüner Hügel mit Liegeplätzen und einer kleinen Holzhütte. Auch wenn der Wind hier oben kräftig pfeift, finden wir immer ein windgeschütztes Plätzchen, um die Aussicht und das gewaltige Panorama genießen zu können.

FERCHEN- UND LAUTERSEE Vom Gipfel steigen wir wieder zum **3 Kranzberghaus** hinunter, wo wir einen Wegweiser finden, der uns rechts am Haus vorbei Richtung Ferchensee schickt. Durch lichten Mischwald geht es talwärts, der Weg führt zum Teil über Holzbohlen, teils über offen liegendes Wurzelwerk. Wenn es zuvor geregnet hat, ist hier Vorsicht geboten! Wir erreichen die Kehre einer breiten Forststraße, unterhalb derer unser Weg wieder in den Wald hineinführt. Die Ferchenseewände direkt gegenüber schauen recht gefährlich aus, dennoch führte durch sie früher ein beliebter Schmugglerweg, mit dem die »Schwärzer« die bewachte Straße unten an der Isar umgehen konnten. Bei einer Wegverzweigung gehen wir geradeaus (Wegweiser) und erreichen in

Tipp

MITTENWALDER GEIGEN

1653 wurde der erste Mittenwalder Geigenbauer Matthias Klotz geboren. In Füssen erlernte er den Beruf des Instrumentenmachers, ehe er 1672 in die italienische Geigenstadt Padua ging. Erst 1680 zog es ihn wieder in die alte Heimat. Er wusste um das gute Holz, das in den Bergwäldern rund um Mittenwald wuchs und das er für seine Streichinstrumente brauchte. Zudem gab es noch die aus Römerzeiten angelegten Verbindungswege zwischen Nord und Süd und damit einen geeigneten Absatzmarkt. Er lehrte nicht nur seine drei Söhne das Handwerk, sondern auch viele andere Mittenwalder. Dadurch wurde im Lauf der Jahre die Geigenbauschule Klotz gegründet, die im 18. Jh. ihren Höhepunkt hatte. Bis heute gibt es einige Musikwerkstätten in Mittenwald. Im Geigenbaumuseum dreht sich natürlich alles um die Streichinstrumente.

großem Bogen den schönen **4 Ferchensee**, wo wir sommers baden und das Jahr über im Gasthaus Ferchensee einkehren können. Wir nehmen den Wanderweg entlang des Südufers, überqueren noch einmal die Fahrstraße, passieren eine Kapelle und kommen zum **5 Lautersee**. Von seiner Südwestseite hat man den schönsten Blick über das Wasser und die sich darin spiegelnden Felswände des Karwendels. Wir wenden uns nach links, am Freibad vorbei und treffen auf eine zweite Kapelle, die 1991 neu ausgestattet wurde.

DURCH MITTENWALD Hinter der Kapelle halten wir uns rechts, gehen zum Waldrand und folgen der Beschilderung nach Mittenwald durch das Lainbachtal. Zunächst ziemlich flach, dann immer steiler geht es durch die Schlucht. Dort, wo sie am engsten ist, hat man eine Mariengrotte gebaut und ein Holzkreuz zum Gedenken der Gefallenen der Weltkriege aufgestellt. Links zweigt ein Weg direkt zum Kranzberglift ab. Wer noch Mittenwald besuchen möchte, wandert weiter bis zum Ausgang der Schlucht. Am Wohnhaus des Lüftlmalers Franz Karner vorbei, kommen wir, den Kirchturm als Orientierung nutzend, ins Ortszentrum von **6 Mittenwald**. Ein Bummel lohnt sich immer, in der hübschen Marktstraße gibt es neben den zahlreichen mit Lüftlmalereien verzierten Häusern viele Cafés, Wirtshäuser und Eisdielen für eine Einkehr. Das Geigenbaumuseum (s. Tipp) liegt hinter der Kirche.

Nach der Besichtigung wandern wir von der Kirche in den Ortsteil Gries, halten uns etwas rechts und steigen dann über den Schillerweg die wenigen Höhenmeter hinauf zum Parkplatz an der **E Kranzberglift-Talstation**.

INFO

TOURENCHARAKTER

Einfache Wanderung auf breiten Wegen, Pfaden und Forststraßen zum Mittenwalder Hausberg mit der Möglichkeit, den Barfußpfad zu besuchen; Abstieg über die schönen Bergseen, Bademöglichkeit im Sommer

AUSGANGS-/ENDPUNKT

Talstation des Kranzberglifts in Mittenwald
GPS: 47.444733, 11.256427

ANFAHRT

ÖPNV: Mit der Bahn bis Mittenwald, dann zu Fuß durch die Altstadt und über den Schillerweg zur Talstation
Auto: Über A 95 und B 2 nach Mittenwald; Parkplätze am ausgeschilderten Kranzberglift, alternativ etwas weiter unten im Ort

Leicht | **3 Std.** | **11,5 km** | **500 Hm**

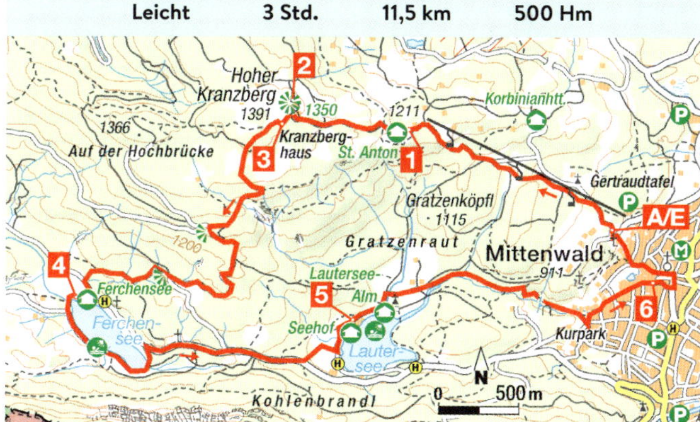

EINKEHR

Berggasthaus St. Anton, Gasthof Ferchensee, Lautersee-Alm, in Mittenwald

INFORMATION

alpenwelt-karwendel.de

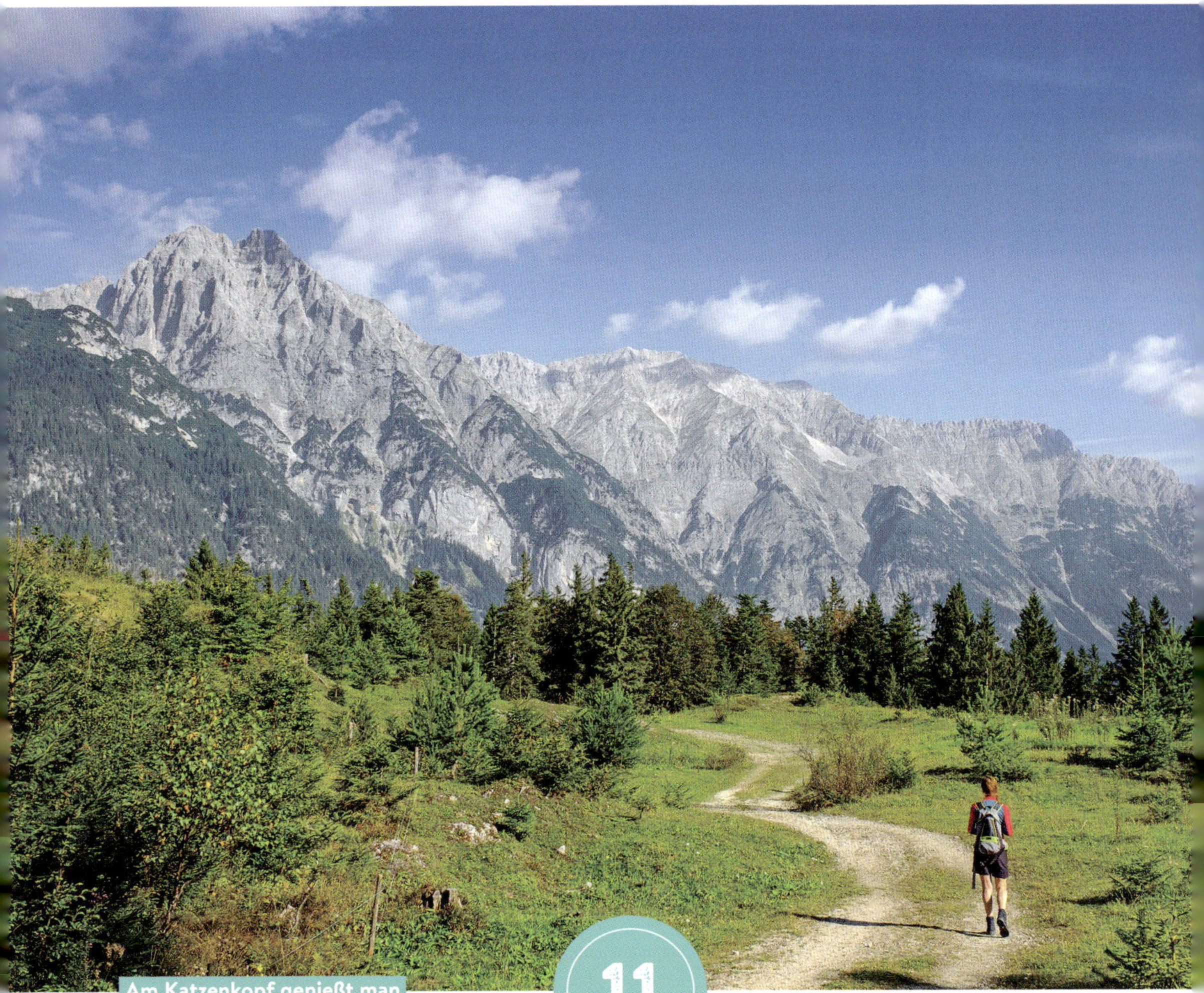

Am Katzenkopf genießt man eine wunderbare Sicht auf das Wettersteingebirge.

11

Über den Katzenkopf

Ein Hochmoos und seine Aussichtsloge

Zwischen Leutasch und Seefeld gibt es einen Höhenrücken, der als Hochmoos und Katzenkopf auf Landkarten verzeichnet ist, aber kaum einer kennt ihn. Er liegt nicht weit von Mittenwald entfernt und trotzdem sehen die Berge dort bereits ganz anders aus als in Bayern. Wir genießen Aussichten auf die Zugspitze, die Hohe Munde und die Seefelder Berge.

DURCH WEIDACH Wir starten in der Mitte des Leutascher Ortsteils **A Weidach**, am großen Musik-Pavillon, der in einem kleinen Kurgarten liegt. Mit Blick auf den Pavillon folgen wir der Straße, die rechts mit etwas Abstand an ihm vorbeiführt (Schild »Weidachsee«). Sie bringt uns zur größeren Ortsdurchfahrtsstraße, der wir nach links folgen. Dabei queren wir den Seebach, in dem sich einige Forellen tummeln. Den Bach queren wir gleich darauf erneut und biegen dann links in die Straße ein. Sie führt uns am großen Hotel Kristall vorbei; dahinter halten wir uns leicht rechts (Schild »Katzenkopf«) und wandern bergauf. Die Straße endet an einem **1 Wendehammer**; dort beginnt ein Forstweg, der weiter zum Katzenkopf beschildert ist. Wer es bequem angehen möchte, kann nun immer dem kleinen Bergsträßchen hinauf zum Katzenkopf (Wanderweg Nr. 34) folgen. Auf diesem Weg werden wir später auch zurückkommen. Wichtig ist nur, dass wir oben wirklich bis kurz vor die Katzenkopfhütte hinaufsteigen und nicht vorher schon der Beschilderung zum Wildmoos folgen.

AM KATZENKOPF Schöner und abwechslungsreicher ist es, an der zweiten Abzweigung (erste Abzweigung ist der Wurzelsteig) nach rechts der Beschilderung zum Katzenkopf über die Rappenlöcher (Weg Nr. 42) zu

↑ Auffällig viele Ameisenhaufen säumen den Weg.
↓ An der Wildmoosalm ↘ Stille, naturbelassene Wege erwarten uns.

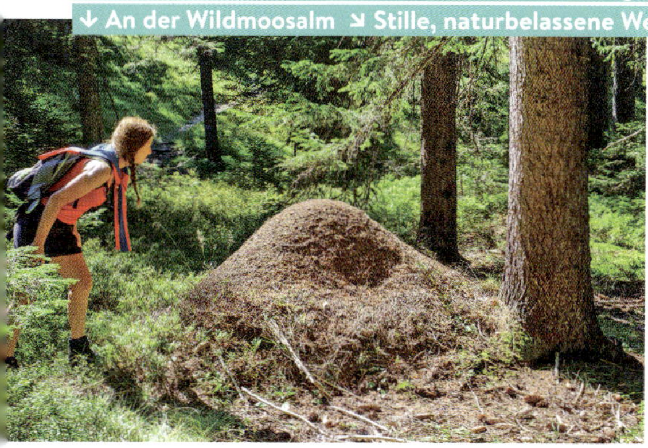

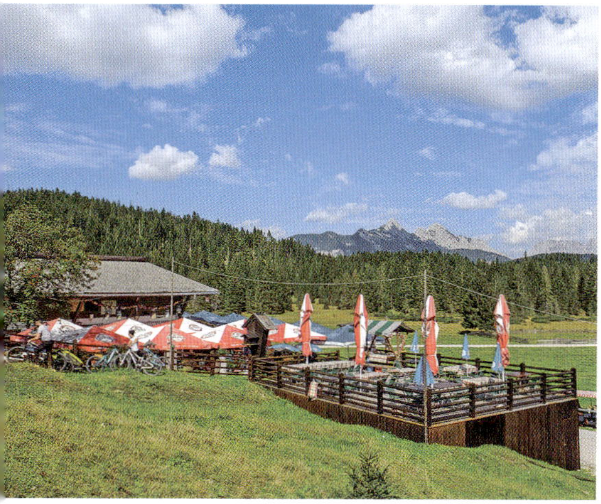

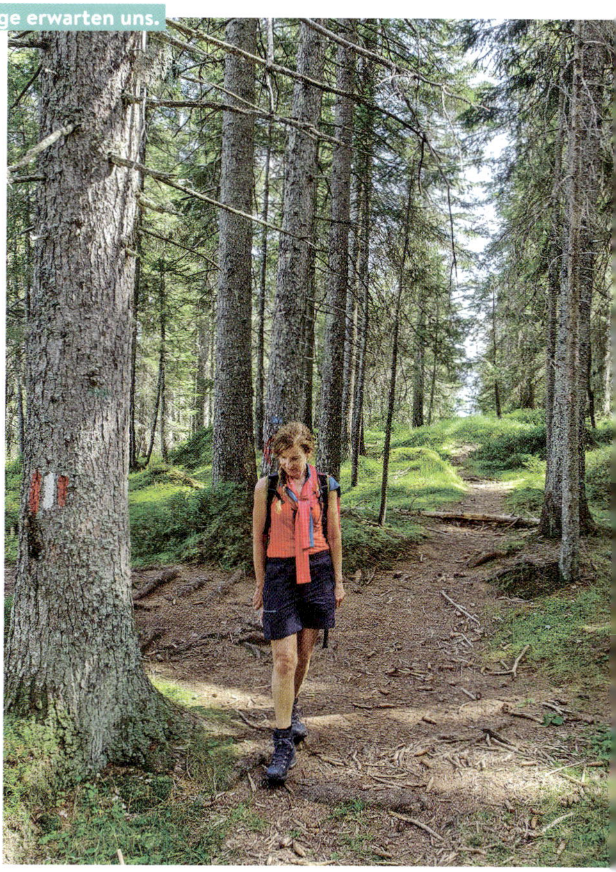

folgen. Der schmale Steig ist viel spannender und führt überdies zu einem schönen Aussichtspunkt, von dem wir die erste Sicht auf das Leutascher Tal genießen dürfen.

Kurze Zeit später treten wir in die Sonne und sehen vor uns bereits die **2 Katzenkopfhütte**. Noch ist es zu früh für die Einkehr, und so riskieren wir nur einen Blick hinüber zur verlockenden Hütte, deren gemütliche Terrasse nebst schöner Aussicht zu erahnen ist. Die Hütte ist gleichzeitig die Bergstation des Katzenkopflifts. In einigen Karten ist sie jedoch noch immer als Hochmoosalm eingezeichnet, wir dürfen uns also nicht verwirren lassen. Wir stoßen auf die Zufahrtsstraße zur Alm und biegen dort rechts (links für diejenigen, die über die Straße aufgestiegen sind) auf den schmalen Wanderpfad ein. Er

Zur Wildmoosalm kann man ab Seefeld auch mit der Kutsche fahren.

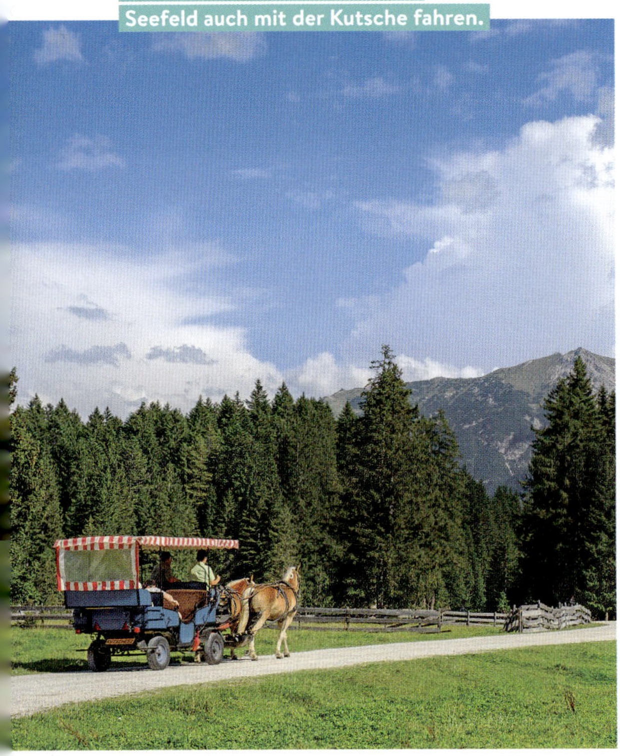

ist nun als Weg Nr. 37 zum Aussichtspunkt Hochrain und Hochmoos ausgeschildert.

ENDLOSER WANDERSPASS Der Bergpfad verläuft zunächst im leichten Auf und Ab durch einen lichten Wald und windet sich im Zickzack über den Hügel. Der Waldboden ist dick mit unterschiedlichsten Farnen und Moosen bedeckt. Auffällig sind die vielen, oft hohen Ameisenhaufen, die in regelmäßigen Abständen auf der gesamten Wanderung zu finden sind. Gleich einer Schnitzeljagd folgen wir der rot-weiß-roten Markierung, an kritischen Stellen finden wir überdies Pfeile an den Bäumen. Langsam wird der Weg steiler, und der Untergrund ist steinig und felsig, etwas Trittsicherheit ist gefragt. Wir merken, dass wir uns dem Hochmoor nähern, denn unter den Bäumen wachsen nun dichte Blaubeerbüschel und Erika. Zunächst erreichen wir jedoch den **3 Aussichtspunkt Hochrain**, bei dem dankenswerterweise gleich drei Rastbänke aufgestellt sind. So lässt sich der Ausblick über Leutasch zum Wettersteingebirge in aller Ruhe genießen.

ARTENREICHES HOCHMOOS Danach folgen wir der Beschilderung Richtung Aussichtspunkt Hochmoos. Der Weg steigt kaum noch an, und es dauert nicht mehr lange, dann erreichen wir den Rand des eigentlichen Hochmooses. Das Moor entpuppt sich als große sumpfige Feuchtzone, die aus der Verlandung eines eiszeitlichen Sees entstand – ein echter Naturschatz, auf dem sich Schmetterlinge tummeln und im Sommer Enzian, Disteln, Wollgras und Erika wachsen. Am Rand der Feuchtwiese treffen wir auf den **4 Aussichtspunkt Hochmoos**, dem höchsten Punkt unserer Wanderung (1544 m). Diesmal blicken wir nach Osten über Seefeld und sein Talbecken auf Seefelder und Reither Spitze.

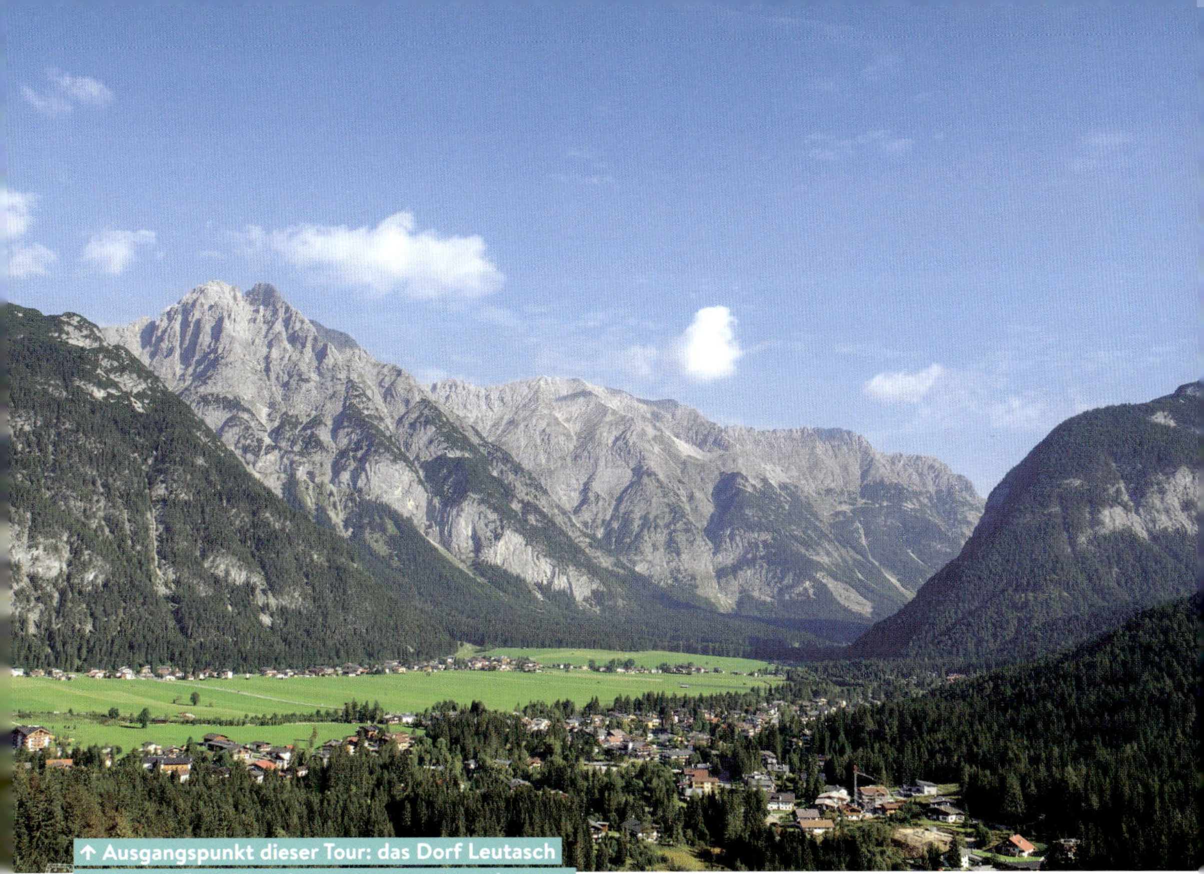

↑ Ausgangspunkt dieser Tour: das Dorf Leutasch in Tirol ↓ Zum Abschluss erwartet uns noch etwas Entspannung auf Ruheliegen am Wegrand.

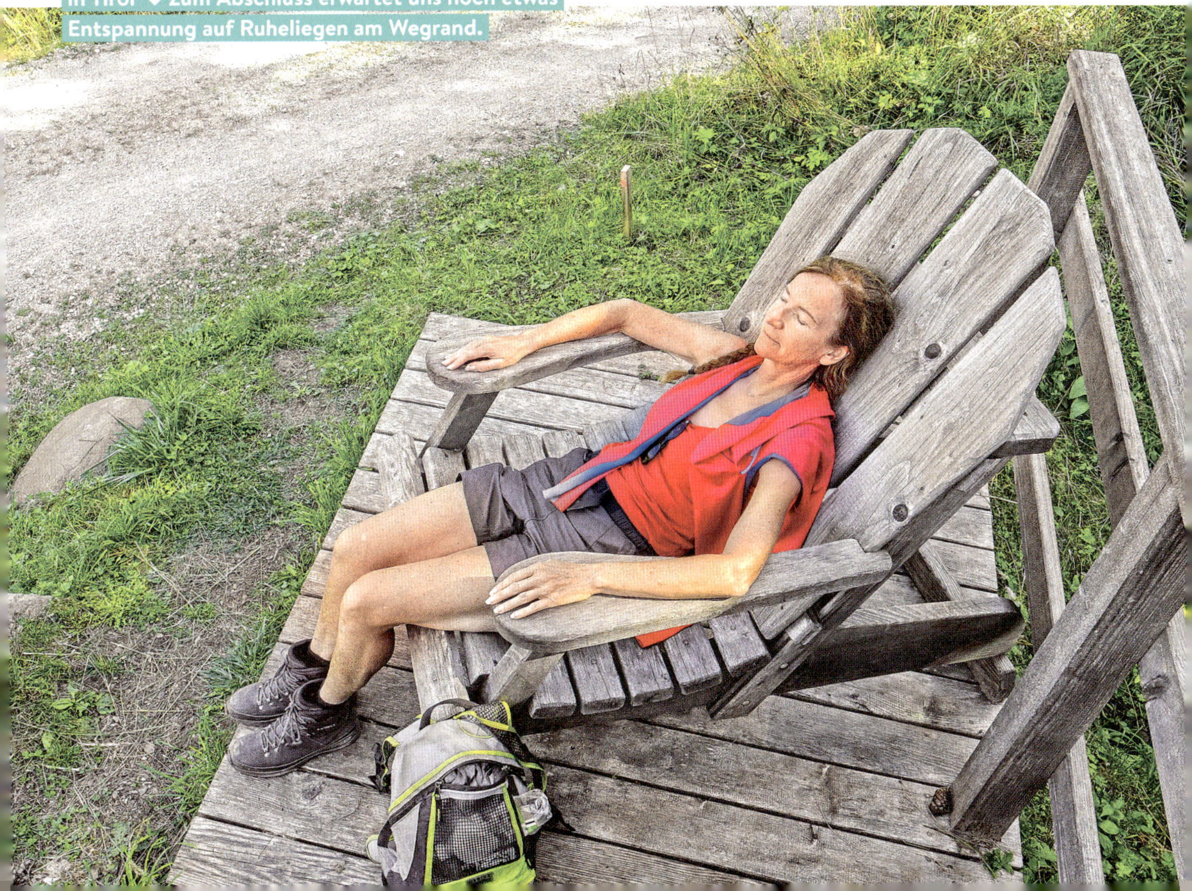

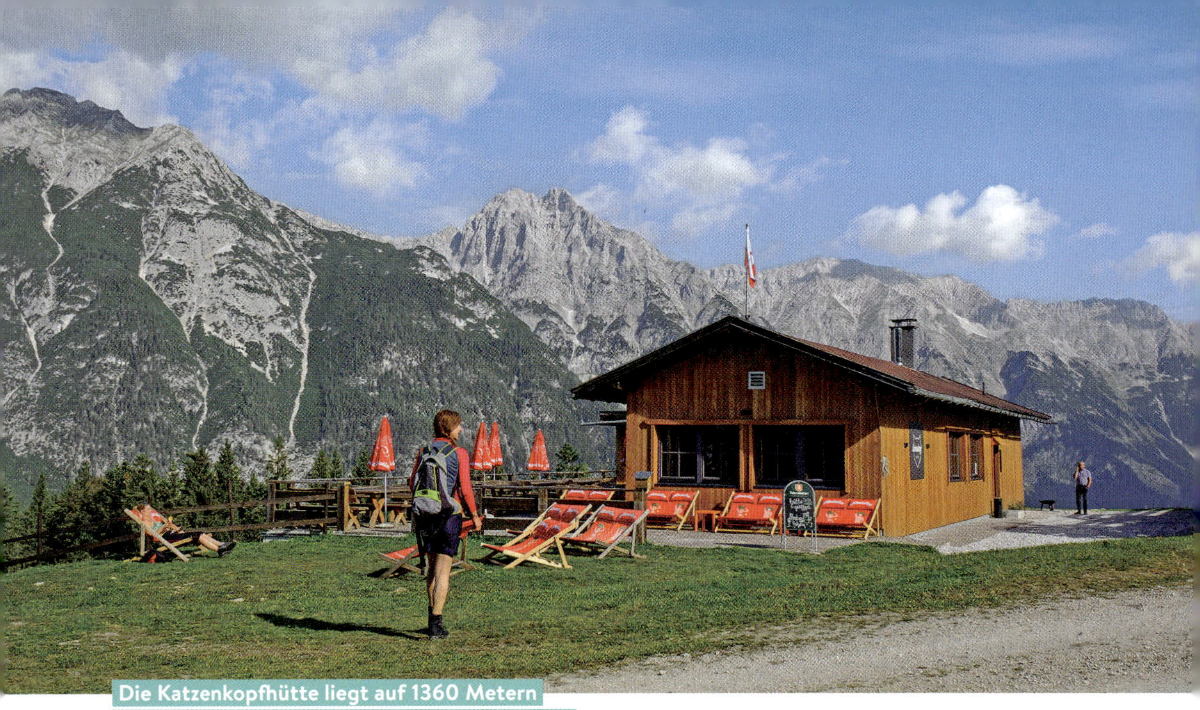

Die Katzenkopfhütte liegt auf 1360 Metern Höhe über dem Ortsteil Weidach bei Leutasch.

ZUR WILDMOOSALM Direkt vom Aussichtspunkt setzen wir unsere Wanderung in südlicher Richtung entlang der Hangkante fort. Der Pfad senkt sich, und wir genießen den Zugspitz-Blick. Der Wald öffnet sich hier nach Westen, und wir sehen die Zugspitze von einer ganz anderen Seite; die Gebäude am Gipfel sind mit bloßem Auge erkennbar. Wir bleiben weiterhin dem Weg Nr. 37 treu, der bald in einer Linkskurve an einem Zaun entlangführt und nun an Höhe verliert. Relativ weit unten treffen wir schließlich auf einen breiteren Almweg, dem wir nach links zum Ferienheim Wildmoos folgen. Nun sind wir nicht mehr allein unterwegs, viele Wanderer zieht es aus Seefeld hier herauf.

Weiter in Wanderrichtung treffen wir an der nächsten Almwiese auf die Abzweigung zur **5 Wildmoosalm**; der beliebte Berggasthof ist nach rechts in wenigen Minuten erreicht. Trotz des Andrangs – ganze Heerscharen an Wanderern und Ausflüglern pilgern zu Fuß, aber auch mit Pferdekutschen, E-Bikes und sogar mit Segways dorthin – findet jeder seinen Platz auf der großen Terrasse. Wem das zu viel Trubel ist, der hebt sich die Einkehr für die Katzenkopfhütte auf, bei der wir am Rückweg wieder vorbeikommen.

Tipp

NATURPHÄNOMEN

Der Wildmoossee ist ein aperiodisch auftretendes Gewässer, das nur in unregelmäßigen Abständen Wasser führt – die meiste Zeit entpuppt sich der See als grüne Almwiese. Der Boden ist von einem Netz aus unterirdischen Karsthöhlen durchsetzt, die sich mit Schmelzwasser und Regen so füllen können, dass schließlich ein See zutage tritt. Das geschieht jedoch nur alle paar Jahre im Frühjahr, im Herbst verschwindet das Wasser wieder, und ob es im nächsten Jahr wiederkehrt, kann man nicht vorhersagen.

ENTSPANNT ABWÄRTS Weiter der Almstraße (Nr. 3) folgend, geht es zunächst ziemlich eben in Richtung Leutasch zurück. Dann teilt sich der Weg: Nach rechts führt der Mental-Power-Lehrpfad durch das Fludertal direkt nach Leutasch hinunter; wir jedoch halten uns links und folgen der Beschilderung zum Katzenkopf. Nun winkt die **2 Katzenkopfhütte** als echter Geheimtipp für eine finale Einkehr. Auf der wechselnden Tageskarte stehen warme Gerichte, Tiroler Spezialtäten und Brettljausen, auch vegetarische Speisen gibt es; zum Dessert verführen Kaiserschmarren, Kuchen und Apfelstrudel. Vor dem Haus stehen Liegestühle in der Sonne und halten uns beim Aperol Spritz vom finalen Abstieg ab.

Gut, dass der Weg jetzt nur noch kurz ist. Wir folgen einfach der kleinen Almstraße bergab und erreichen auf ihr im Wald wieder die Stelle, die wir vom Hinweg bereits kennen. Die letzten Minuten unserer Tour zurück nach **E Weidach** sind somit ein Kinderspiel. Zum Finale können wir noch im Dorfstadl Leutasch einkehren.

INFO

TOURENCHARAKTER

Technisch unschwierige, aber längere Wanderung im leichten Auf und Ab über wurzelige, teils steinige Bergpfade. Trittsicherheit erforderlich. Der Rückweg verläuft auf einer kleinen Almstraße.

AUSGANGS-/ENDPUNKT

Leutasch-Weidach, Musik-Pavillon
GPS: 47.369835, 11.165503

ANFAHRT

ÖPNV: Mit dem Zug nach Seefeld und weiter mit dem Bus nach Leutasch bis Haltestelle Ortsteil Weidach
Auto: Nach Mittenwald und weiter über die österreichische Grenze und Scharnitz bis Gießenbach, dort rechts nach Leutasch. In der Ortsmitte gibt es einen größeren gebührenpflichtigen Parkplatz, der Musikpavillon liegt direkt dahinter.

EINKEHR

Katzenkopfhütte, Wildmoosalm

INFORMATION

seefeld.com

Mittel | **3.45 Std.** | **15 km** | **550 Hm**

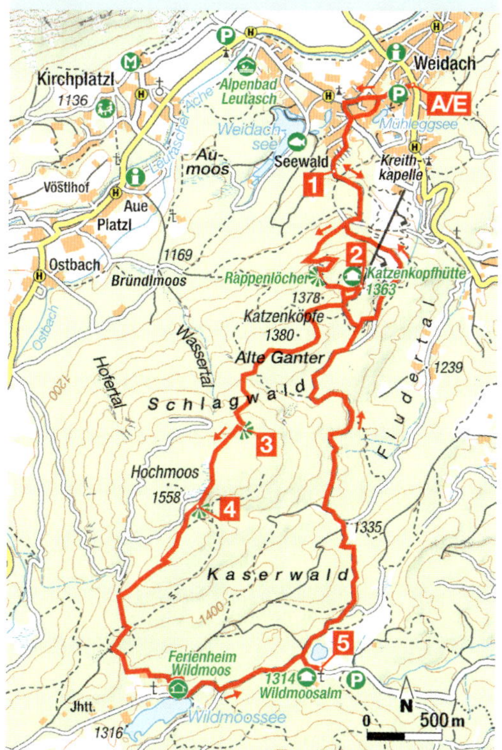

Schöttelkarspitze und Soiernspitze

Traumrunde um den Soiernkessel

Diese Wanderung, aufgrund ihrer Länge eine Zwei-Tages-Tour, führt uns in eine beeindruckende Landschaft im Karwendel. Die beiden Soiernseen, eingerahmt von den umgebenden Berggipfeln, faszinierten bereits König Ludwig II., der die ehemaligen Jagdhütten an den Soiernseen errichten ließ.

12

Angekommen: auf der Soiernspitze

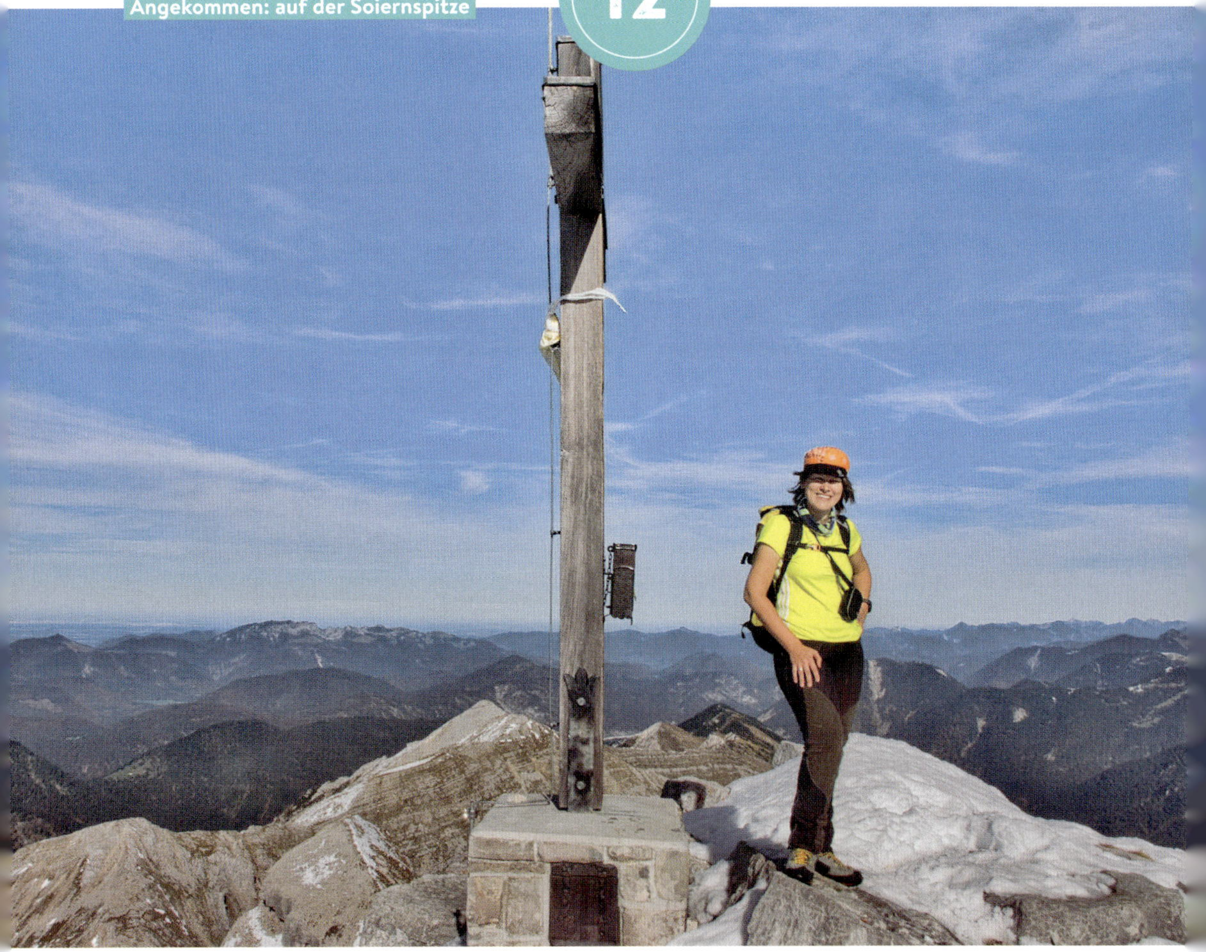

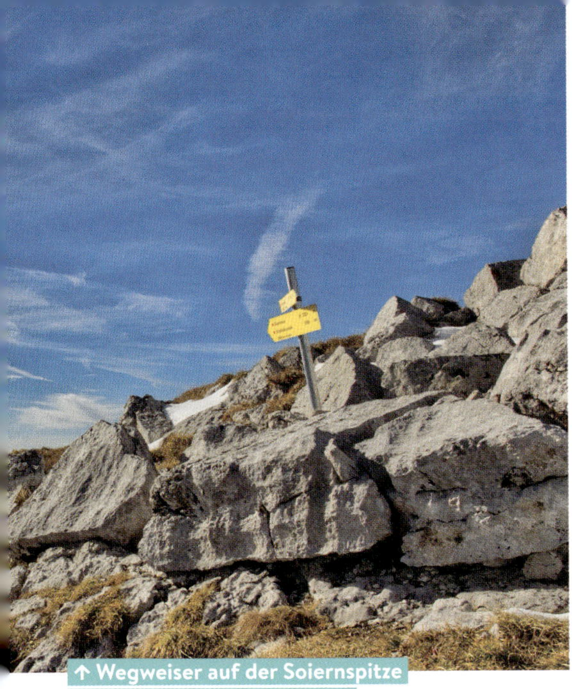

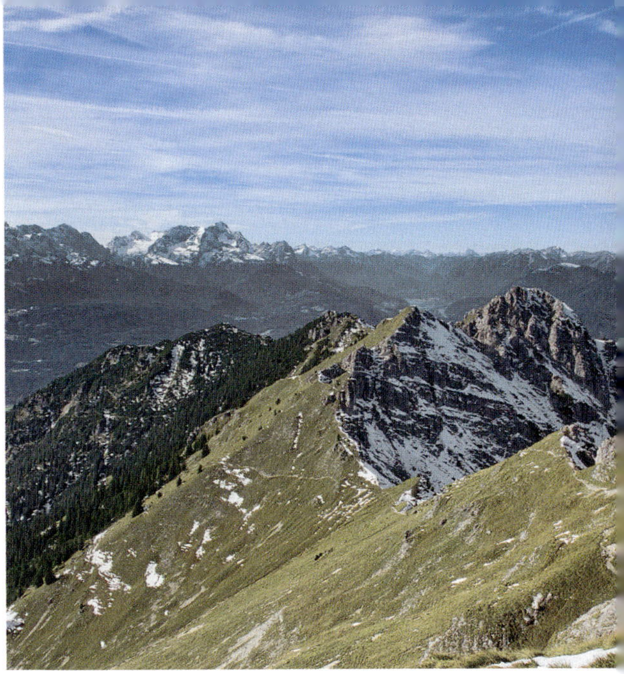

↑ Wegweiser auf der Soiernspitze
↗ Toller Ausblick vom Gipfel

ZUM SOIERNHAUS Vom **A Wanderparkplatz bei Krün** gehen wir zur Isar und überqueren diese auf einer Brücke. An der Wegverzweigung halten wir uns links. Die Straße führt zuerst kurz am Ufer entlang nordwärts, dann zweigt nach rechts die Forststraße zur Fischbachalm ab. Auf der teils sehr steilen Forststraße erreichen wir durch den Wald in zwei Stunden die **1 Fischbachalm** (1402 m). Hier können wir uns zwischen zwei Wegen entscheiden: Entweder folgen wir dem einfachen ehemaligen Reitweg, oder wir nehmen den Lakaiensteig, der zwar etwas ausgesetzt, aber dafür deutlich spannender ist.

Kurz nach der Alm zweigt nach rechts der Lakaiensteig ab, der bald schmaler wird und Trittsicherheit und Schwindelfreiheit verlangt. Die schwierigsten Stellen sind gut mit Drahtseilen versichert. Kurz unterhalb des Soiernhauses folgen wir an einer Weggabelung dem rechten Weg und erreichen bald das **2 Soiernhaus** (1616 m). Die Umgebung der Hütte mit den beiden Seen ist wirklich idyllisch. Wem dieser Weg zu ausgesetzt ist, der kann natürlich auch die leichtere Variante nehmen. Hierzu folgen wir von der Fischbachalm der Straße, die zuerst ein wenig abwärts bis zum Hundstall führt. Von dort geht es über einige Kehren durch lichten Wald zu den Soiernhäusern, die wir über ein paar Stufen erreichen. Da die Tour sehr lang ist, bietet sich die Hütte des Deutschen Alpenvereins für eine Übernachtung an.

Tipp

MIT DEM BIKE

Die Forststraße zur Fischbachalm lässt sich gut mit dem Rad bewältigen, auch wenn wir auf einer steileren Passage vielleicht schieben müssen. Das Bike lassen wir dann an der Fischbachalm für die Runde stehen. Nach der Tour ist die Abfahrt mit dem Rad dafür dann viel bequemer – flott brausen wir hinunter nach Krün. Trotzdem empfiehlt sich eine Übernachtung im gemütlichen Soiernhaus.

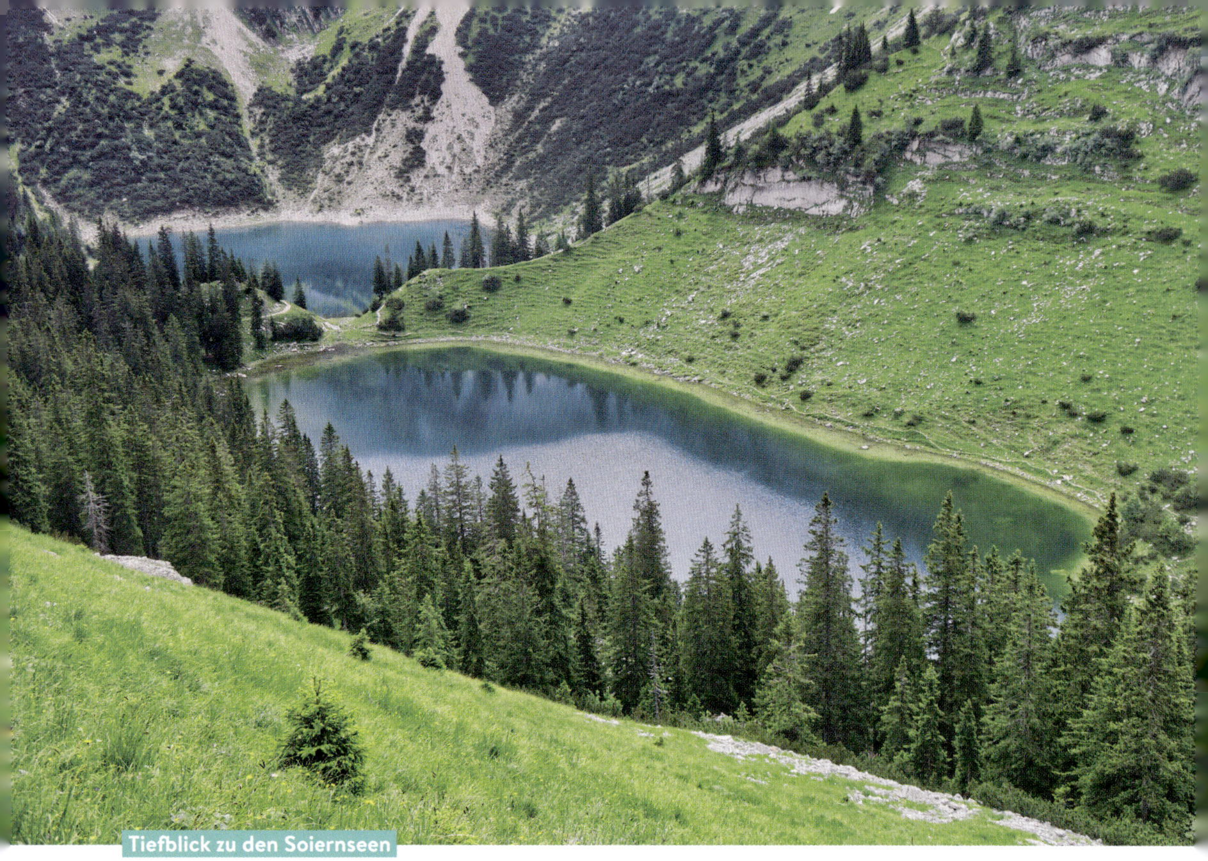

Tiefblick zu den Soiernseen

AUF DIE SCHÖTTELKARSPITZE Der ehemalige Reitsteig setzt hinter der Hütte in Richtung Schöttelkarspitze an. Anfangs wandern wir recht bequem in die Höhe. Bald schon wird das Weglein aber schmaler, und in Serpentinen geht es zu einem Sattel unterhalb des Gipfels. Zum Schluss schlängeln wir uns nochmals über Serpentinen von Norden her auf den Gipfel der **3 Schöttelkarspitze** (2050 m), auf dem Ludwig II. einst einen Pavillon errichten ließ, um dort seinen Tee einnehmen zu können. Von diesem Pavillon des Märchenkönigs ist heute nichts mehr zu sehen, allerdings ist die Aussicht vom großen Gipfelkreuz immer noch wahrhaft königlich: Im Südwesten steht das Wetterstein, unterhalb des Gipfels schimmern im Soiernkessel die beiden Soiernseen, und im Süden ragt das Karwendel mit dem nahen Wörner als Blickfang auf.

ZUR SOIERNSPITZE Der Weiterweg führt vom Gipfel kurz nach Norden und unter den Gipfel herum durch ein kleines Felsengewirr zum Feldernkreuz. Die Landschaft wird wieder lieblicher, es dominieren mehr die Wiesen. Der Weg verläuft auf oder unterhalb des Kamms zum Feldernkopf, dabei begleitet uns immer wieder eine prächtige Aussicht. An der **4 Reißenden Lahnspitze** (2209 m) wird der Weg wieder schuttriger und zieht leicht unterhalb des Gipfels entlang. Über die Hänge gelangen wir problemlos zum kleinen Gipfelkreuz mit großer Aussicht.

Von der Reißenden Lahnspitze steigen wir zur nahen Scharte vor der Soiernspitze ab – nach links zweigt hier in ein Schuttkar der spätere Abstiegsweg ab. Wir unternehmen aber noch den lohnenden Abstecher auf den Gipfel der **5 Soiernspitze** (2257 m). Der Gipfel ist über ein paar einfache Felsstufen bald erreicht, und wir genießen vom großen

Gipfelkreuz einen traumhaften Blick auf Karwendelgebirge und Wetterstein.

ABSTIEG INS TAL Für den Abstieg steigen wir wieder zurück in die Scharte zwischen Soiernspitze und Reißender Lahnspitz und nehmen nun den nach rechts in Richtung Soiernkessel führenden Weg. Dieser bringt uns sehr steil in ein Schuttkar. Schnell sind wir an den beiden Seen angelangt, von denen uns der Weg zum **2 Soiernhaus** bringt.

Für den Weiterweg zur Fischbachalm können wir wieder zwischen der Forststraße und dem Lakaiensteig wählen. Auf dem vom Aufstieg her bekannten Weg geht es dann zurück zum **E Wanderparkplatz bei Krün**.

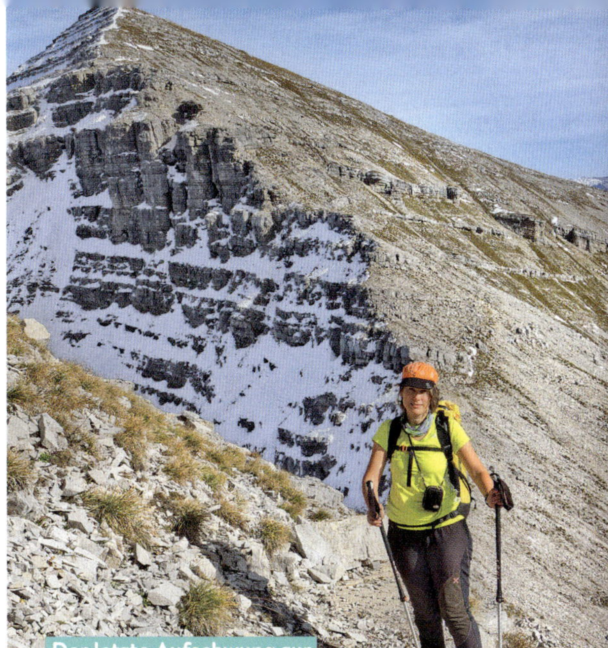

Der letzte Aufschwung zur Soiernspitze wartet auf uns.

INFO

AUSGANGS-/ENDPUNKT
Wanderparkplatz in Krün
GPS: 47.50306, 11.28665

TOURENCHARAKTER
Die Wanderung zur Fischbachalm erfolgt auf breiter Forststraße, der Lakaiensteig erfordert ebenso wie die Gipfelüberschreitung Trittsicherheit und Schwindelfreiheit. Der Gipfelanstieg zur Schöttelkarspitze ist deutlich einfacher. Den Lakaiensteig kann man auf einfacherem Weg umgehen.

ANFAHRT
ÖPNV: Mit dem Zug über Garmisch-Partenkirchen nach Klais und weiter mit dem Bus nach Krün
Auto: A 95 nach Garmisch-Partenkirchen und weiter nach Krün. Alternativ ist auch eine Anfahrt über den Kochelsee möglich.

EINKEHR
Fischbachalm, Soiernhaus

INFORMATION
alpenwelt-karwendel.de

Schwer | 11 Std. | 28,6 km | 1800 Hm

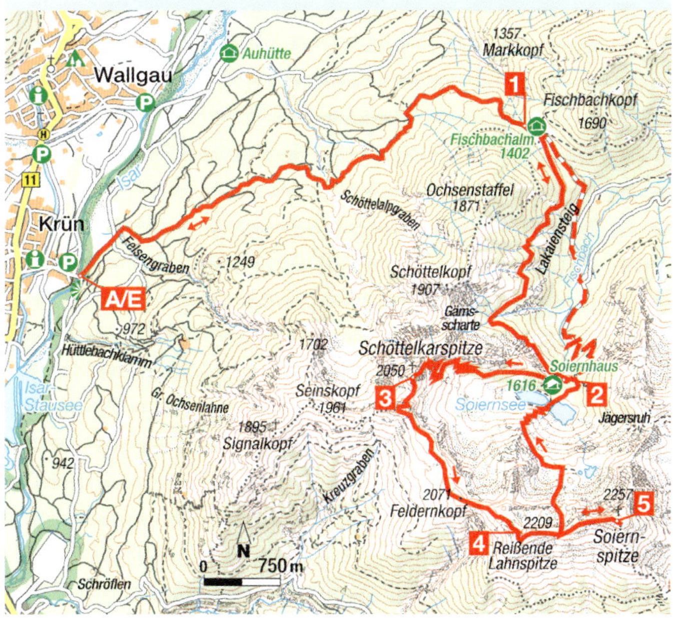

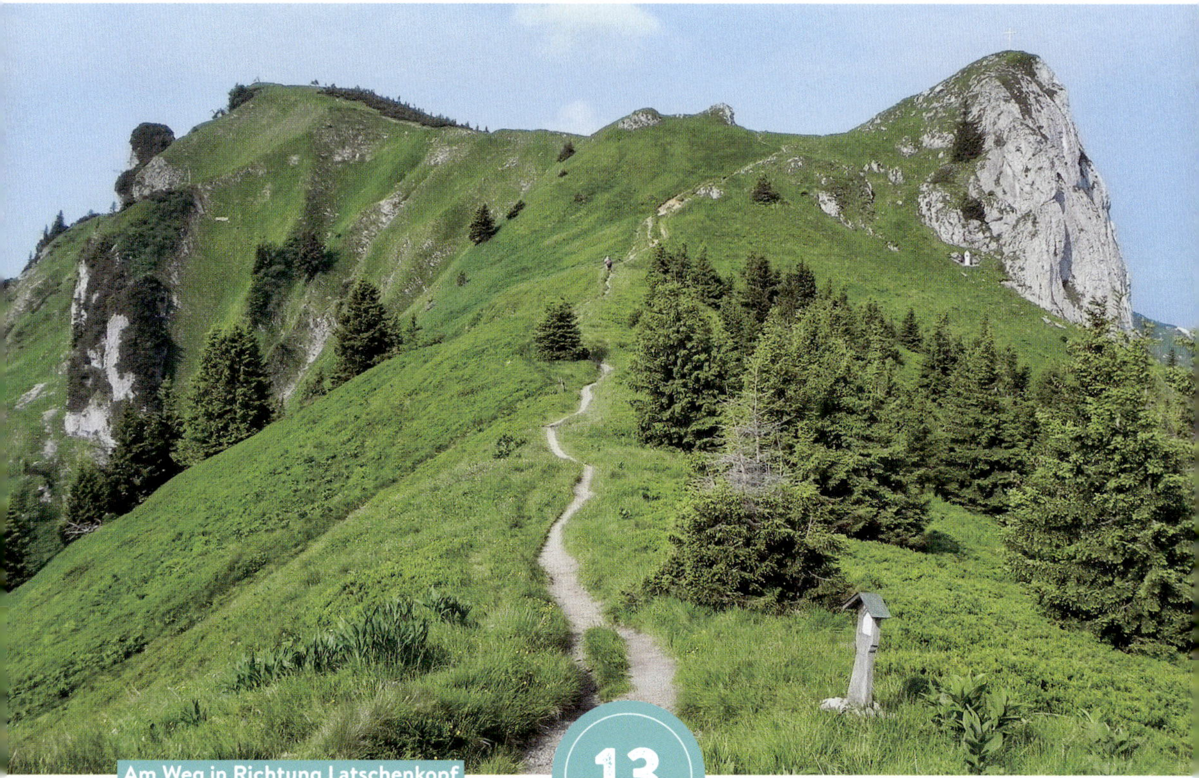

Am Weg in Richtung Latschenkopf

13

Auf die Benediktenwand

Der bekannteste Münchner Hausberg

Die Benediktenwand zählt sicherlich zu den schönsten Aussichtsgipfeln im Alpenvorland. Besonders empfehlenswert ist die Grattour vom Brauneck. Durch die Auffahrt mit der Brauneck-Bergbahn ersparen wir uns einige Höhenmeter und starten gleich mit einem grandiosen Panorama.

ZUR BENEDIKTENWAND Von der A **Bergstation der Brauneck-Bergbahn** wandern wir zum nahen 1 **Brauneck** (1555 m) mit dem Gipfelhaus. Hier genießen wir zum ersten Mal eine schöne Aussicht auf das Alpenvorland – es wird im Lauf der Tour aber noch besser, versprochen! Der Wanderweg führt am Grat entlang, weicht an einem kleinen Gratkopf nach Süden aus und zieht weiter in Richtung Latschenkopf (1712 m). Vom Gipfelkreuz erblicken wir erstmals die Benediktenwand.

Nach einem kurzen Zwischenabstieg passieren wir die Abzweigung zur Probstalm. Die Aufschwünge der Achselköpfe umgehen wir auf dem nordseitigen Steig bis zum 2 **Rotöhrsattel** (1665 m). Alternativ könnten wir die Köpfe auch aussichtsreich überschreiten. Dafür benötigen wir aber unbedingt Trittsicherheit. Der erste Aufschwung vom Sattel ist mit Drahtseilen versichert, aber nicht wirklich schwierig. Durch Latschenfelder spazieren wir in Richtung Gipfel. Kurz unterhalb des Gipfels passieren wir das kleine Gipfelhüttchen und stehen bald auf der eindrucksvollen 3 **Benediktenwand** (1801 m) mit ihrer spektakulären Aussicht: Im Norden blicken wir weit ins Alpenvorland, im Süden steht das mächtige Karwendelgebirge. Auch wenn die Wege zum Gipfel weit sind, so verstehen wir bei diesem Traumblick doch die große Beliebtheit des Berges.

Im Längental, im Hintergrund die Probstenwand

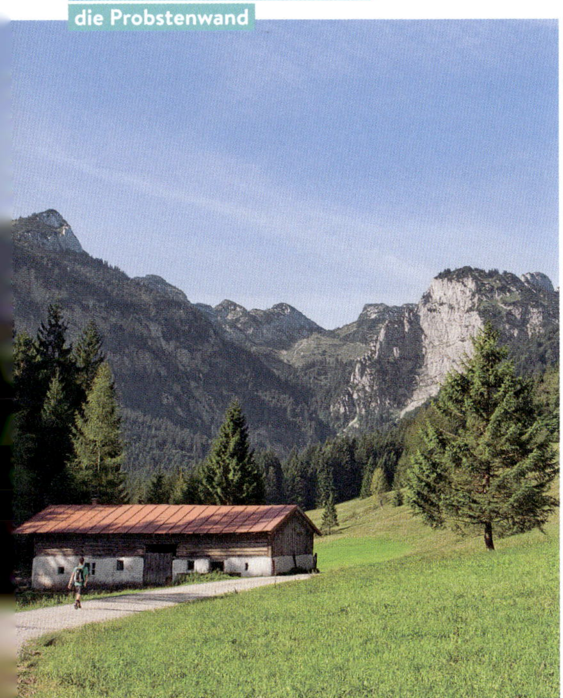

Tipp

ÜBER DIE TUTZINGER HÜTTE

Man kann auch von der Benediktenwand über den Westweg zur Tutzinger Hütte (1327 m) absteigen. Dieser Weg ist etwas leichter als der Abstieg über den Ostweg zum Rotöhrsattel. Die Tutzinger Hütte bietet eine gemütliche Einkehrmöglichkeit, allerdings müssen wir zum Rotöhrsattel einen Gegenanstieg in Kauf nehmen, was die gesamte Tour etwas verlängert. Theoretisch bietet sich die Tutzinger Hütte auch für eine Übernachtung an (7.30 Std., 18,1 km, 995 Hm Aufstieg, 1785 Hm Abstieg).

ABSTIEG NACH LENGGRIES … Für den Abstieg wählen wir einen etwas ungewöhnlicheren, dafür aber sehr ruhigen Weg. Wir wandern zuerst am Anstiegsweg zurück zum 2 **Rotöhrsattel**. Jetzt überschreiten wir die Achselköpfe nicht noch einmal, sondern steigen nach links in den Probstalmkessel ab. Der schmale, teilweise etwas rutschige Steig führt zur kleinen unbewirtschafteten Probstalmhütte. Wenig später taucht der Steig in den Wald ein und bringt uns steil bergab. Über eine felsige Stufe hilft uns ein Seil. Ohne weitere Probleme erreichen wir den Forstweg im Tal. Auf diesem wandern wir talauswärts zur im Sommer einfach bewirtschafteten 4 **Hinteren Längentalalm** (1035 m).

Nach der Einkehr wandern wir weiter geradeaus, bis wir nach der Längentalalm eine Wegteilung erreichen. Hier biegen wir nach rechts ab und folgen dem Weg in östlicher Richtung. Mehrere nach links und rechts abzweigende Forstwege ignorieren wir und wandern weiter bis zu einer deutlichen Wegteilung. Hier nehmen wir den rechten Weg (Markierung Nr. 13), der die Waldhänge des

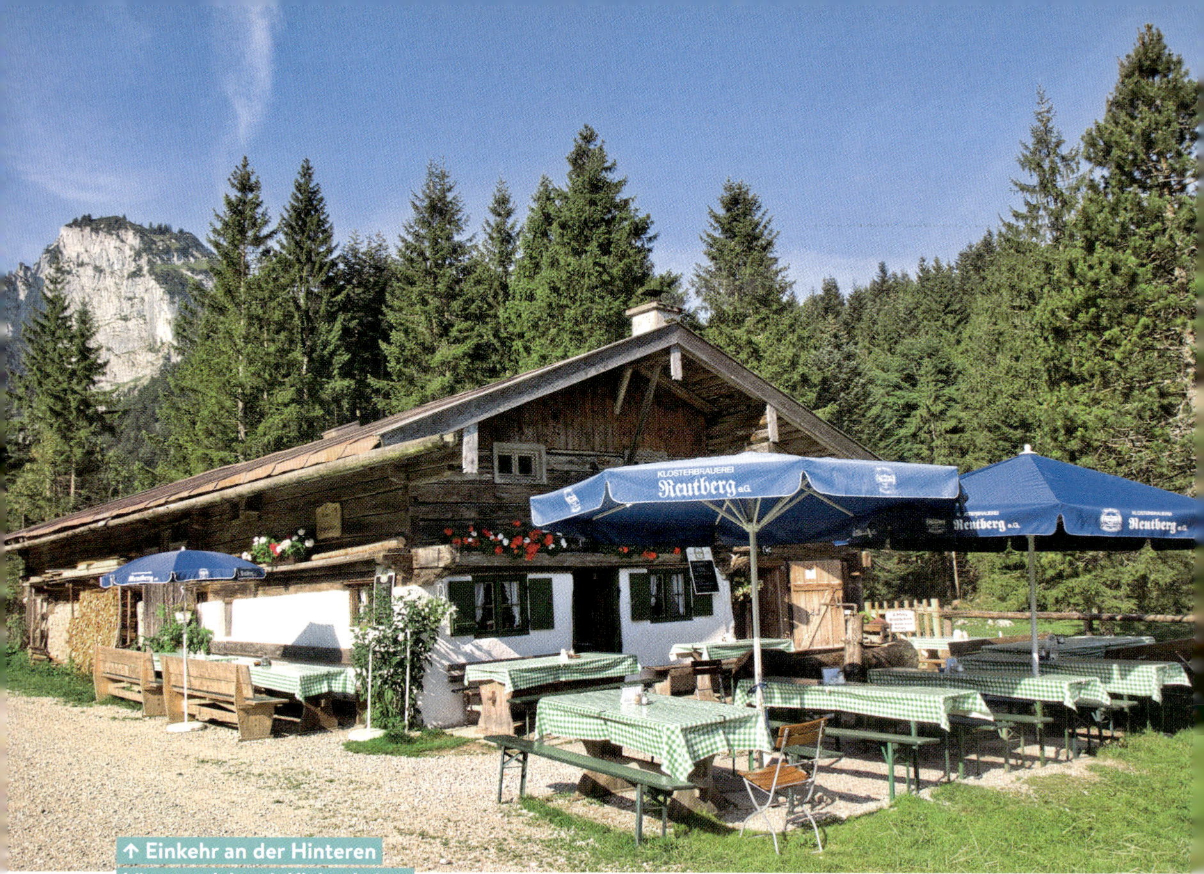

↑ Einkehr an der Hinteren Längentalalm ↓ Kleine Leiter am Weg zur Benediktenwand

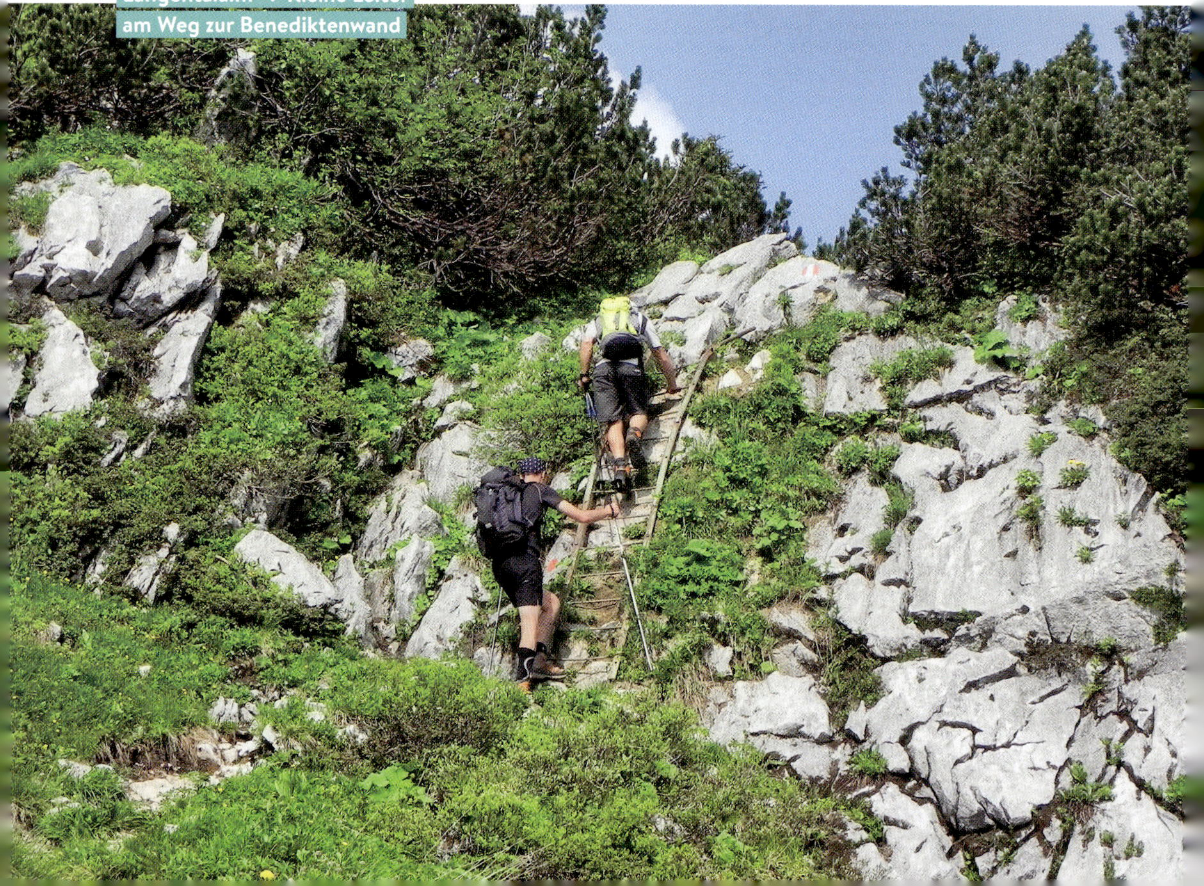

Kogelbergs quert und unterhalb der Reiseralm auf einen Weg trifft, der von der **E Talstation der Brauneck-Bergbahn** heraufzieht. Auf diesem Weg steigen wir hinunter zur Talstation.

… ODER RÜCKWEG ZUM BRAUNECK

Wir können natürlich auch wieder zum Brauneck zurückwandern. Hierfür steigen wir wie oben beschrieben zum Rotöhrsattel ab. Den Aufschwung der Achselköpfe umgehen wir auf der Nordseite. Auch den Aufschwung des Latschenkopfs können wir umgehen, indem wir auf der Südseite zu einem Skilift und zur nahen Stie-Alm wandern. Nach der Querung zur Quenger-Alm biegen wir nach links ab und wandern über die Tölzer Hütte zur Bergstation am Brauneck. Die Tour ist damit kürzer als die Haupttour (5.15 Std., 11 km, jeweils 935 Hm Auf- und Abstieg). Die vielen Hütten im Brauneckgebiet bieten sich für eine Einkehr an.

INFO

Mittel | **6.15 Std.** | **15,4 km** | **700/1485 Hm**

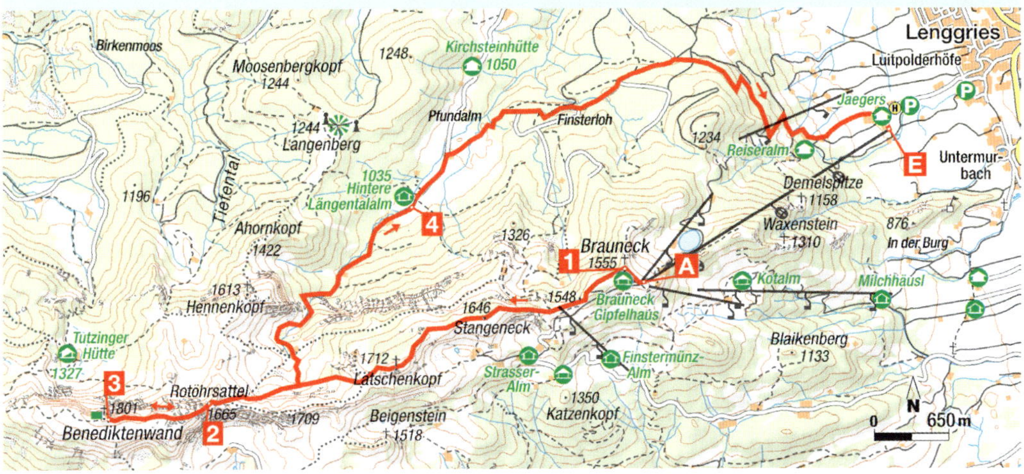

TOURENCHARAKTER

Fantastische Kammwanderung, eine der aussichtsreichsten Voralpentouren. Die Tour ist sehr lang und erfordert daher eine gute Kondition. Trittsicherheit ist am Ostaufschwung erforderlich. Die Felsen sind teils unangenehm glatt poliert. Teilweise drahtseilversichert.

AUSGANGSPUNKT

Bergstation Brauneck-Bergbahn
GPS: 47.66324, 11.52650

ENDPUNKT

Talstation Brauneck-Bergbahn
GPS: 47.67515, 11.55479

ANFAHRT

ÖPNV: Von München mit dem Regionalzug (BRB) nach Lenggries und vom Bahnhof mit Bus 9564 zur Talstation

Auto: Über A 8 und B 13 nach Bad Tölz und weiter nach Lenggries, dort der Beschilderung zur Talstation folgen

EINKEHR

Brauneck-Gipfelhaus, Hintere Längentalalm

INFORMATION

lenggries.de,
brauneck-bergbahn.de

Auf den Staffel

Im Jachenauer Wanderhimmel

Der Staffel ist ein bewaldeter Berg in der Jachenau. Nur sein Gipfel ist frei von Bewuchs und erlaubt dadurch reizvolle Blicke bis weit ins Karwendel hinein. Die fehlende Einkehrmöglichkeit macht eine mitgebrachte Brotzeit wett, dafür ist man hier auch deutlich einsamer unterwegs als an den berühmteren Nachbargipfeln.

START IN BÄCKER Die Jachenau ist ein von West nach Ost verlaufendes Tal im Tölzer Land südlich der Benediktenwand. Ein Höhenrücken trennt sie vom Isartal mit dem Sylvensteinstausee. In diesem Höhenzug ist der Staffel mit 1532 Metern die höchste Erhebung.

Am Wanderparkplatz im Ortsteil **A Bäcker** geht es auf der kleinen geteerten Straße links an der Zimmerei vorbei. Wir folgen der Straße weiter in Kurven durch den Weiler Niggeln, wobei die einzelnen Ortsteile alle ineinander übergehen. Am Ortsende wendet sich der Weg in einer Linkskurve nach

14

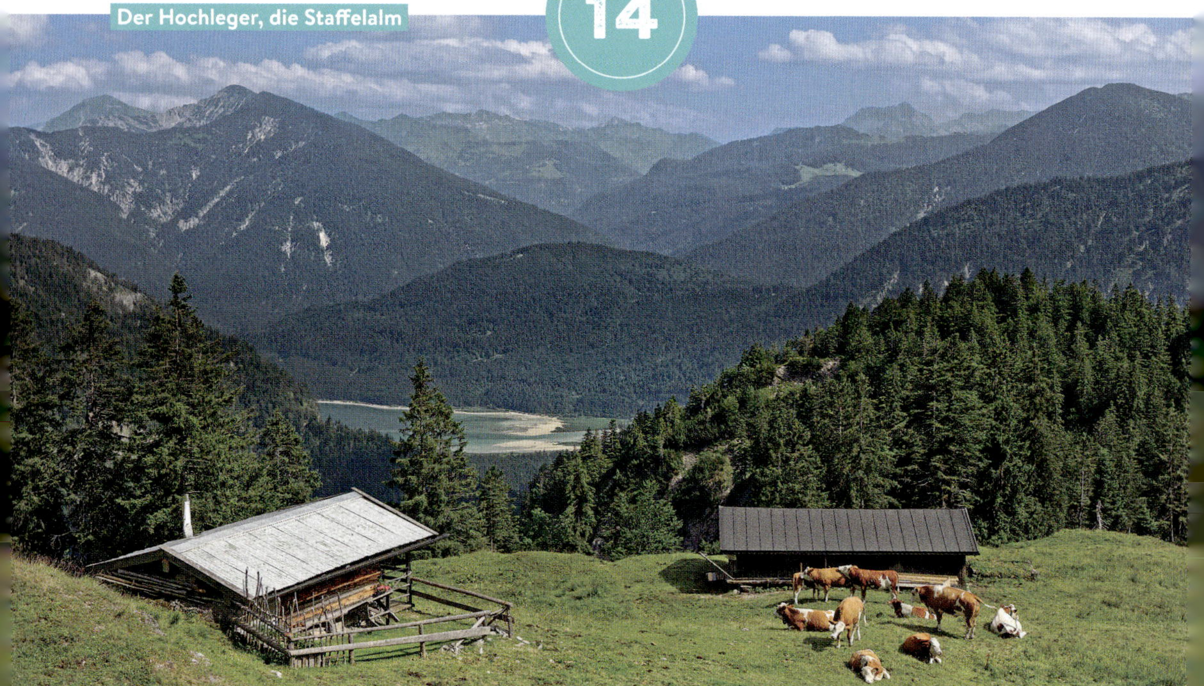

Der Hochleger, die Staffelalm

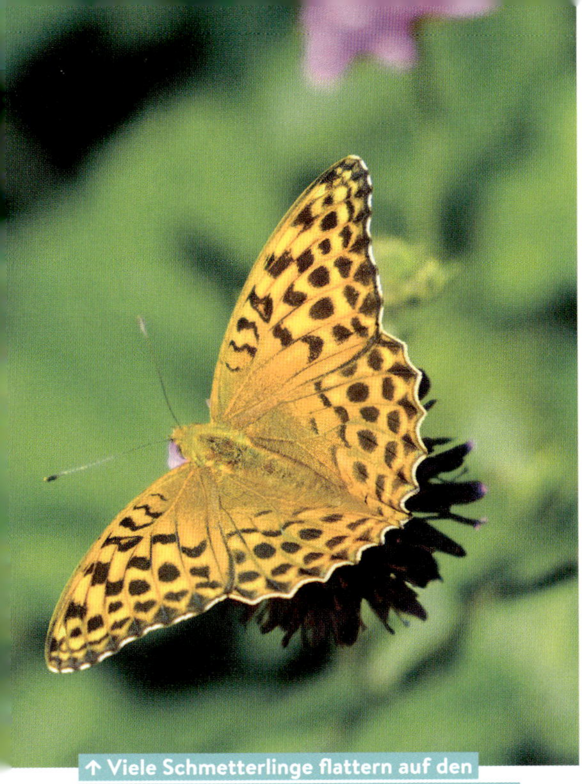

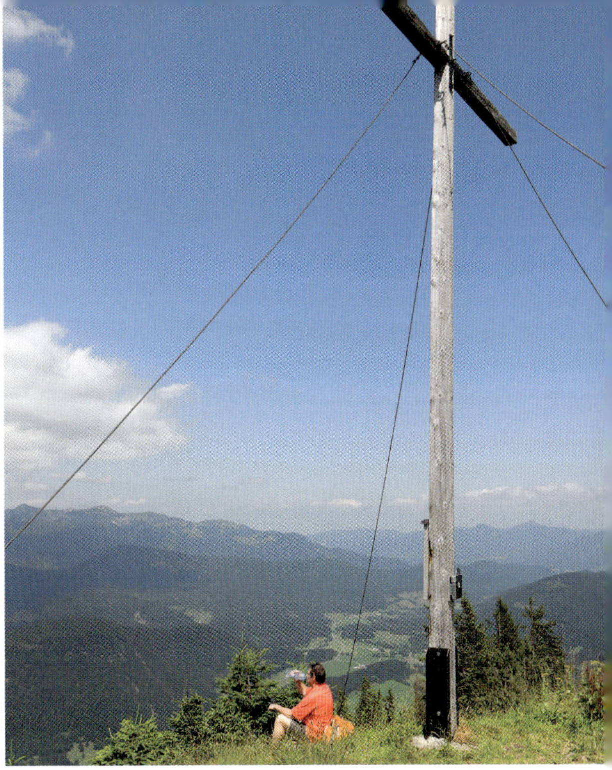

↑ Viele Schmetterlinge flattern auf den Almwiesen umher. ↗ Vom Gipfel blickt man auf die tief liegende Jachenau.

Osten und geht an einer Scheune links in einen Feldweg über. Der Staffel ist bereits ausgeschildert. Nur noch ein kurzes Stück wandern wir sonnig über Wiesen, dann erreichen wir den Wald, und das Schild weist uns nach rechts.

OSTANSTIEG ZUR STAFFELALM Jetzt beginnt unser Aufstieg über die Ostseite. Der Weg steigt zügig entlang des Raitgrabens an. Wir queren ein Bächlein und stoßen nach einigem Bergauf auf das Ende eines Wirtschaftswegs. Geradeaus geht es weiter. Kurz darauf treffen wir noch einmal auf einen Forstweg und folgen ihm kurz nach rechts. Dann beginnt nach links erneut ein Steig, der uns im Zickzack immer höher führt und dabei noch einmal einen Bach quert. Schließlich lichtet sich der Wald mehr und mehr. Die Bäume geben nun den Blick Richtung Karwendel frei, und an den beiden

Tipp

GEZÄHMTE NATURGEWALT

Die Jachenau wird von der Jachen durchflossen. Früher war der Fluss wild und oft unberechenbar, ein echter Gebirgsfluss, der seinen Lauf als natürlicher Abfluss aus dem Walchensee nimmt. Dort wird die Jachen aber seit 1924 durch ein Wehr in Niedernach aufgestaut. Zudem wird ihr Wasser für das Walchenseekraftwerk abgezwackt, weshalb sich der Fluss heute eher zahm zeigt. Kaum vorstellbar, mit welchen Naturgewalten man früher rechnen musste. Besonders schlimm war es wohl am Talausgang, am Zusammenfluss mit der Isar: Hier war das Land so sumpfig, dass kaum ein Durchkommen möglich war. Deshalb verließ man das Tal im Westen, Richtung Walchen- und Kochelsee. So wundert es nicht, dass die Jachenau kirchenrechtlich bis heute zu Benediktbeuern gehört.

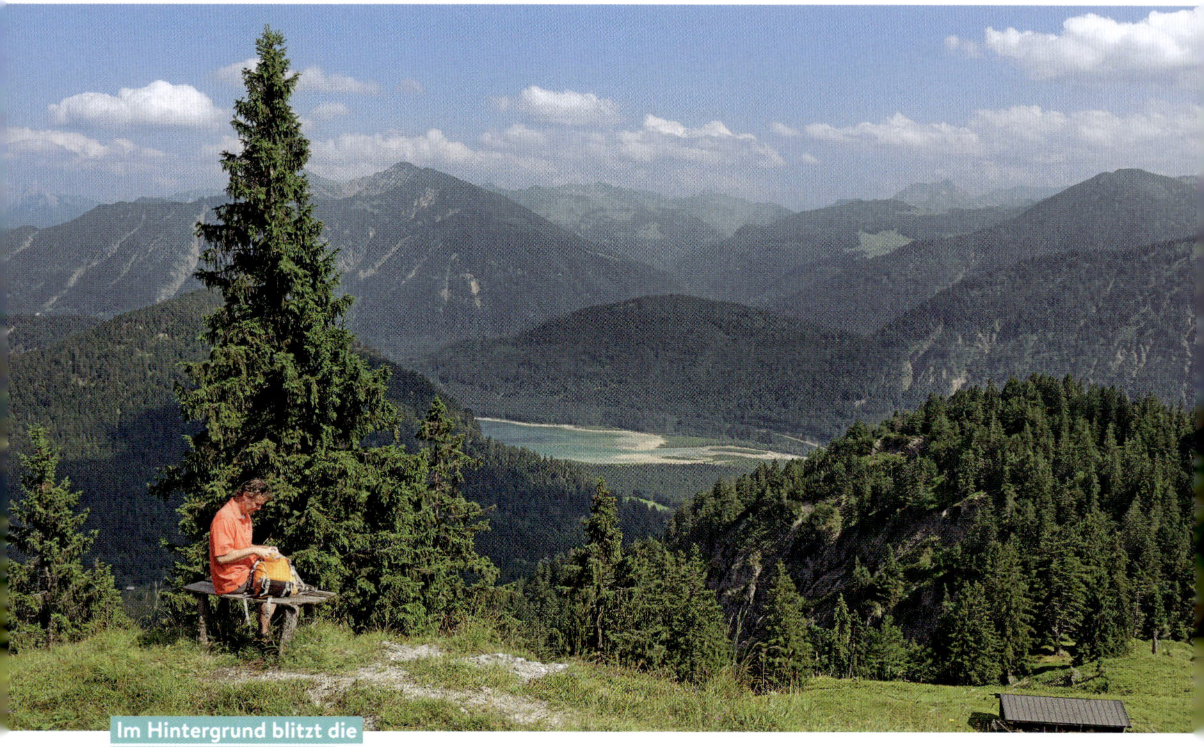

Im Hintergrund blitzt die junge Isar blau herauf.

Hütten der **1 Staffelalm** treten wir endgültig in die Sonne. Jetzt haben wir die Gipfelhochfläche erreicht. Wir wandern zwischen den ersten beiden Hütten durch und biegen gleich danach rechts auf den Wanderweg zum finalen Gipfelsturm. (Später werden wir an diese Stelle zurückkommen, denn für den Rückweg geht es links weiter.)

ZUR TRAUMAUSSICHT Jetzt sind es nur noch wenige Höhenmeter, die uns vom Gipfel trennen – über die Wiesenschneise geht es in einigen Zickzacks hinauf. Unter dem schlichten Holzkreuz am **2 Staffelgipfel** finden wir sogar eine Bank und einen Tisch für unsere mitgebrachte Brotzeit. Im Norden blicken wir auf das lang gezogene Tal der Jachenau mit seinen zahlreichen, zum Teil sehr vereinzelt liegenden Bauernhöfen und Weilern. Die Sicht zur Münchner Schotterebene wird uns durch die große Benediktenwand verwehrt, aber auch sie zeigt sich hier aus einer ganz anderen Perspektive. Ganz

Tipp

SCHATTENHÖFE

Eine Besonderheit in der Jachenau sind die Schattenhöfe. Auch wenn das Tal als Sonnental gilt, wird es doch auf beiden Seiten durch Bergrücken begrenzt. Die Gipfel auf der Südseite rund um den Staffel sind dabei so hoch, dass es die Sonne in den Wintermonaten nicht schafft, darüber zu gelangen, sie steigt einfach nicht hoch genug. Deshalb liegen einige der Bauernhöfe dann für mehrere Wochen im Schatten.

im Westen blitzt der Walchensee herauf, und im Süden erhascht man einen Blick auf die noch junge Isar mit ihrem breit mäandernden Kiesbett – kurz bevor sie sich in den Sylvensteinstausee ergießt, besitzt sie eine besonders schöne Farbe. Uns fasziniert aber vor allem die gigantische Aussicht auf die vielen Bergspitzen des Karwendels. Hat sich der Staffel im unteren Bereich noch als recht schattig präsentiert, zeigt er sich hier doch von seiner besten Seite: Die Aussicht ist ein echter Hochgenuss!

ABSTIEG NACH WESTEN Vom Gipfel spazieren wir wieder hinunter zum Wegweiser oberhalb der **1 Staffelalm** und biegen jetzt rechts ab, der Beschilderung »492/Jachenau« folgend. Erst nur leicht abfallend, umrunden wir nun den Gipfelaufbau nach Südwesten hin und genießen dabei die Almwiesen und die schönen Ausblicke. Dann erreichen wir wieder den Wald und verlieren zügig an Höhe. Abwärts geht es über Stufen, Wurzeln und Steine. Wie bei einer Schnitzeljagd folgen wir den kleinen Wanderschildern »492«, die an den Bäumen angebracht sind. Der wunderschöne Mischwald entschädigt für den doch recht ruppigen Wanderboden. Auf dem Weg bergab queren wir ein paarmal Forststraßen, mit denen wir abkürzen können. Irgendwann wird es dann flacher, und wir verlassen den Wald. Jetzt führt uns ein Feldweg zum Bauernhof Achner, an dem wir rechts einbiegen. Das letzte Stück des Weges geht es entlang der Jachen zurück zu unserem Ausgangspunkt in **E Bäcker**.

INFO

TOURENCHARAKTER

Mittelschwere Bergwanderung, die größtenteils über steile, holprige Waldpfade verläuft und etwas Trittsicherheit und Schwindelfreiheit verlangt. Als Rundweg ist die Tour mit der Nr. 492 fast durchgehend beschriftet.

AUSGANGS-/ENDPUNKT

Jachenau, OT Bäcker
GPS: 47.602870, 11.467726

ANFAHRT

ÖPNV: Von München mit dem Regionalzug (BRB) nach Lenggries und mit Bus 9595 in die Jachenau bis Haltestelle Bäcker
Auto: A 8/B 13 über Bad Tölz nach Lenggries und von dort in die Jachenau zur Ortschaft Bäcker; dort links über die Jachen zum gut ausgeschilderten Wanderparkplatz

Mittel | **4.15 Std.** | **10,5 km** | **800 Hm**

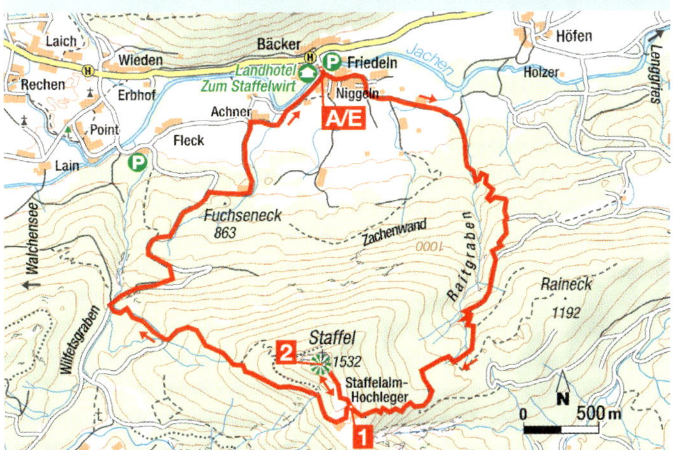

EINKEHR

Unterwegs keine, Getränke mitnehmen. Im Anschluss Café Staffel in Bäcker oder Café Dannerer

INFORMATION

lenggries.de

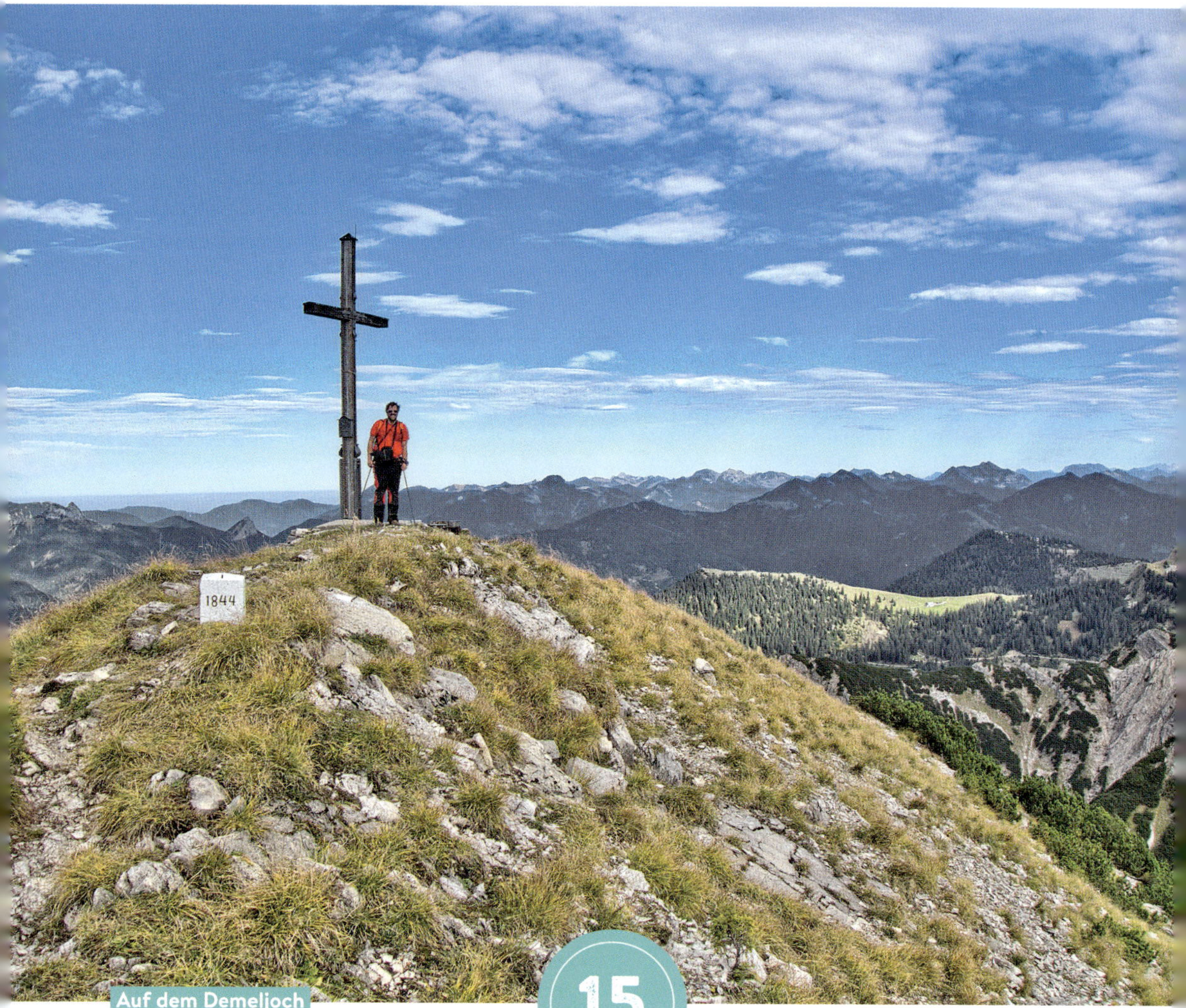

Auf dem Demeljoch

15

Zum Demeljoch

Grattour über dem Sylvensteinstausee

Das eher unbekannte Demeljoch erwartet uns mit einer sehr aussichtsreichen Grattour. Aufgrund der Länge der Tour ist sie bis heute sehr einsam geblieben. Der Gipfel und der Grat bieten eine wirklich großartige Aussicht, das gesamte Karwendel mit Birkkarspitze grüßen zu uns herüber.

ÜBER DAS DÜRRENBERGJOCH Vom **A Parkplatz an der Walchenklamm** steigen wir zur Klamm hinunter und überqueren diese auf einer stabilen Brücke. Die beeindruckende Klamm ist ein echter Blickfang und eine kleine Sehenswürdigkeit. Auf der anderen Seite erreichen wir einen Forstweg, dem wir nach rechts folgen. Wir kommen an einen Wegweiser, der uns nach links in Richtung Demeljoch schickt, und steigen nun auf einem schmalen Steig in vielen Kehren durch den steilen Wald bergan. Wir gelangen zu einer kleinen Wiese, auf der früher die Kirchmair-Niederalm stand. Der Weg taucht nach der Wiese wieder in den Wald ein und bringt uns über einen Rücken zu einer steilen freien Wiese – hier sehen wir erstmals das Demeljoch vor uns. Der Steig quert nun unterhalb des Gipfels des Hühnerberges nach Südwesten. Wir erreichen wieder den Kamm, über den wir weiterwandern. Der Steig nimmt uns mit über das Schürpfeneck (1623 m), ab dem der Weg nun teilweise auf, teilweise links und rechts des Grates weiter

Tipp

AUF DIE HOCHALM

Zugegeben, das Demeljoch ist eine schöne, aber auch sehr lange Wanderung. Eine deutlich kürzere, für Kinder geeignete Wanderung startet ebenfalls am Parkplatz an der Walchenklamm (allerdings auf der anderen Straßenseite) und führt zur Hochalm (1428 m), die uns mit einer großartigen Gipfelaussicht am Gipfelkreuz erwartet (mittelschwer, 3.30 Std., 7,4 km, 640 Hm).

↑ Weiter Ausblick vom Demeljoch ↓ Immer wieder wandert man über lange Grate. ↘ Viele Latschen begleiten uns auf dem Weg.

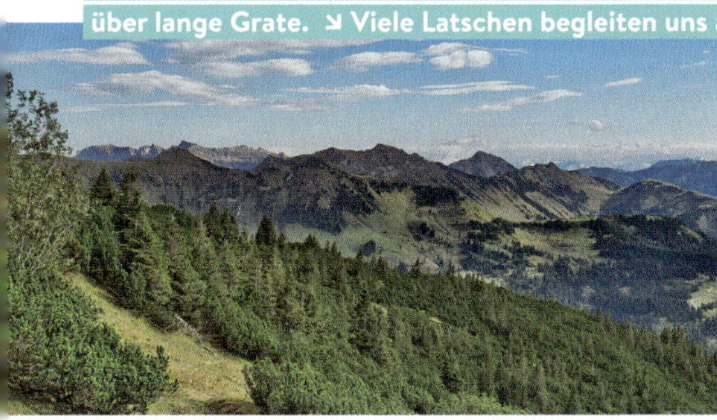

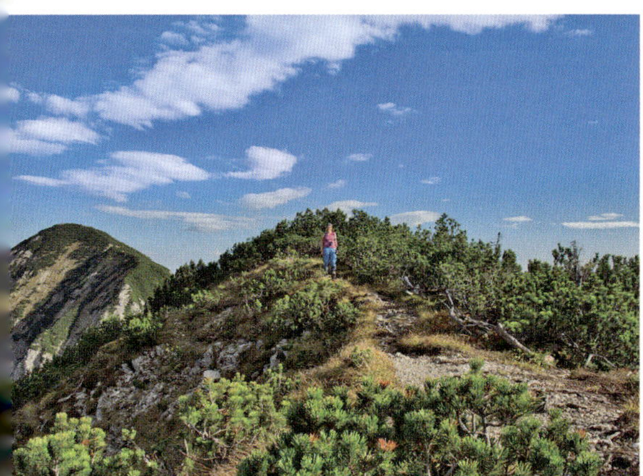

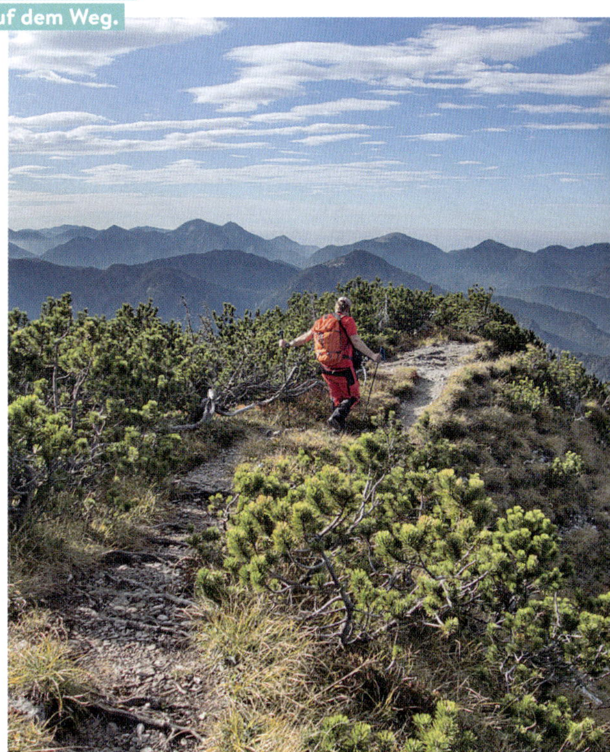

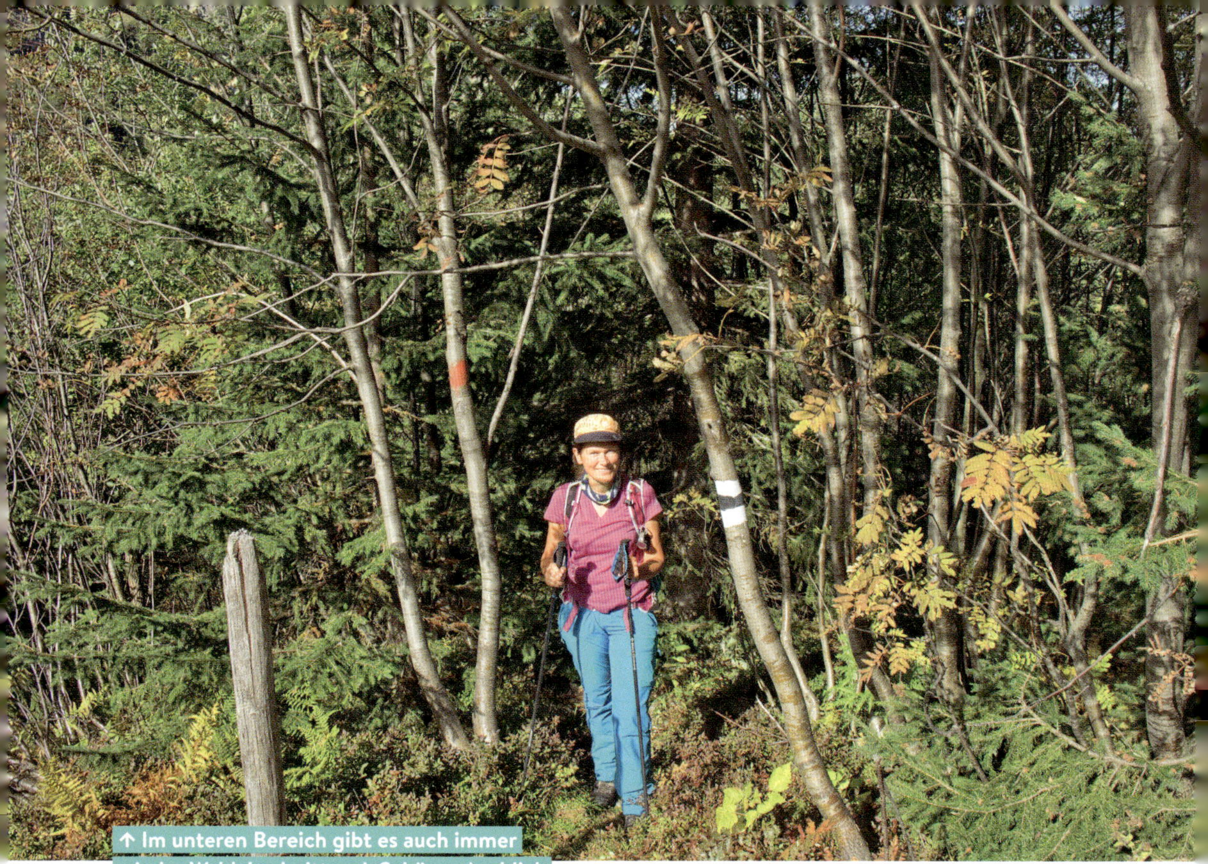

↑ Im unteren Bereich gibt es auch immer wieder Waldabschnitte. ↓ Schöner Ausblick nach Norden bis ins Alpenvorland hinein

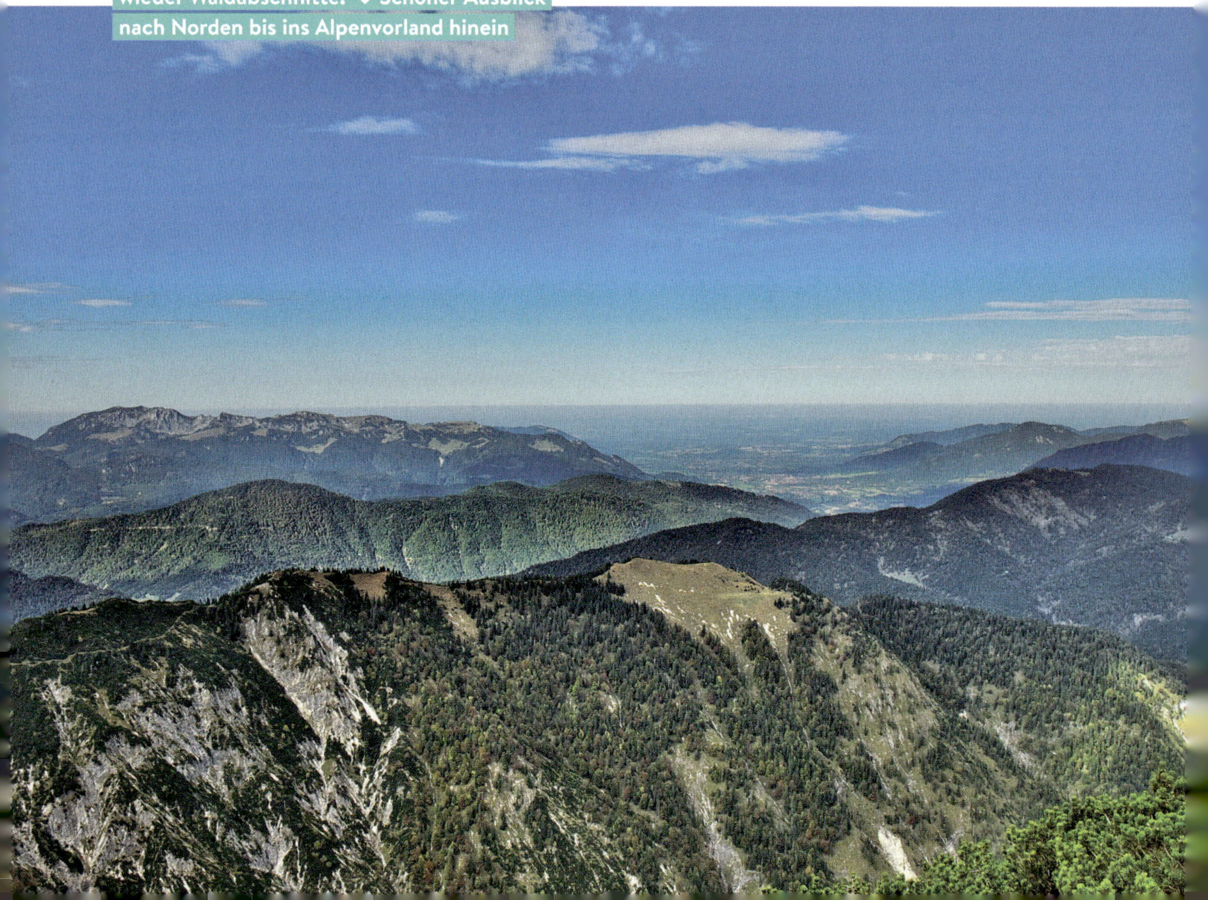

verläuft. Wir ignorieren die Abzweigung nach Fall und erreichen das **1 Dürrenberg-joch** (1835 m), das wir überschreiten.

ZUM DEMELJOCH An der nächsten Wegverzweigung nehmen wir den linken Steig, der uns steil durch Latschengassen auf den Gipfel des **2 Demeljochs** (1924 m) bringt. Hier befindet sich eine kleine Bank, auf der wir uns die Gipfelbrotzeit schmecken lassen und dabei die traumhafte Aussicht auf die Berge des Karwendels genießen können. Im Norden reicht der Blick weit in die Bayerischen Voralpen, wo wir so bekannte Gipfel wie die Benediktenwand oder Roß- und Buchstein erkennen.

ABSTIEG Es gibt zwar noch einen weiteren Abstieg über die Südflanke nach Fall – da wir in diesem Fall aber die lange Straße durchs Bächental begehen müssten, empfehlen wir den Abstieg über den vom Aufstieg bekannten Weg zurück zum **E Parkplatz an der Walchenklamm**. Wer möchte, kann anschließend noch ein Bad im Sylvensteinstausee nehmen.

INFO

TOURENCHARAKTER

Sehr lange Wanderung, die eine gute Kondition erfordert. Der Weg ist nicht schwierig, im Wald aber teils etwas rutschig. Am Gratweg ist Trittsicherheit erforderlich – vor allem beim Abstieg sollte man hier vorsichtig sein.

AUSGANGS-/ENDPUNKT

Parkplatz an der Walchenklamm an der Straße Sylvensteinstausee–Achenpass
GPS: 47.58335, 11.59748

ANFAHRT

ÖPNV: Nicht möglich
Auto: A 95 oder A 8/B 13 über Bad Tölz und Lenggries zum Sylvensteinstausee und zum Parkplatz an der Walchenklamm

EINKEHR

Unterwegs keine

INFORMATION

lenggries.de

Mittel | 7.30 Std. | 16,6 km | 1370 Hm

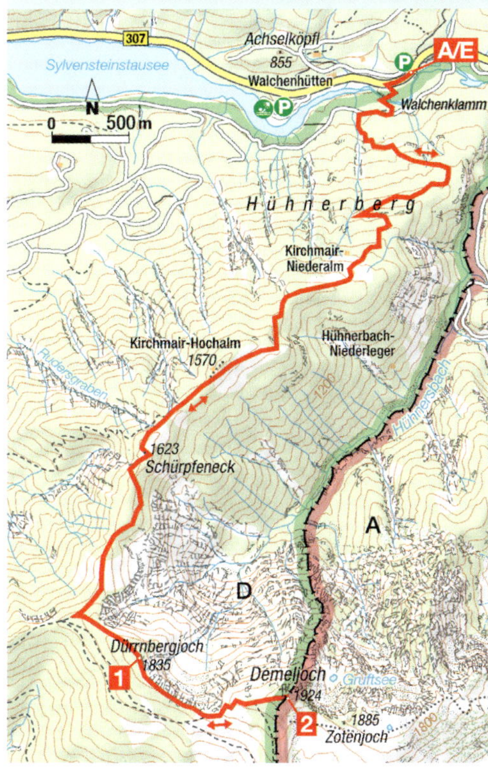

Durchs Rontal auf die Torscharte

Ein Sehnsuchtsstiller

Wenn die Sehnsucht nach Stille groß ist, wenn der Drang nach frischer Luft unhaltbar wird und wenn das Verlangen nach Weite Ausmaße annimmt, die sich nicht mehr aufhalten lassen, dann gibt es nur ein Ziel: ab ins Karwendel, hinauf in luftige Höhen. Und dafür bietet sich die Rundtour durch Tor- und Rontal an, denn die ist auch ohne hochalpine Erfahrung gut zu meistern.

Ein richtiger Gipfel fehlt auf der Tour, aber es gibt genügend markante Punkte.

16

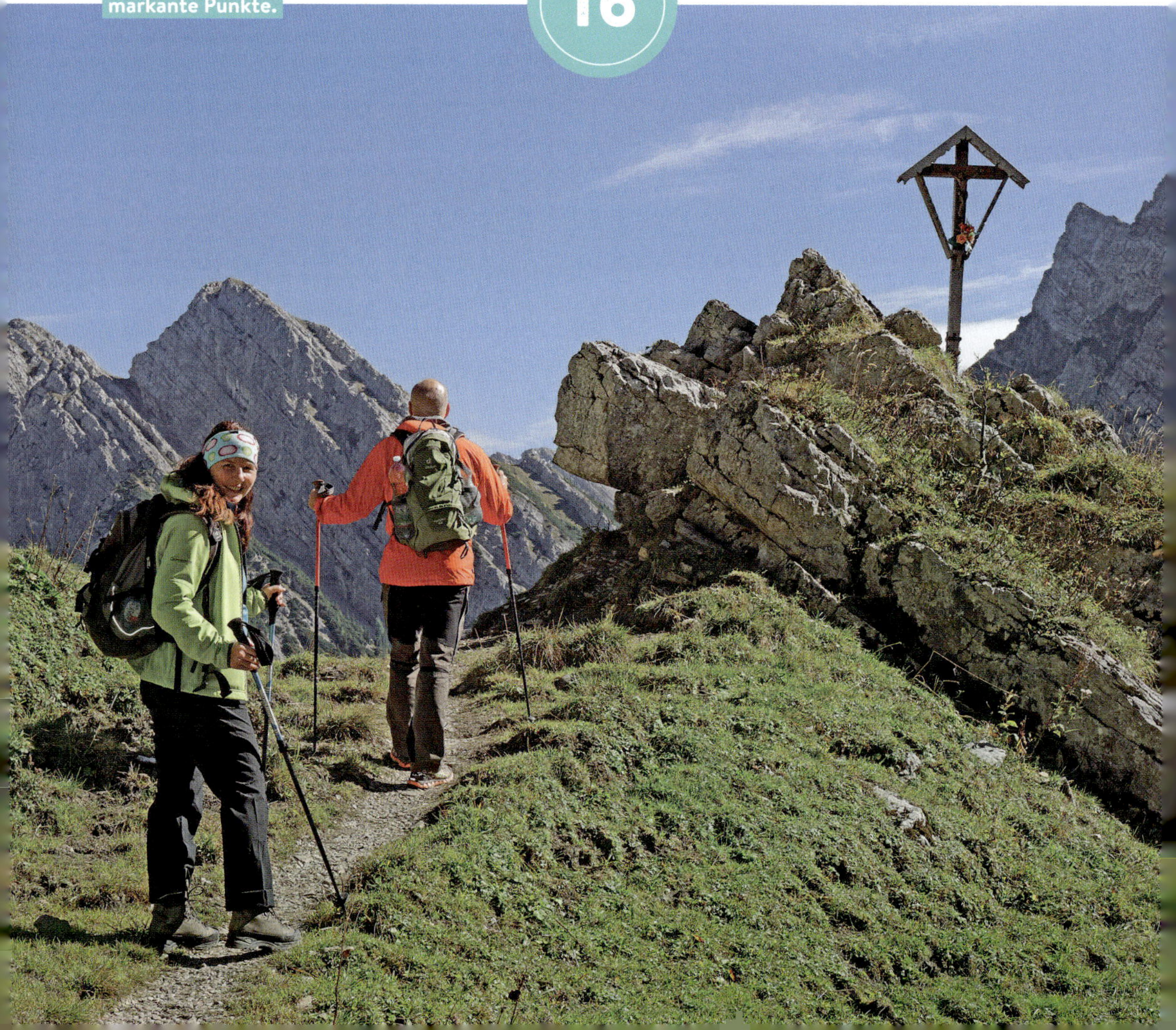

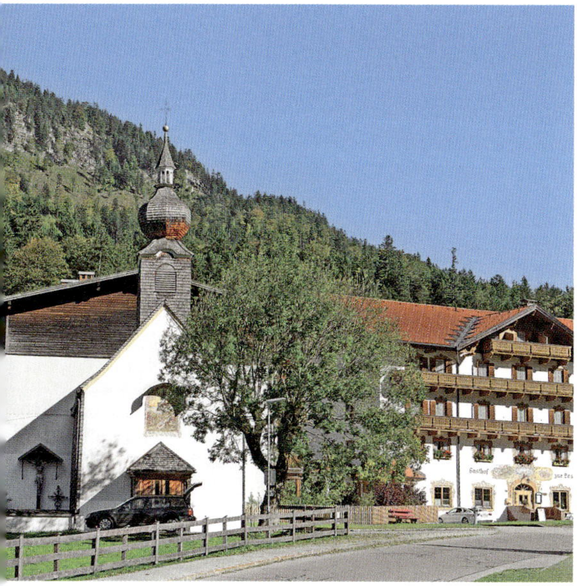

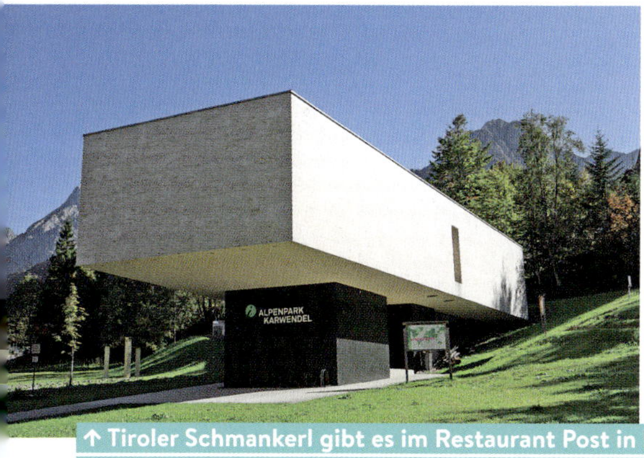

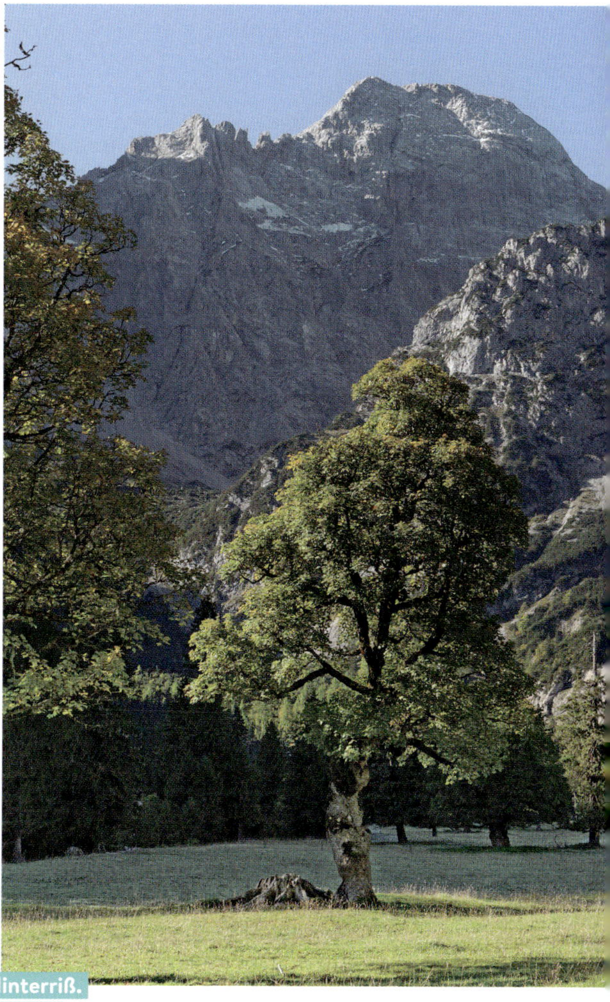

↑ Tiroler Schmankerl gibt es im Restaurant Post in Hinterriß.
↓ Naturparkhaus Alpenpark Karwendel ↗ Am Klausboden

START IN HINTERRISS Die Rundwanderung ist technisch als unschwierig einzustufen, nur etwas Trittsicherheit und Kondition brauchen wir dafür. Das Tolle daran ist, dass wir bereits weit vor dem Großen Ahornboden starten, ja sogar noch vor der Mautstelle, ab der das Rißbachtal oft zu einem Nadelöhr wird. Wir lassen also alle anderen Ausflügler weiterfahren, stoppen schon im Weiler Hinterriß und steigen durchs Rontal auf und über die Torscharte in das nächste Tal wieder ab.

FELSENREICHES ENDE DER WELT Dafür starten wir am modernen **A Naturparkhaus Alpenpark Karwendel** und passieren es auf seiner rechten Seite; das Rontal ist hier bereits ausgeschildert. Dahinter sind wir gleich im Bergwald und stoßen auf einen weiteren Parkplatz. Auf seiner rechten Seite gibt es ein Weglein, das uns zur größeren Forststraße führt, der wir nach rechts folgen. Diese steigt nun langsam und stetig an, und wir erreichen nach einer langen Linkskurve zuerst den Klausboden und dann den sonnigen

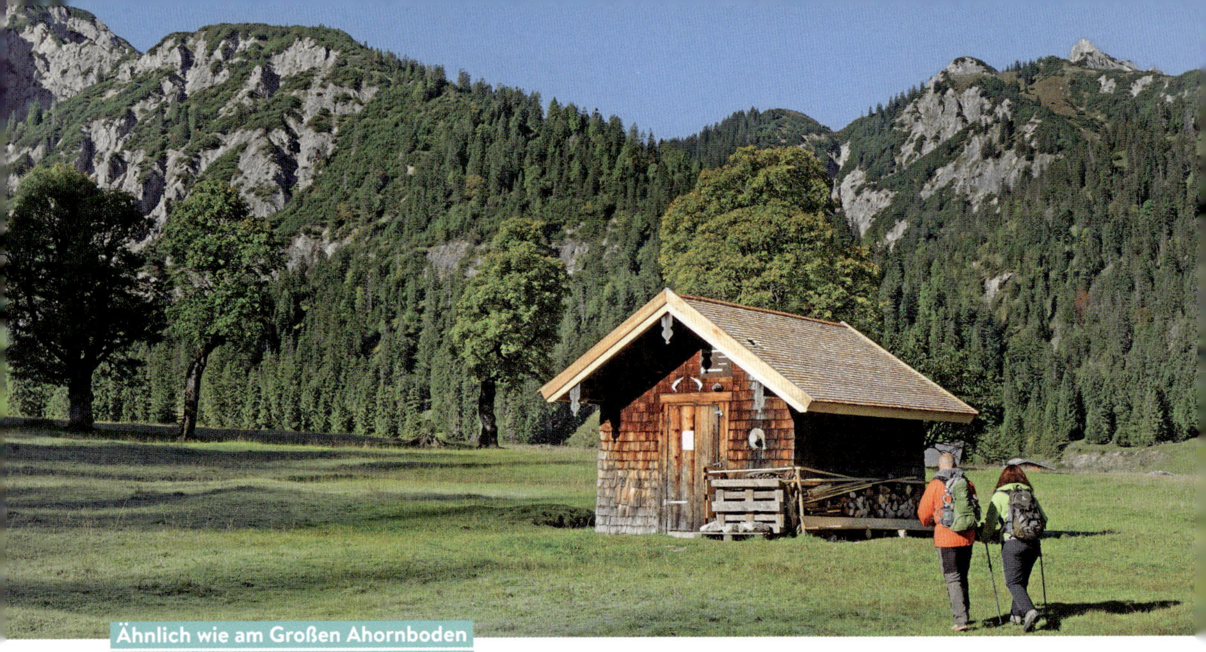

Ähnlich wie am Großen Ahornboden wachsen auch hier viele Bergahorne.

Almboden der Rontalalm. Die Berglandschaft zeigt sich von ihrer besten Seite: Alte, knorrige Bergahornbäume stehen vereinzelt auf sonnigen Almwiesen, deren Mittelpunkt zwei kleine Almgebäude, die **1 Rontalalmen** (1262 m), bilden. Im Hintergrund ragen die Östliche Karwendelspitze und die Vogelkarspitze mächtig empor. Mit ihren schroffen Felsen und den grauen Schuttreißen, die an Dramaturgie nichts zu wünschen übrig lassen, glaubt man, hier am Ende der Welt zu stehen.

ZUR TORSCHARTE HINAUF Aber wir finden einen Übergang aus diesem Tal, wenn wir uns nach der Alm links halten. Das letzte Stück über die Almwiese ist der Weg noch breit, dann queren wir ein Bachbett. Durch lichten Bergwald passieren wir die ersten Felsen und sehen schräg links vor uns die Torscharte, die als einziger möglicher Übergang infrage kommt. Langsam lichten sich die Bäume, und der Weg wird deutlich steiler. Eine Schuttreiße müssen wir queren, dann wendet sich der Weg nach links und führt in vielen kleinen Serpentinen immer steiler den grasbewachsenen Hang hinauf. Unglaublich, wie viele Schritte man braucht, bis die **2 Torscharte** (1815 m) in greifbare Nähe rückt. Aber dann haben wir es geschafft und stehen auf dem breiten Sattel, der das Ron- vom Tortal trennt. Jetzt öffnen sich ganz neue Ausblicke. Mit etwas Glück und Geduld lassen sich sogar Gämsen beobachten. Das verbindet man natürlich am

Tipp

ENKLAVE HINTERRISS

Das Hinterrißtal, das an seinem Ende Eng genannt wird, ist eine Tiroler Enklave, die mit dem Auto nur von bayerischem Boden aus erreichbar ist. Eigentlich gehört der Weiler im Karwendel zur Gemeinde Vomp im Inntal – Luftlinie nur 21 km, mit dem Auto hingegen 65 km davon entfernt, wenn man über den Achensee fährt. Ein Besuch im 2009 eröffneten Naturparkhaus lohnt sich (geöffnet Mai–Nov.): Es bietet spannende Informationen zur Natur und Geschichte des Karwendels, zur Jagd und zu den Menschen, die hier leb(t)en.

besten mit einer ausgedehnten Brotzeit. Falls der Wind hier heroben zu sehr pfeift, setzen wir uns einfach in den Windschatten eines Felsens oder suchen uns ein etwas tiefer gelegenes Plätzchen.

DURCHS TORTAL Danach steht ein langer Abstieg bevor, wobei wir fast die ganze Zeit über das bizarre felsige Alpenpanorama bestaunen können. Wir passieren den **3 Tortalalm-Hochleger** und kurz darauf ein Almkreuz. Zu unserer Rechten erheben sich die Felswände der Östlichen Karwendelspitze zum Greifen nahe, wir aber bleiben dem Pfad treu und steuern weiter Richtung Tal. Langsam wachsen auch wieder Bäume, darunter einige der mächtigen alten Ahornbäume. Im Zickzack geht es dem Talboden entgegen, und wir treffen schließlich auf die **4 Tortalalm**, die auf einer steinübersäten Almwiese steht. Dahinter erreichen wir einen Fahrweg und wandern auf ihm, begleitet vom Tortalbach, talauswärts. Schließlich sehen wir die ersten Häuser von Hinterriß und kommen zur Straße – jetzt nur noch ein Stück nach links, dann haben wir es auch schon geschafft und stehen wieder am **E Naturparkhaus Alpenpark Karwendel**.

INFO

TOURENCHARAKTER

Längere Wanderung, vorwiegend auf kleinen Bergwegen und schmalen Pfaden. Technisch nicht schwer, aber im mittleren Bereich steiler, steiniger Aufstieg zur Torscharte, für den man trittsicher sein sollte

AUSGANGS-/ENDPUNKT

Naturparkhaus Alpenpark Karwendel in Hinterriß
GPS: 47.473277, 11.465903

ANFAHRT

ÖPNV: Mit dem Regionalzug (BRB) nach Lenggries, von dort mit dem Bergsteigerbus 9569 (Mitte Juni bis Mitte Okt.) Richtung Eng nach Hinterriß
Auto: A 8/B 13 über Bad Tölz zum Sylvensteinstausee und dort rechts weiter über Vorderriß nach Hinterriß; kleiner Parkplatz vor dem Ort auf der linken Straßenseite

EINKEHR

Unterwegs keine, unbedingt genügend zum Essen und Trinken mitnehmen

INFORMATION

silberregion-karwendel.at

Mittel | 5 Std. | 13,5 km | 950 Hm

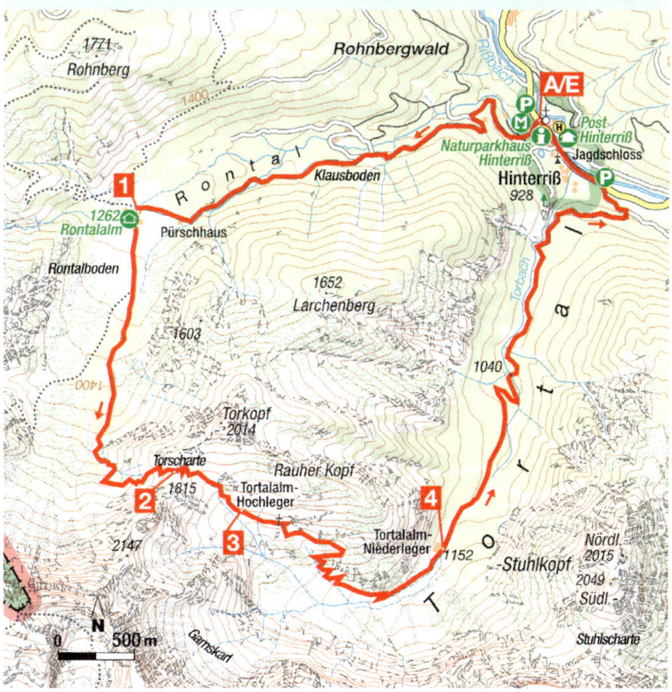

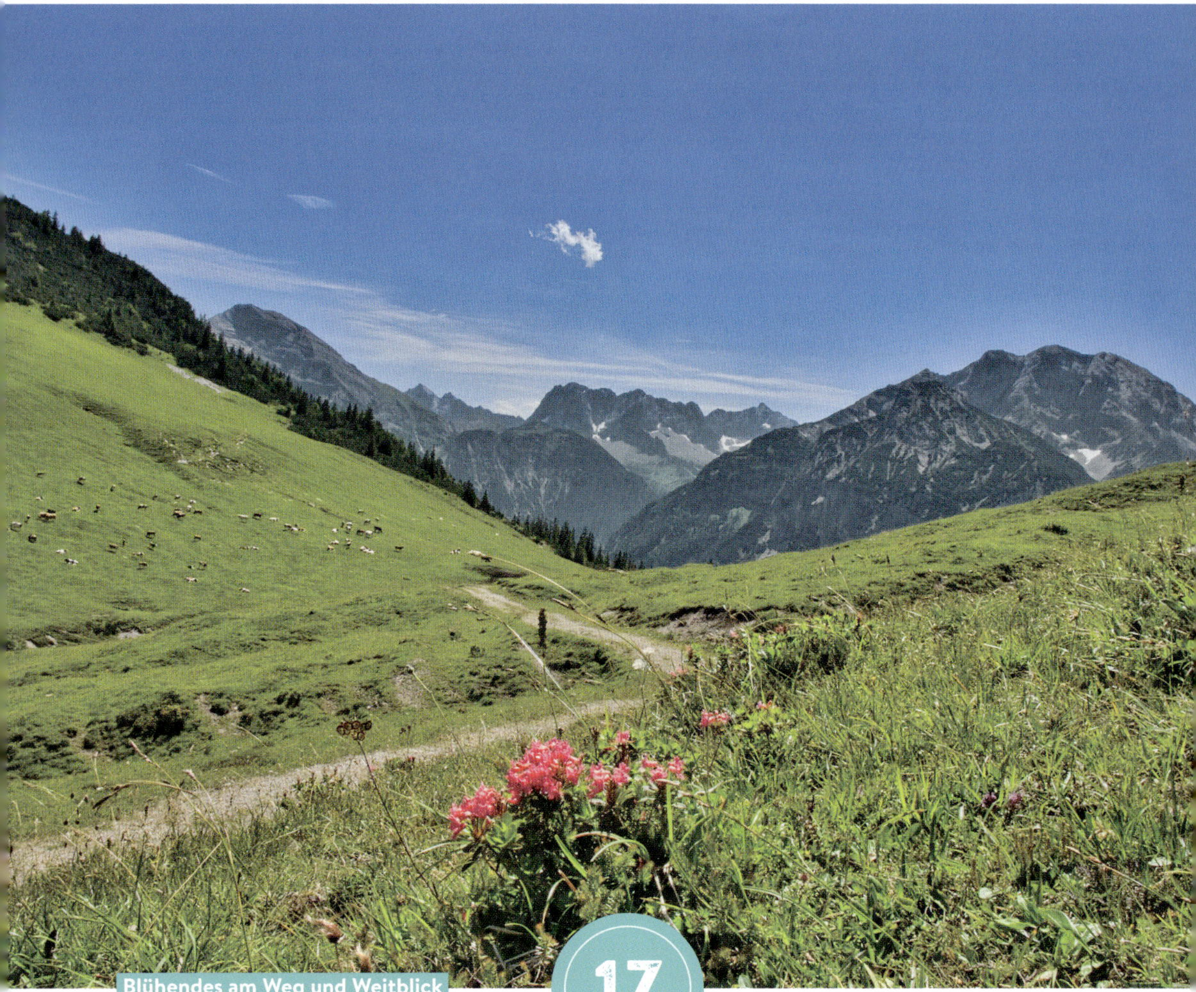

Blühendes am Weg und Weitblick zu den Gipfeln des Karwendels

17

Auf die Fleischbank

Logenplatz vor der Falkengruppe

Während die berühmte Fleischbank im Kaisergebirge ein reiner Kletterberg ist, lockt die unbekanntere Schwester im Karwendel mit einem schönen Wanderweg. Schon der normale Aufstieg von der Mautstraße ist eine schöne Tour – und steigert sich noch durch die großartige Begehung des aussichtsreichen Höhenwegs zum Grasbergsattel.

AUF DIE FLEISCHBANK Der kleine Steig beginnt direkt an der **A Mautstraße** in die Eng, wenige Meter hinter der Mautstelle. Wir gehen über die Wiese und überqueren am Ende der Wiese den Bach nach rechts. Wir folgen dem Steig durch den Wald steil bergauf. Dieser ist so geschickt angelegt, dass wir sehr schnell an Höhe gewinnen. Weiter oben queren wir den Bach nach links und wandern durch den Wald hinauf zur **1 Jagdhütte Steilegg** (1558 m). Die Alm ist ein erster schöner Rastplatz auf unserer Tour. Nach der kurzen Pause folgen wir dem Weg nach rechts und ignorieren wenig später einen alten Steig zum Schönalmjoch. Durch einen sonnigen Latschenhang steigen wir weiter bergauf und gelangen zu einer Wegverzweigung. Hier gehen wir ein Stück nach rechts, bis wenig später der Steig zum Gipfelgrat abzweigt. Dieser ist nicht schwer, aber an ein paar Stellen doch ein wenig ausgesetzt. Deshalb steigen wir vorsichtig hinauf zum Gipfelkreuz auf der **2 Fleischbank** (2026 m). Oben genießen wir von der Gipfelwiese eine grandiose Aussicht auf die Felsgipfel des Karwendelgebirges – besonders eindrucksvoll ist dabei die Falkengruppe auf der gegenüberliegenden Talseite, ein Felsstock mit mehreren einsamen und schwierig zu besteigenden Gipfeln.

↑ Blick hinüber ins Karwendel ↓ Rast an der Jagdhütte Steilegg ↘ Tal-Tiefblick in Richtung Eng

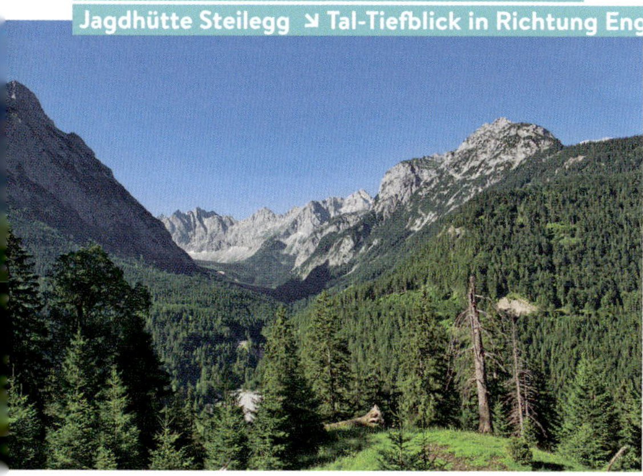

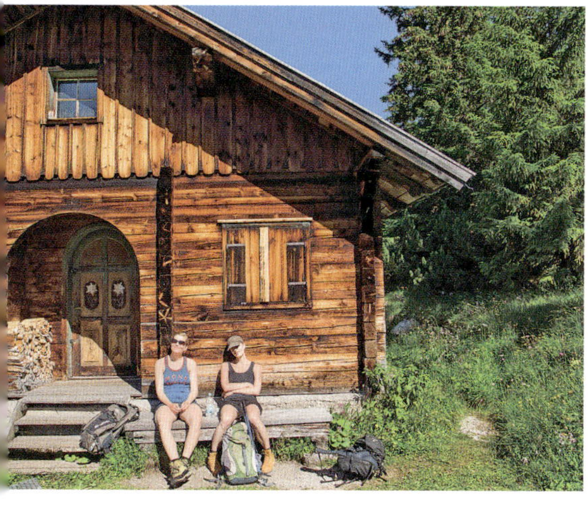

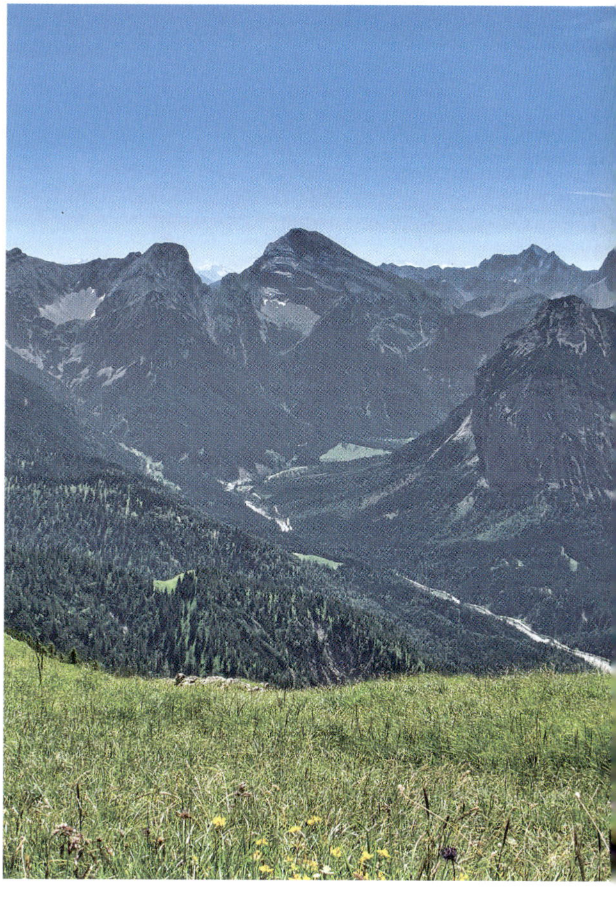

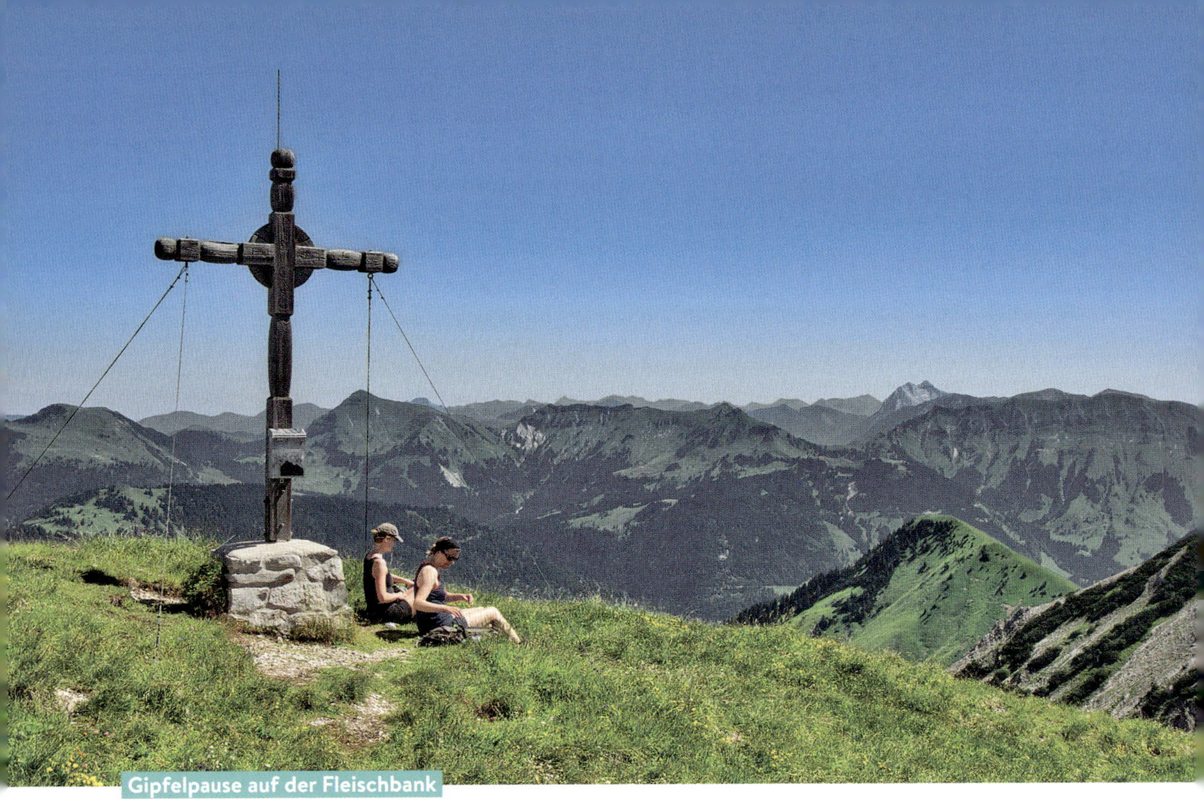

Gipfelpause auf der Fleischbank

Tipp

WEITERWEG ZUR PLUMSJOCHHÜTTE

Ganz ausdauernde Wanderer können vom Grasbergsattel noch weiterwandern: Dafür folgt man vom Sattel dem markierten Weg in Richtung Kompar, quert unter diesem Gipfel südlich vorbei und ignoriert die Abzweigung zu den Hagelhütten. Dann quert man unter dem Satteljoch hindurch zur kleinen, gemütlichen Plumsjochhütte (1630 m). Da man bisher schon 7 Std. unterwegs war, gönnt man sich vermutlich eine Nacht in der Hütte. Am nächsten Tag folgt man der Schotterstraße und dem Steig talwärts und wandert an einer Verzweigung nach rechts in Richtung Hagelhütten bis zur Bushaltestelle (9.30 Std., 23,9 km, 1480 Hm Aufstieg, 1360 Hm Abstieg).

ZUM GRASBERGSATTEL Wir könnten am Anstiegsweg wieder zur Mautstraße absteigen. Viel schöner ist es aber, auf dem aussichtsreichen Höhenweg zum Grasbergsattel weiterzuwandern – dieser Wegabschnitt erfordert allerdings an ein paar Stellen Trittsicherheit. Nach der Gipfelrast geht es über den steilen Steig in die Scharte östlich der Fleischbank. Ab hier folgen wir nun dem schönen, sehr aussichtsreichen Höhenweg

Ein schöner Grat wartet auf uns.

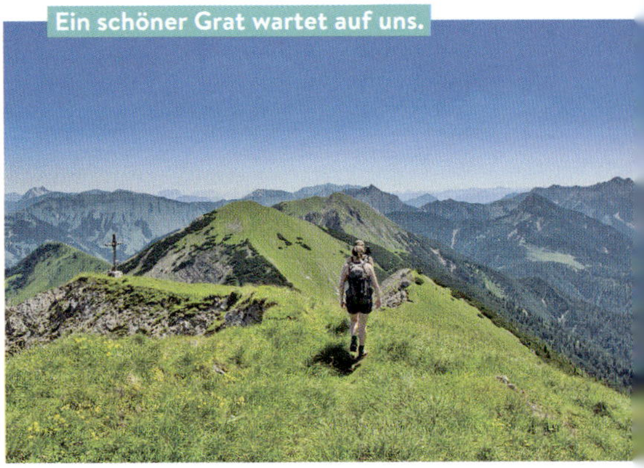

in südöstlicher Richtung. Dabei queren wir unter dem Hölzelstaljoch hindurch und gelangen bis unterhalb des Grasbergjochs, wo wir auf eine felsige Rinne treffen – mithilfe eines Drahtseils überwinden wir die schwierigste Stelle der Tour. Nun queren wir etwas ausgesetzt unter dem Grasbergjoch hindurch und erreichen bald die Latschenhänge südöstlich unterhalb des Gipfels. Wir folgen nun dem Weg, der uns in den breiten **3 Grasbergsattel** (1550 m) mit der Grasbergalm bringt. Hier können wir an einem Brunnen unsere Wasservorräte auffüllen.

ABSTIEG ZUR KREUZBRÜCKE Von der Grasbergalm spazieren wir auf dem breiten Almweg bergab, der in südwestlicher Richtung in den Wald hineinführt und uns gemütlich hinunter zur **E Kreuzbrücke** (992 m) an der Mautstraße Hinterriß–Eng bringt. Mit dem Bus oder einem vorher deponierten Rad fahren wir zurück zu unserem Parkplatz an der Mautstelle.

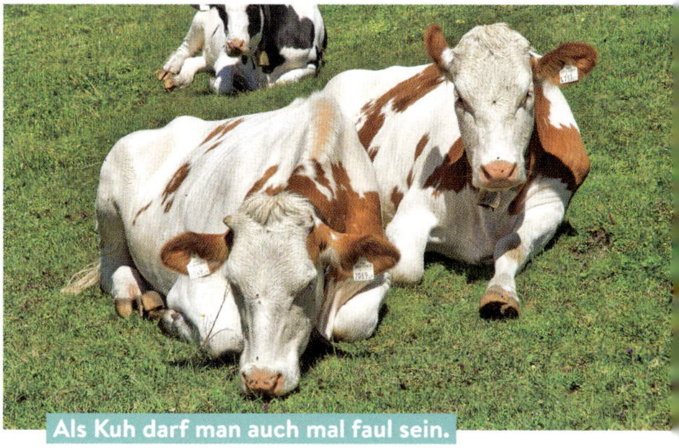

Als Kuh darf man auch mal faul sein.

INFO

TOURENCHARAKTER

Relativ unbekannte, sehr schöne Wanderung im Vorkarwendel. Der Anstieg führt über einen steilen Steig (im Sommer sehr heiß). Der Schlussabschnitt über den Grat ist etwas ausgesetzt. Der Übergang zum Grasbergsattel verläuft teils durch steile Grashänge, eine Stelle durch eine felsige Rinne ist versichert. Trittsicherheit erforderlich.

AUSGANGSPUNKT

Parken wenige Meter hinter der Mautstraße am Beginn des Steigs
GPS: 47.46538, 11.49487

ENDPUNKT

Bushaltestelle an der Kreuzbrücke
GPS: 47.45703, 11.53058

ANFAHRT

ÖPNV: Mit dem Regionalzug (BRB) nach Lenggries und mit dem Bergsteigerbus 9569 (Mitte Juni bis Mitte Okt.) zur Mautstelle. Von der Kreuzbrücke mit dem Bergsteigerbus zurück zum Ausgangspunkt (alternativ ein Rad am Endpunkt der Tour deponieren)
Auto: A 95 oder A 8/B 13 über Bad Tölz und Lenggries nach Fall, weiter nach Hinterriß und zum Parkplatz kurz hinter der Mautstelle (kleine Parkbucht beim Wegweiser)

EINKEHR

Unterwegs keine

INFORMATION

alpenwelt-karwendel.de

Mittel | 6.30 Std. | 14,6 km | 1105/1070 Hm

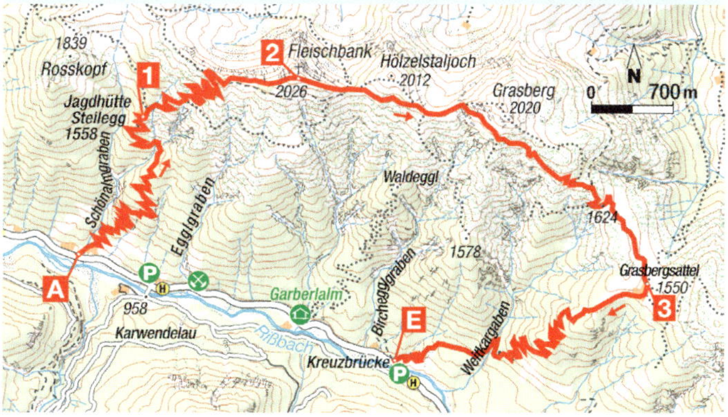

Panoramaweg zur Binsalm

Aussichtsreicher Hochgenuss in der Eng

Während wir gemütlich zu einer kurzen alpinen Wanderung aufbrechen, erobern aktivere Bergsteiger schon seit Stunden berühmte Gipfel wie die Lamsenspitze oder die Lalidererwände. Aber wir alle haben etwas gemeinsam: Wir genießen die traumhaften Ausblicke auf das Karwendelgebirge.

Plätze gibt es auf der Binsalm genug.

18

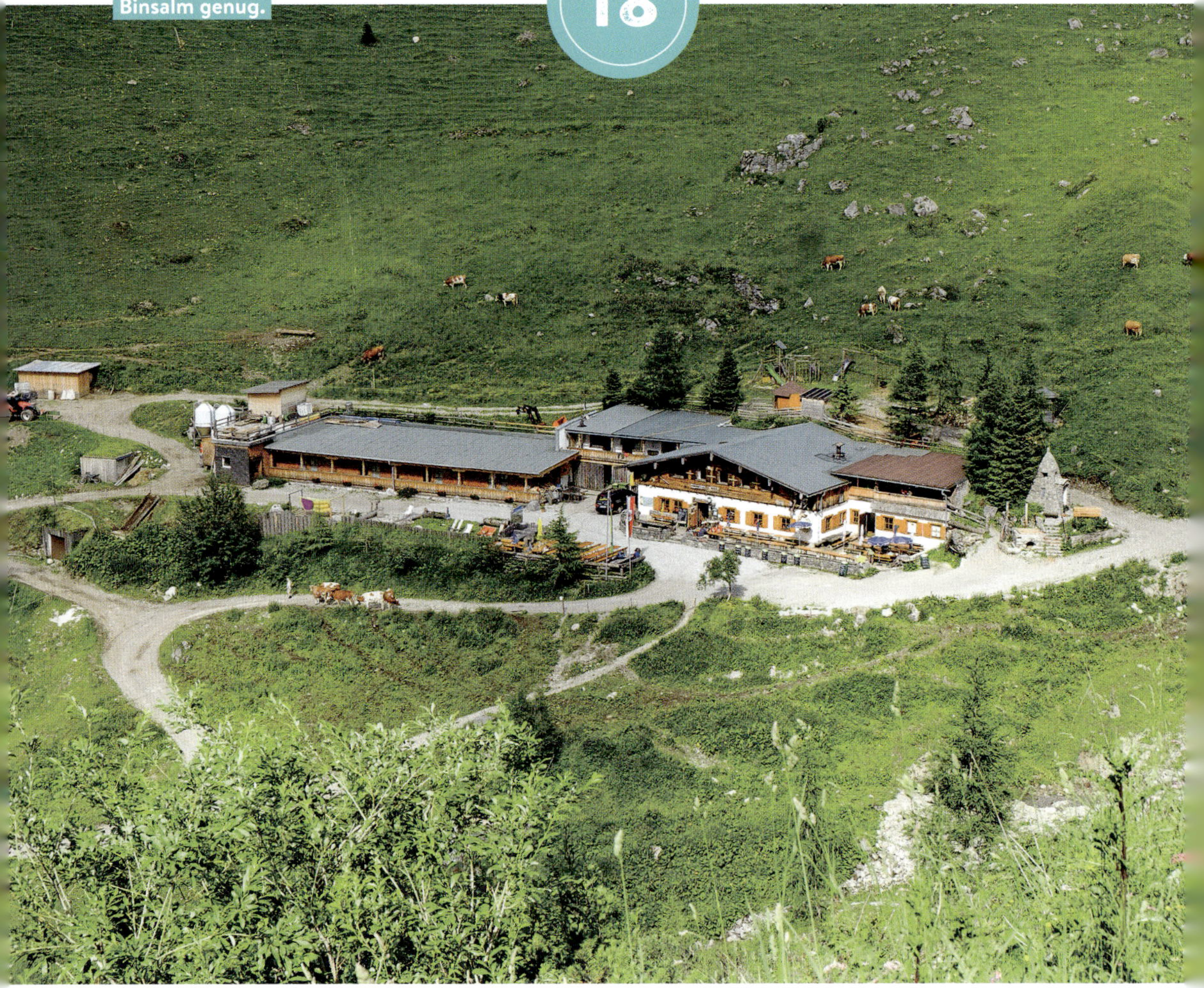

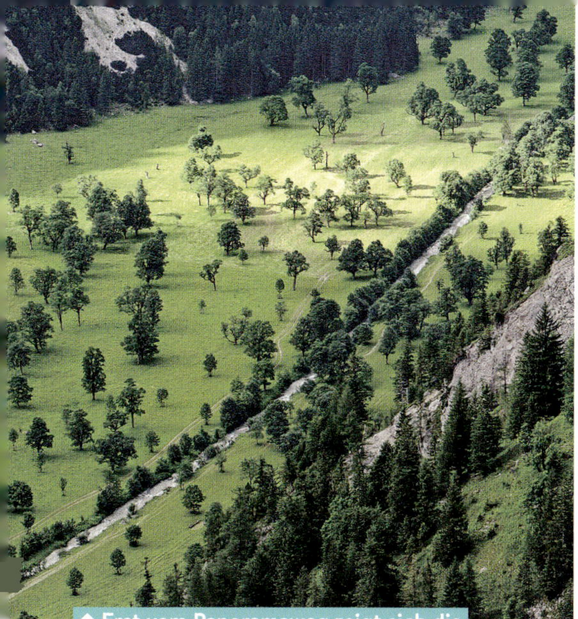

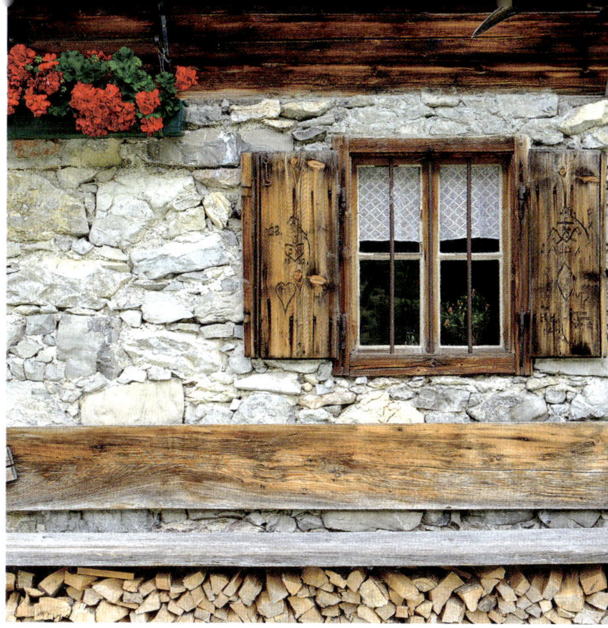

↑ Erst vom Panoramaweg zeigt sich die Größe des Ahornbodens. ↗ Gemütlich sind die Engalmen.

GRANDIOSES SPEKTAKEL Das Szenario gleicht einem kitschigen Heimatfilm: schroffe Felswände, bizarre steinerne Nadeln, rauschende Bäche, wilde Wasserfälle, knorrige Ahornbäume, saftige Bergblumenwiesen, grasende Kühe und urige Almen. Da fehlt eigentlich nur noch der Flügelschlag eines Adlers über unseren Köpfen. Aber halt: Auch der lässt sich mit viel Zeit, etwas Kenntnis, einem guten Fernglas und natürlich einem Quantum Glück irgendwo oben in den Felswänden finden, denn der König der Lüfte ist hier im Karwendel seit einigen Jahren wieder heimisch. Übrigens lohnt sich vor allem im Herbst die Fahrt in die Eng: Ein farbenprächtiges Spektakel erwartet uns mit den herbstlaubbunten Ahornbäumen. Die knorrigen Baumriesen bilden einen wunderschönen Kontrast zu den in blaues Licht getauchten Felswänden des Karwendels.

ZUR ERSTEN EINKEHR Wir starten am **A Alpengasthof Eng** und wandern zuerst ein minimales Stück in Richtung Engalmen. Diese liegen am Ende des Talgrunds, und wir werden sie am Ende des Rundwegs besuchen. Nach gerade einmal 100 Metern biegen wir links in den schmalen Weg ein, der zur Binsalm beschildert ist. Jetzt steigen wir am Binsbach entlang aufwärts. Bald führt der steile Weg in den Wald, was wir an einem heißen Sommertag als sehr angenehm empfinden. Nach einigen Kehren stoßen wir auf einen breiteren Wirtschaftsweg, dem wir nach links folgen.

Nun geht es nicht mehr ganz so steil bergauf, und nach zwei Spitzkehren sehen wir schon die **1 Binsalm** (1502 m) mit ihren Gebäuden auf einer Wiese unterhalb der Lamsenspitze liegen. Schnell erreichen wir die große Son-

Tipp

VARIANTE

Es geht auch schneller und kürzer hinunter zu den Engalmen, aber man versäumt das prächtige Panorama: Dafür wandern wir von der Binsalm zunächst auf demselben Weg zurück und folgen dann geradeaus dem Wirtschaftsweg zu den Almen.

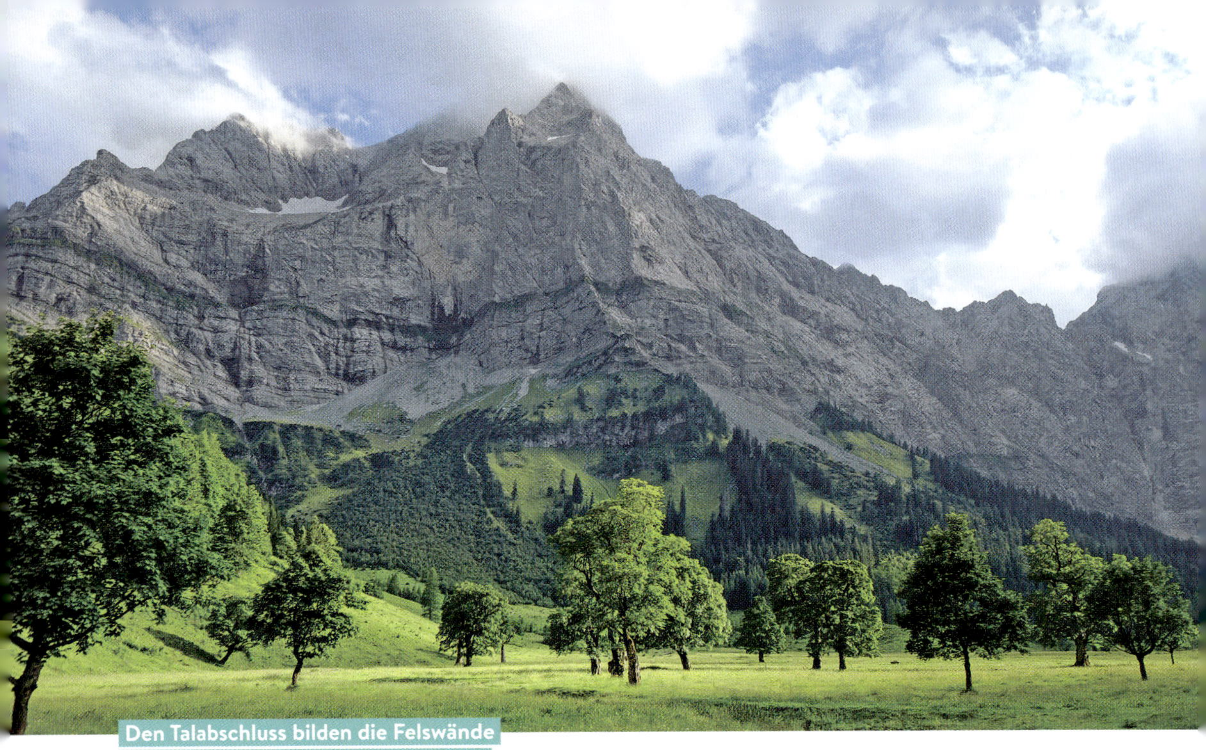

Den Talabschluss bilden die Felswände zwischen Laliderer und Lamsenspitze.

Tipp

NATURPARK KARWENDEL

Mit seinen 730 km² ist der Naturpark Karwendel das größte zusammenhängende Schutzgebiet der Alpen. Die Flora und Fauna, das Freizeitangebot und die einzigartige Landschaft harmonieren hier perfekt miteinander. Ganz besonders genussvoll ist der Bummel zwischen den hölzernen, blumengeschmückten Almhütten der Eng, die heute noch zehn Bauern aus dem Tiroler Inntal gehören. Im Sommer weiden hier an die 220 Kühe, deren Milch direkt vor Ort verarbeitet wird. Zudem gibt es Ziegen, Schafe und Schweine. Es plätschern Brunnen, und eine Holzkapelle liegt am Weg. In ein paar Hütten kann man übernachten. Durch die großen Glasfenster dürfen wir einen Blick in die Käserei werfen, und im Bauernladen können wir dann u. a. die leckeren Käsesorten erwerben.

nenterrasse und können uns für eine erste Einkehr niederlassen, sofern wir noch einen Platz ergattern. Wer es ruhiger mag und wer seine eigene Brotzeit dabeihat, den vertrösten wir noch ein bisschen: Eine der schönsten Picknickstellen kommt noch. Aber die Kaspressknödel und das Rindsgulasch auf der Binsalm schmecken hervorragend, wobei auch der Kaiserschmarren nicht unerwähnt bleiben sollte.

PRÄCHTIGER AHORNBODEN Nach dieser Kalorienzufuhr fällt der weitere Aufstieg zum Panoramaweg nicht leicht. Trotzdem folgen wir hinter der Binsalm dem breiten ansteigenden Weg. Die Abzweigung zur Lamsenspitze lassen wir unberücksichtigt, wir bleiben geradeaus. Bald genießen wir die erste Sicht hinunter auf den einzigartigen Großen Ahornboden im Engtal. Dieses Gebiet wird seit mehr als 1000 Jahren als Almweide benutzt. Während des Dreißigjährigen Kriegs wurden aufgrund der Kriegswirren keine Tiere mehr zur Beweidung in die Eng gebracht. Nur dadurch hatte der Bergahorn eine Chance, aufzugehen und hochzuwachsen. Heute stehen noch viele der alten Bergahorne auf dem weiten Almboden, ein Teil der Bäume ist über 400 Jahre alt – der Bergahorn ist nämlich ein zäher, unverwüstlicher Baum, dem weder Kälte noch Schutt und Murenabgänge, wie sie hier im Tal häufiger vorkommen, etwas ausmachen.

MAGIE DER BERGE Und dann haben wir den letzten Anstieg geschafft und stehen völlig unvermittelt auf einem sonnigen **2 Plateau** mit einer geradezu sensationellen Aussicht. Der Panoramaweg hat seinen Namen wirklich verdient: Über uns bäumen sich die Wände von Lamsen-, Mitter- und Schafkarspitze auf, daneben sehen wir den Hochglück und die mächtigen Lalidererwände am Ende des Enger Grunds. Sprachlos stehen wir diesem landschaftlichen Epos gegenüber – für eine ausgedehnte Schaurast oder eine weitere Bergbrotzeit gibt es keinen besseren Platz, vor allem weil wir einige bequeme Bänke vorfinden.

ZU DEN ENGALMEN Danach wird der Weg schmäler und zieht sich zunächst noch fast eben am Hang entlang. Wir erreichen die kleine private Drijagger Alm, und jetzt geht es, bald steiler werdend, im Zickzack bergab in den Enger Grund. So erreichen wir im Tal die **3 Engalmen**, denen wir nun auch noch einen Besuch abstatten können. Besonders schön für Familien mit Kindern ist die Rasthütte Engalm mit ihrem großen Spielplatz »Spielschatz«. Für den finalen Rückweg spazieren wir am Bauernladen und der Schaukäserei vorbei und folgen dann dem Wanderweg, der sich nach rechts wendet. Kurzweilig geht es so entlang des Themenwegs Großer Ahornboden–Engalm zurück zum **E Alpengasthof Eng**.

INFO

TOURENCHARAKTER

Leichte Bergtour auf einfachen Wegen inmitten der hochalpinen Bergwelt. Der Anstieg verläuft steiler auf einem Pfad und über den Bewirtschaftungsweg, im Abstieg geht es vorwiegend über Bergwiesenpfade.

AUSGANGS-/ENDPUNKT

Alpengasthof Eng
GPS: 47.577200, 10.626162

ANFAHRT

ÖPNV: Mit dem Regionalzug (BRB) nach Lenggries und mit dem Bergsteigerbus 9569 (Mitte Juni bis Mitte Okt.) in die Eng
Auto: A 95 oder A 8/B 13 über Bad Tölz und Lenggries nach Fall, weiter über Vorderriß nach Hinterriß und der Mautstraße bis zu ihrem Ende folgen; großer Parkplatz am Alpengasthof Eng

EINKEHR

Binsalm, Engalmen, Alpengasthof Eng

INFORMATION

silberregion-karwendel.at

Leicht | 2 Std. | 6 km | 450 Hm

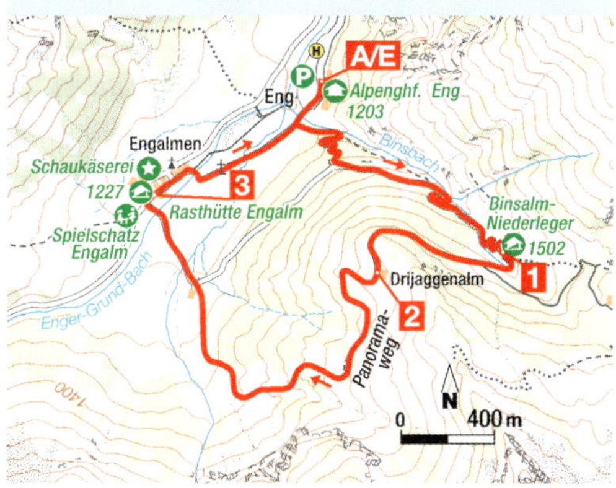

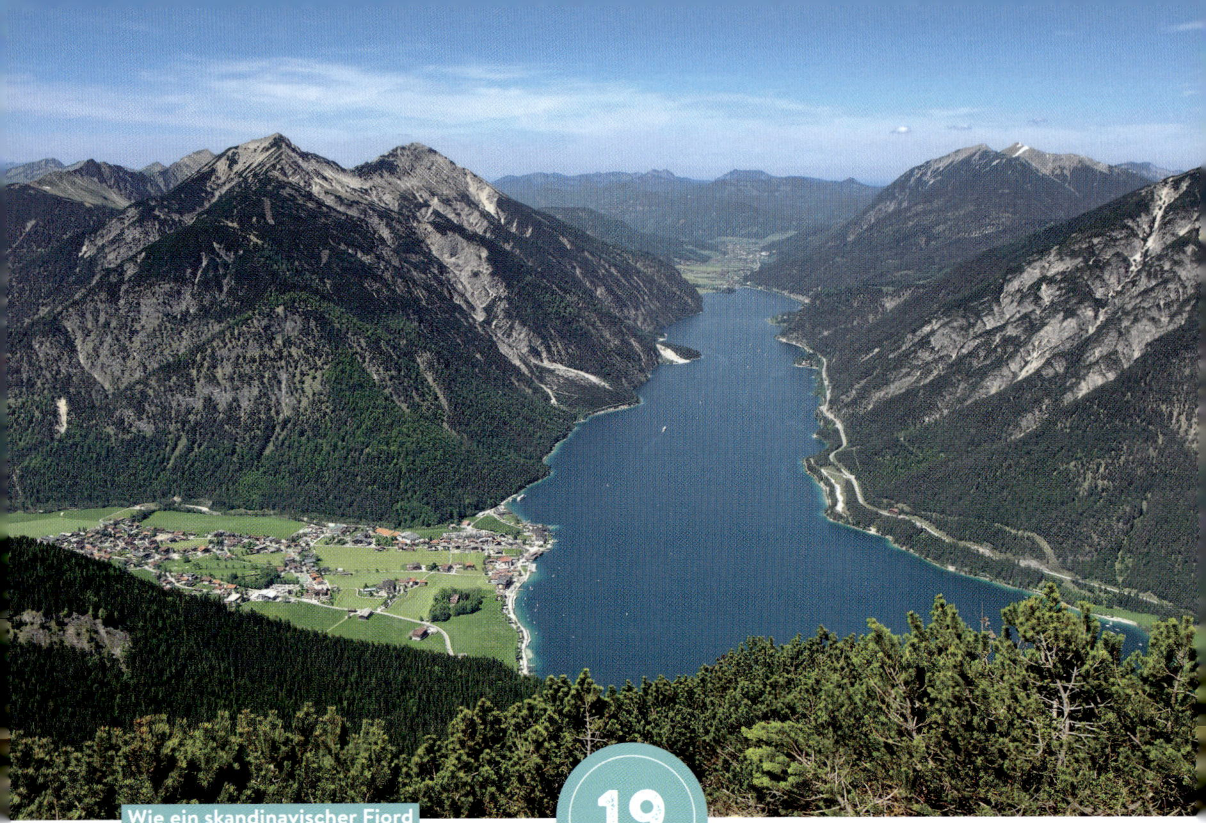

Wie ein skandinavischer Fjord präsentiert sich der Achensee vom Bärenkopf.

19

Auf den Bärenkopf

Glücksgefühle im nahen Tirol

Eine wunderbar abwechslungsreiche Wanderung mit gigantischer Aussicht auf den Rofan, das Karwendel und unzählige Tiroler Gipfel – allein schon die Bärenbadalm bietet Berggenuss, ganz abgesehen vom interessanten Tunnelweg und dem Notburgasteig, der als Besinnungsweg von Künstlern gestaltet wurde.

ECHT »LEIWAND« Ein Ausdruck, den Österreicher gern verwenden, wenn einfach alles passt. Und so beginnt für uns die Wanderung auch ganz bequem. Nach dem Ticketkauf an der **A Talstation der Karwendelbahn** schweben wir in kleinen Gondeln zu unserem ersten Gipfel hinauf, dem Zwölferkopf an der Bergstation. Besser kann man sich kaum 500 Höhenmeter Anstieg ersparen.

Und ganz »leiwand« geht es auch weiter: Wir folgen einfach dem Wanderweg mit ersten fantastischen Ausblicken in Richtung der ausgeschilderten Bärenbadalm. Der Weg führt fast ohne Höhenverlust über eine Almwiese dorthin. Die kleine bewirtschaftete **1 Bärenbadalm** (1457 m) liegt malerisch auf einem Sattel zwischen dem Zwölferkopf und unterhalb des Bärenkopfs. Schon hier darf man sich über die Aussichten auf die gewaltige Bergkulisse des Karwendels freuen. Es gibt kleine Brotzeiten und Getränke, aber da wir nach dem Gipfelsturm hierher zurückkommen, kann die Einkehr noch etwas warten.

AUF DEN BÄRENKOPF Direkt an der Alm ist der Weg zum Gipfel schon ausgeschildert. 550 Höhenmeter liegen nun vor uns. Anfangs über die Almwiese, sind wir dann kurz im lichten Bergwald unterwegs. Der Pfad steigt im Zickzack an, und wir erreichen Latschengebiet – panoramatechnisch ist nun schon fast nichts mehr zu toppen. Schließlich kommen wir an eine **2 Wegverzweigung**, wo von rechts der Weg von der Weißenbachalm her auf den unsrigen trifft; dort werden wir später zurückgehen.

Tipp

HL. NOTBURGA VON RATTENBERG

Um 1265 in Rattenberg geboren, arbeitete Notburga als Dienstmagd auf der Burg des damals sehr mächtigen Heinrich I. von Rottenburg bei Rotholz im Inntal. Mit Duldung ihrer Herrschaft verteilte sie regelmäßig Speisereste an die Armen der Umgebung. Nach dem Tod ihres Dienstherrns ging die Burg an dessen Sohn Heinrich II. über, der ihr diese Mildtätigkeit verbot. Dem widersetzte sie sich, und als sie ertappt wurde, geschah das erste Wunder: Aus den Speisen wurden Steine. Später war Notburga Magd in Eben am Achensee, wo sie nach ihrem Tod 1313 begraben wurde. Ihr wohltätiges Leben und einige ihr zugeschriebenen legendären Wunder trugen dazu bei, dass sie zu den am meisten verehrten Heiligen in Tirol und Altbayern gehört.

Wir halten uns nun links, und der Pfad wendet sich etwas nach Osten – damit umrunden wir den Gipfel fast, der als felsiger Aufbau schon quasi vor unserer Nase liegt.

↓ Die Bärenbadalm liegt geschützt in einem Sattel. ↘ An der Bergstation der Karwendelbahn starten viele Gleitschirmflieger.

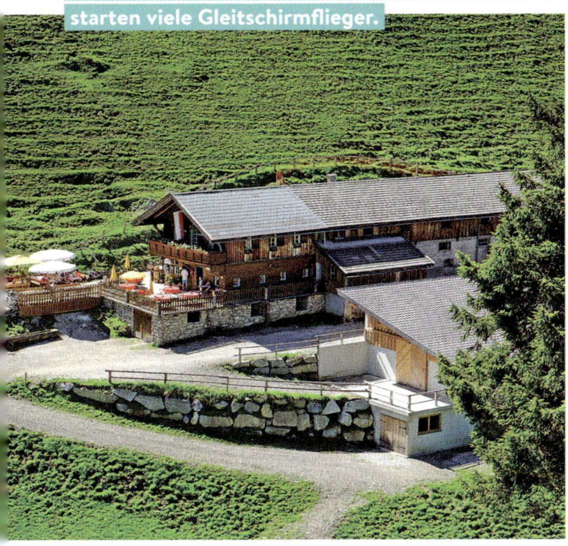

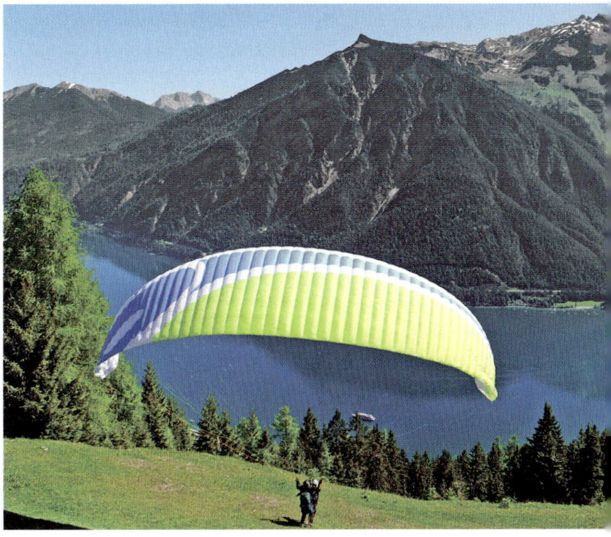

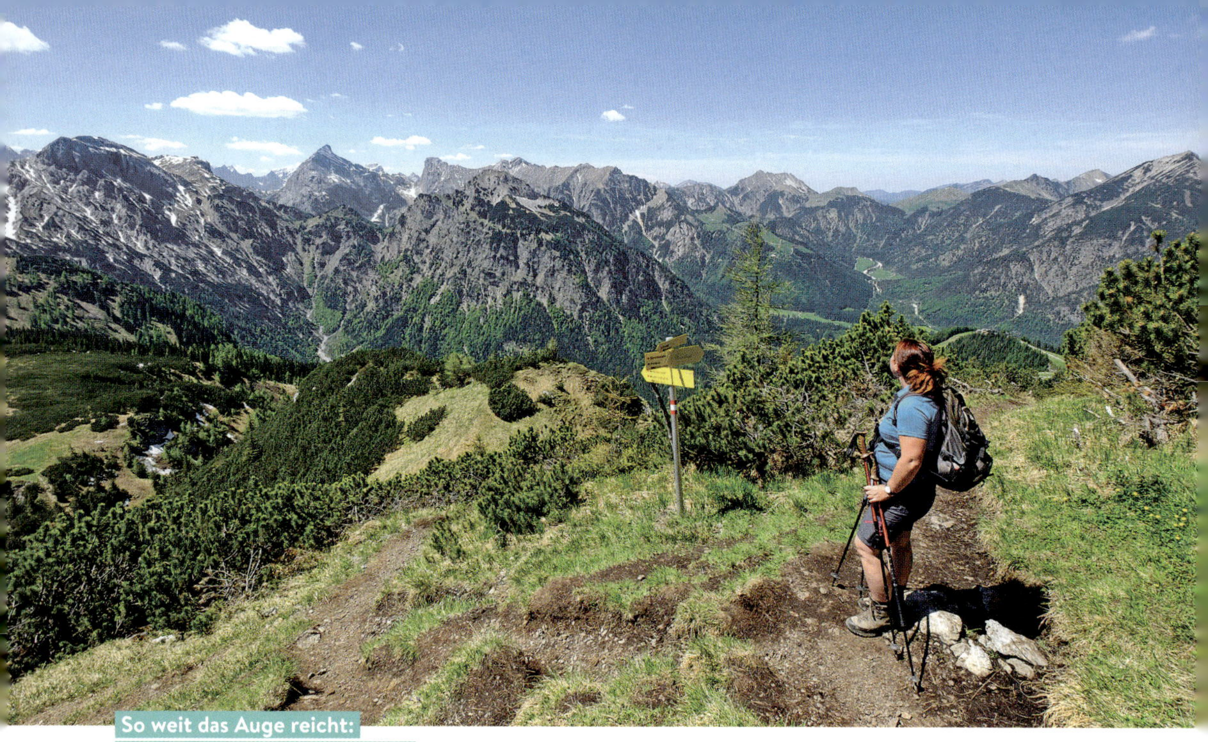

So weit das Auge reicht: Berggipfel-Panorama am Weg

Wenn wir uns dem Felsen nähern, wird es ein ganz klein bisschen schwerer – ein drahtseilversichertes Stück Weg schafft aber Sicherheit. Dahinter wird es wieder einfacher, und wir wandern über den Bergrücken zum Gipfelkreuz des **3 Bärenkopfs** (1991 m). Das ist der beste Platz, um die mitgebrachte Brotzeit zu genießen: Tief unter uns liegt der von Rofan- und Karwendelbergen eingezwängte, lang gezogene Achensee, der je nach Tageszeit blaugrün heraufleuchtet. Im Süden schließt sich das Inntal an, mit einem kleinen Einblick ins Zillertal – alles in allem ein Panorama-Höhepunkt!

EINKEHR IN DER BÄRENBADALM Abwärts geht es anfangs auf demselben Weg. An der **2 Wegverzweigung** halten wir uns dann aber links und steigen zum **4 Weißenbachsattel** (1700 m) hinab. Wer in der Weißenbachalm einkehren möchte – im Sommer bekommt man hier etwas zu essen und zu trinken –, steigt links ganz zu ihr hinunter. Ansonsten halten wir uns am Sattel rechts und folgen der Beschilderung zur **1 Bärenbadalm**, wo wir nun gemütlich einkehren können.

SPANNENDER TUNNELWEG Zum Abstieg folgen wir dem Almsträßchen nach links. Nach einer Spitzkehre führt der Weg durch ein Waldstück, und wir erreichen, geradeaus haltend, die Skipiste, an der sich die Almstraße teilt. Wir steigen nicht zur Bergstation hinauf, sondern folgen geradeaus dem anfangs noch breiten Weg über die Piste. Das beeindruckende Bergpanorama entschädigt für die brachliegende, öde Skipiste. Wieder im Wald wird die Almstraße schmäler, bleibt jedoch für uns ein breiter Weg, den auch Mountainbiker nutzen.

Wir steuern nun direkt auf den Tunnelweg zu, einen dramatisch in den Stein gefrästen Wegabschnitt, der durch einen Mini-Tunnel führt. So spannend der Wegabschnitt auch heute ist, so mühevoll wurde er von italienischen Kriegsgefangenen im Ersten Weltkrieg angelegt. Eine Rastbank lässt uns kurz innehalten, und die fantastische Aussicht über die Karwendeltäler auf Dristlkopf, Feilkopf, Falzthurnjoch und Mondscheinspitze im Naturpark Karwendel gehört ausgiebig bewundert.

AM NOTBURGASTEIG Schön langsam haben wir nun den Zwölferkopf umrundet und treffen schließlich an der aus mehreren Steinen zusammengesetzten Pyramide auf die letzte Station und somit auf das obere Ende des Besinnungswegs der Heiligen Notburga. Diesem folgen wir nun weiter abwärts und erfreuen uns dabei an den Kunstwerken und Installationen, die zu Ehren der Heiligen Notburga, die im nahen Eben lebte, errichtet wurden. Sie regen mit ihren unterschiedlichen Themen auch heute noch zum Nachdenken an.

Schließlich unterqueren wir die Bahn und könnten nach links direkter zur Talstation absteigen. Uns macht es aber Spaß, dem Besinnungsweg bis zu seinem Ende zu folgen. Das erreichen wir an einem Parkplatz unweit des **5** **Achenseeufers**. Zum Finale gibt nun der Uferweg die Strecke vor, und sehr genussreich kommen wir so zum Ortsanfang von Pertisau. Wer möchte, besucht noch den Aussichtsturm, bevor es links auf der Naturparkstraße zurück zur **E** **Talstation** geht.

INFO

TOURENCHARAKTER

Längere Bergtour, trotz Aufstiegshilfe der Karwendelbahn. Die Wege sind nicht schwierig, trittsicher sollte man aber schon sein und am letzten Wegstück Richtung Gipfel auch schwindelfrei. Der Abstieg ist nicht ganz so steil und verläuft meist auf einem breiteren Forstweg.

AUSGANGS-/ENDPUNKT

Talstation der Karwendelbahn in Pertisau
GPS: 47.437421, 11.696797

ANFAHRT

ÖPNV: Anfahrt etwas umständlich – mit der Regionalbahn (BRB) zum Bahnhof Tegernsee und weiter mit dem Bus über Kreuth und Achenkirch bis Pertisau; sonst nur über die österreichische Seite und den Bahnhof Jenbach, dort weiter mit dem Bus oder der Dampf- und Zahnradbahn (Achenseebahn) bis Pertisau
Auto: Über den Achensee nach Maurach, dann rechts in den Ort Pertisau abbiegen und zur Talstation (Parkplätze)

EINKEHR

Bärenbadalm, evtl. Weißenbachalm

INFORMATION

achensee.info

Mittel | **4 Std.** | **12 km** | **650/1120 Hm**

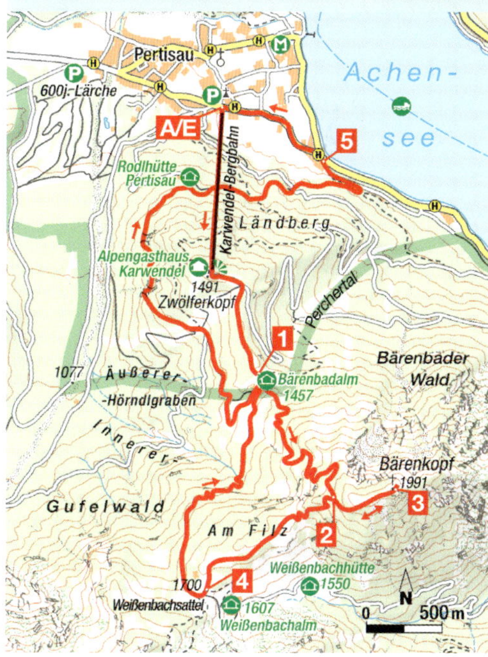

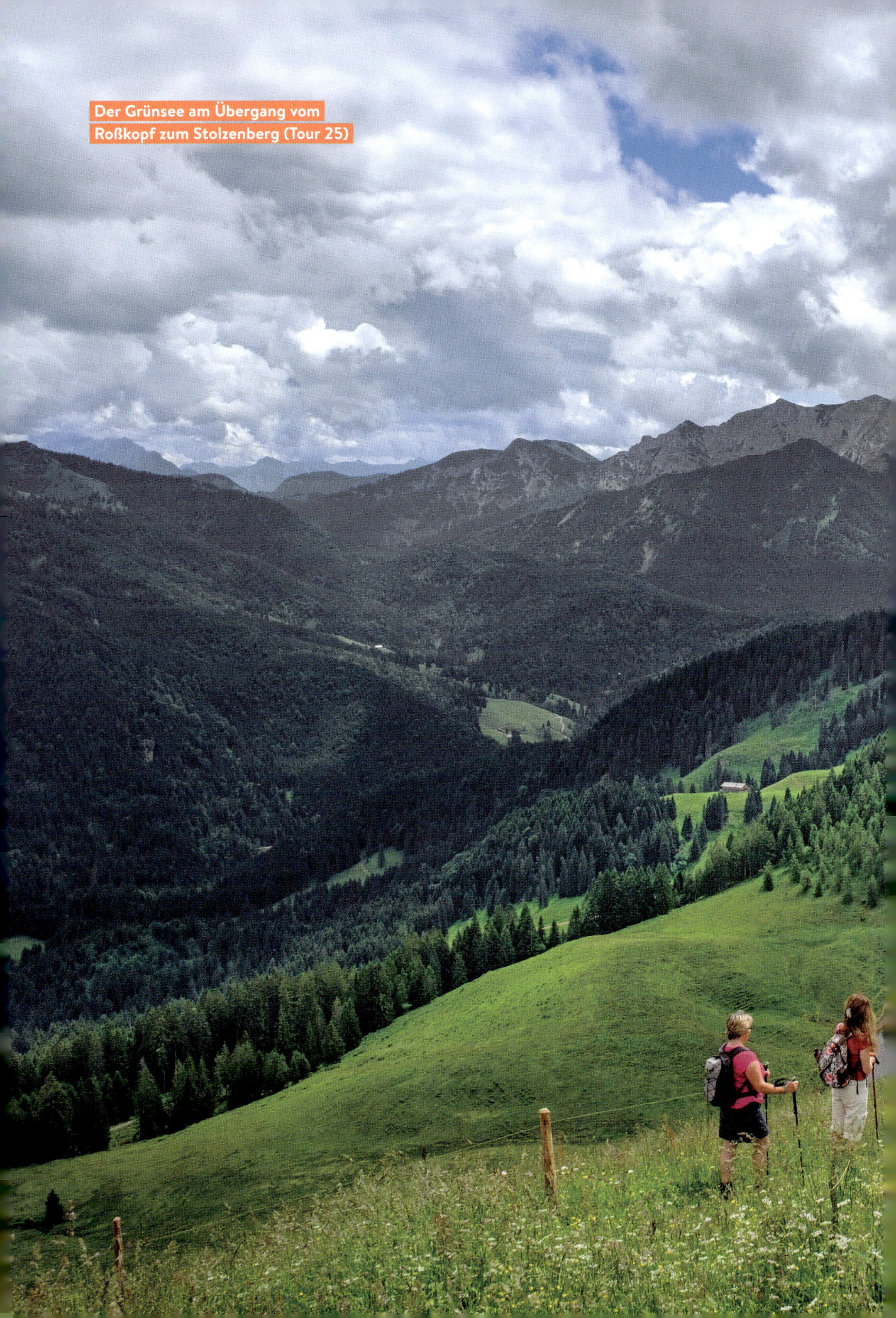

Der Grünsee am Übergang vom Roßkopf zum Stolzenberg (Tour 25)

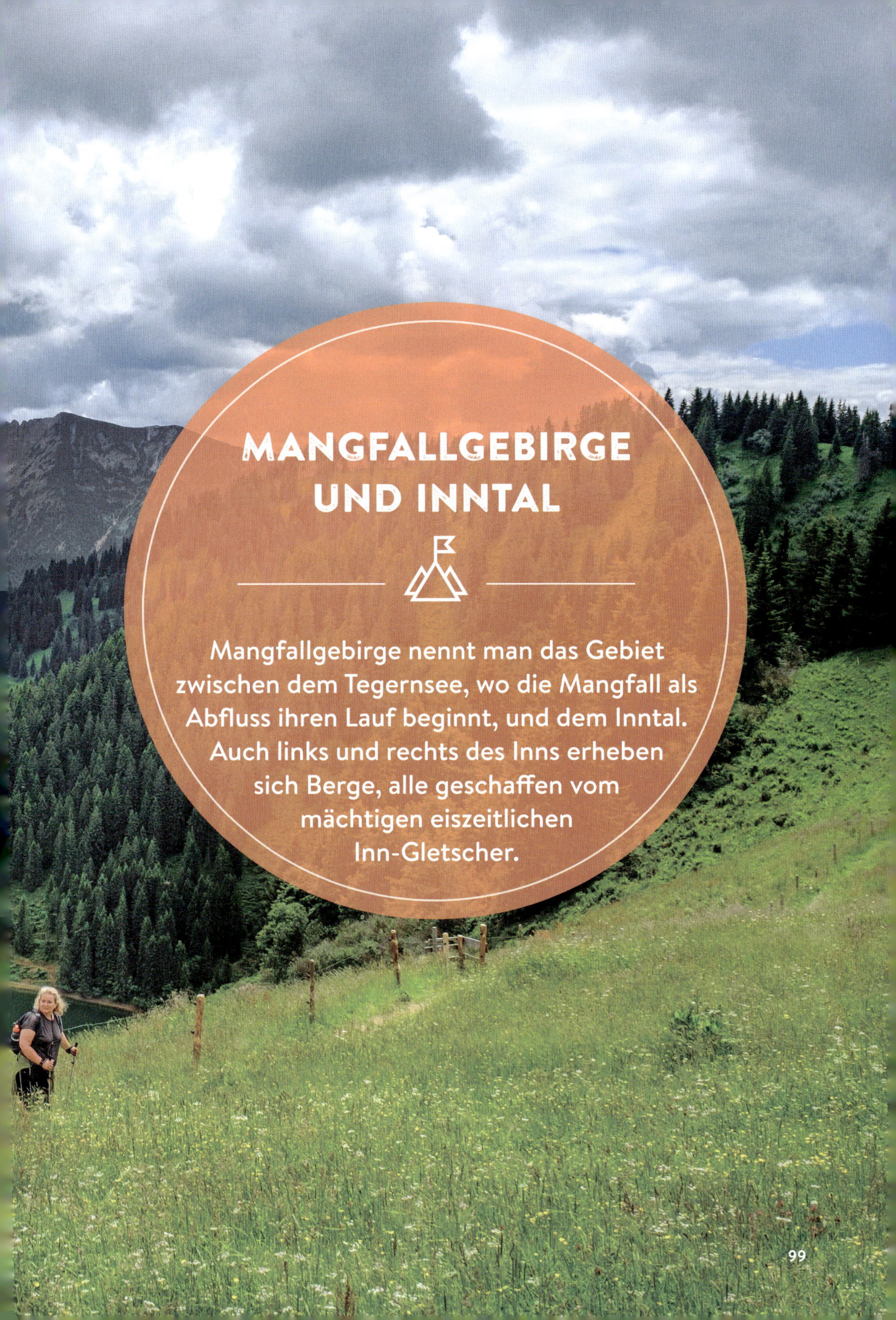

MANGFALLGEBIRGE UND INNTAL

Mangfallgebirge nennt man das Gebiet zwischen dem Tegernsee, wo die Mangfall als Abfluss ihren Lauf beginnt, und dem Inntal. Auch links und rechts des Inns erheben sich Berge, alle geschaffen vom mächtigen eiszeitlichen Inn-Gletscher.

Halserspitz und Blaubergkamm

Grenzkamm zwischen Bayern und Tirol

Die Überschreitung der Blauberge zur Halserspitze zählt zu den aussichtsreichsten und eindrucksvollsten Bergtouren im Tegernseer Raum. Neben dem fantastischen Panorama begeistern uns vor allem die beeindruckenden Gegensätze der wilden Nordseiten und der sanften Südhänge.

20

Toller Ausblick vom Blaubergkamm

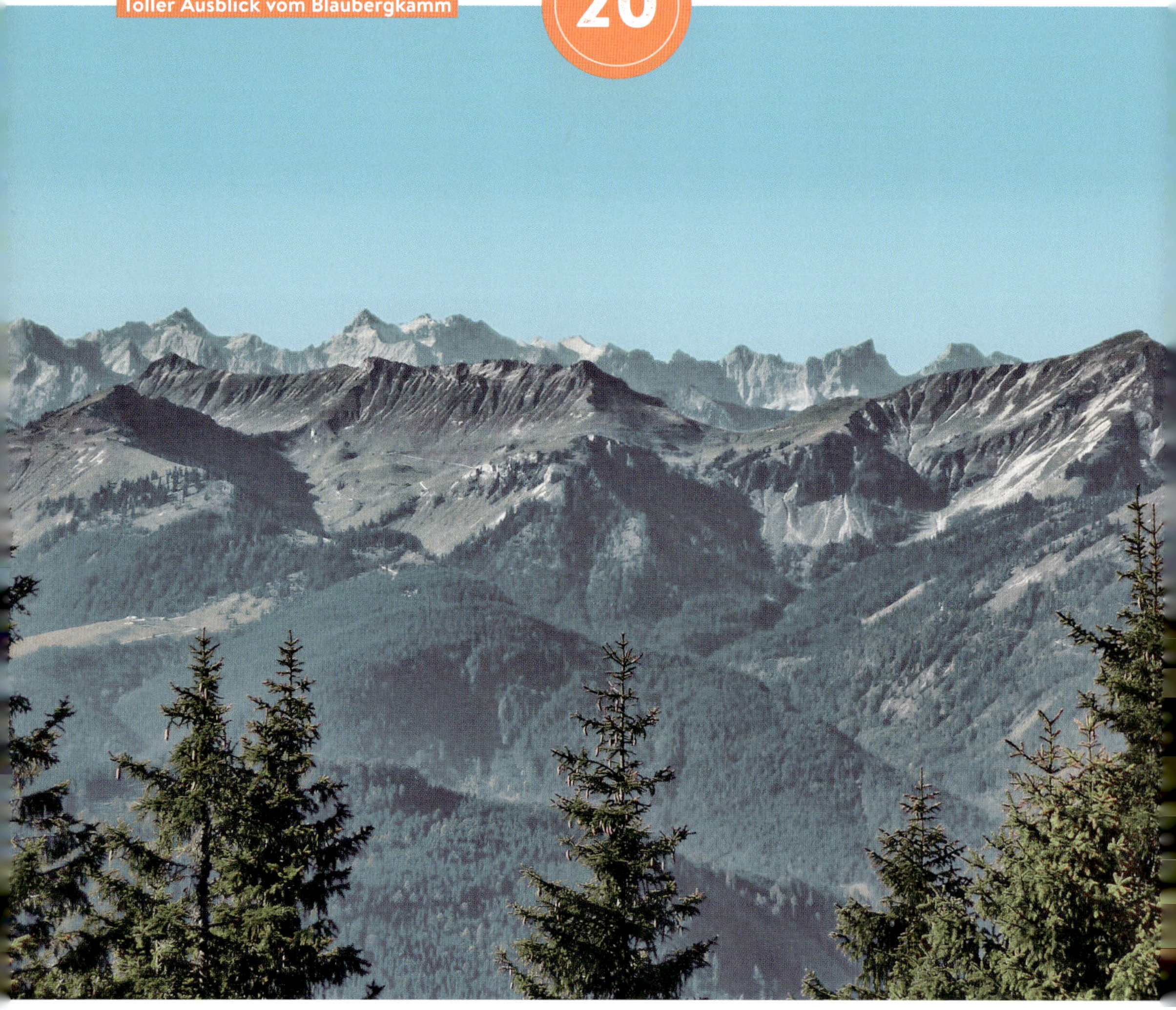

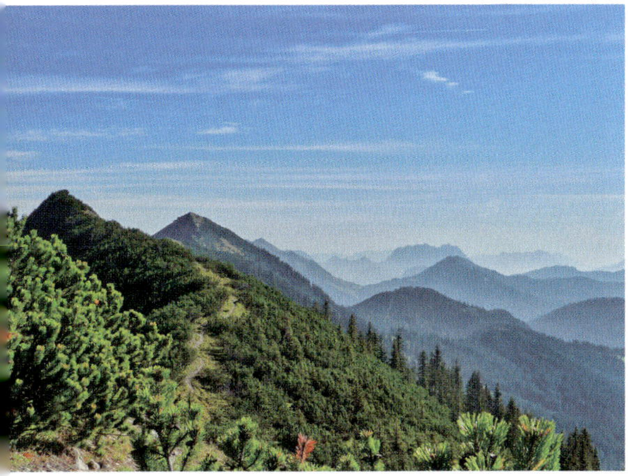

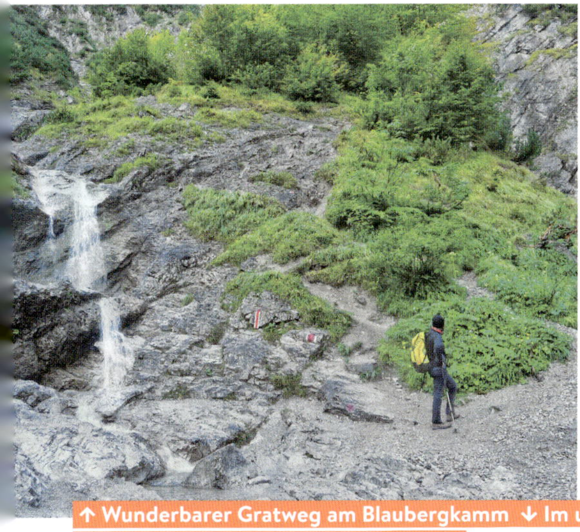

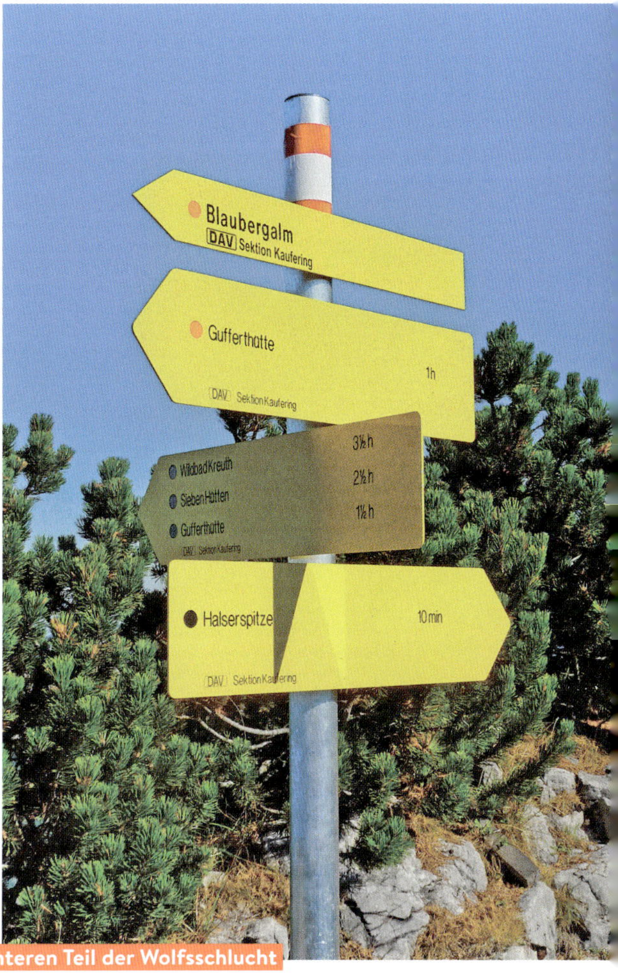

↑ Wunderbarer Gratweg am Blaubergkamm ↓ Im unteren Teil der Wolfsschlucht
↗ Wegweiser unterhalb der Halserspitz

ZUR BLAUBERGALM Gemütlich wandern wir vom großen **A Parkplatz bei Wildbad Kreuth** am breiten Forstweg nach **1 Siebenhütten**. Kurz danach leitet uns ein Schild nach rechts in Richtung Wolfsschlucht. Der Weg führt zuerst durch den Wald, später über eine Wiese ins Bachbett der Felsweißach. Wir folgen dem Bachbett immer tiefer in die Wolfsschlucht hinein. Am Ende der steilen Schlucht zeigen uns Markierungen den richtigen Weg, eine Tafel warnt dabei vor Abwegen. Wir schnaufen die steilen Serpentinen bergauf und hangeln uns an einem Drahtseil entlang. Dann gilt es, eine Rinne zu überwinden, und schließlich erreichen wir leichteres Gelände unterhalb des Schildensteins. Gemütlich steigen wir zum Kamm an, und der Weg führt zur nahen **2 Blaubergalm** (1540 m), an der man einkehren kann.

WEITERWEG ZUR HALSERSPITZ Von der Alm wandert man steil hinauf zur **3 Wichtlplatte** (1766 m). Ab hier erfreut uns die hervorragende Aussicht: im Rücken Zugspitze und Karwendel und neben unserem

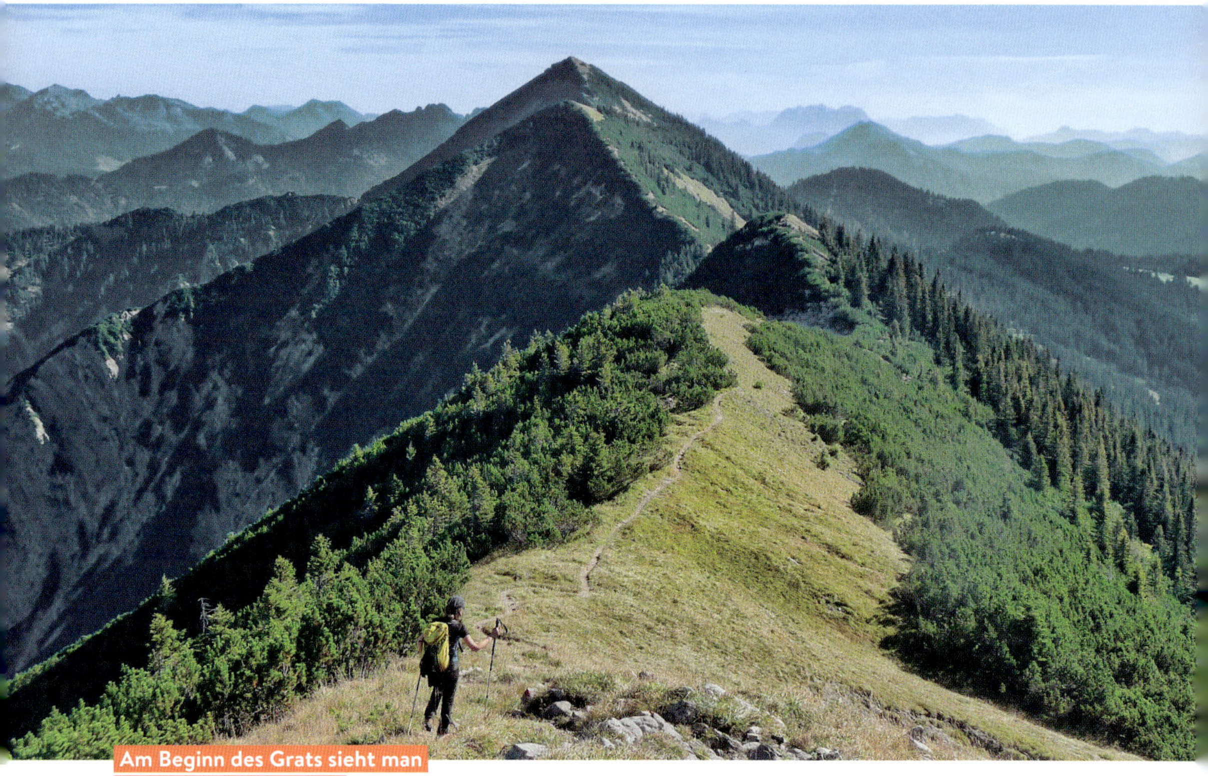

Am Beginn des Grats sieht man bereits die Halserspitz.

Blaubergkamm das Kaisergebirge. Blickfang ist aber der nahe Guffert. In stetem Auf und Ab wandern wir ohne größere Schwierigkeiten über Blaubergschneid, Blaubergkopf und Karspitz zur Einmündung des Wegs von der Gufferthütte. Kurz danach erklimmen wir den Panoramagipfel der **4 Halserspitze** (1862 m). Neben den bereits erwähnten Gebirgsgruppen und den unmittelbaren Nachbarn Roß- und Buchstein, Guffert und Schinder können wir an klaren Tagen von hier oben sogar Großglockner und Großvenediger in den Hohen Tauern sehen. Nun wird klar, warum sich der lange und mühsame Aufstieg lohnt.

ABSTIEG NACH NORDEN Vom Gipfel gehen wir kurz zurück und folgen dann den Wegweisern steil nach Norden hinab. Der

Tipp

ZUM SCHILDENSTEIN

Eine etwas kürzere Runde führt auf den Schildenstein (1613 m). Hierfür wandert man wie oben beschrieben nach Siebenhütten und weiter durch die Wolfsschlucht. Oben am Kamm hält man sich rechts und steigt hinauf zum Gipfelkreuz auf dem Schildenstein. Auch von hier oben bietet sich eine schöne Aussicht. Für den Abstieg geht man ein Stück zurück und biegt dann auf den nordwestlichen Grat ab. Auf diesem wandert man hinunter zur Königsalm, wo es im Sommer leckere Brotzeiten gibt. Von der Alm geht es auf einem Wanderweg durch Wald zurück nach Wildbad Kreuth (mittelschwer, 5.15 Std., 13,8 km, 815 Hm).

Weg ist im oberen Bereich felsig und oft rutschig, hier heißt es aufpassen! Nach etwa 45 Minuten kommen wir an die Abzweigung zur Gufferthütte. Nun wird der Weg leichter, bleibt aber noch steil. Wir verlieren schnell an Höhe und sind bald an der Wenigberg-Jagdhütte (1298 m).

Ein Gegenanstieg führt auf den Weißenbachkopf (1352 m), von dem es steil durch Wald in ein Tälchen bergab geht. In diesem spazieren wir durch einen Märchenwald talauswärts und erreichen nach einiger Zeit wieder Siebenhütten. Nach einer Brotzeit schlendern wir gemütlich zum **E Parkplatz bei Wildbad Kreuth** zurück.

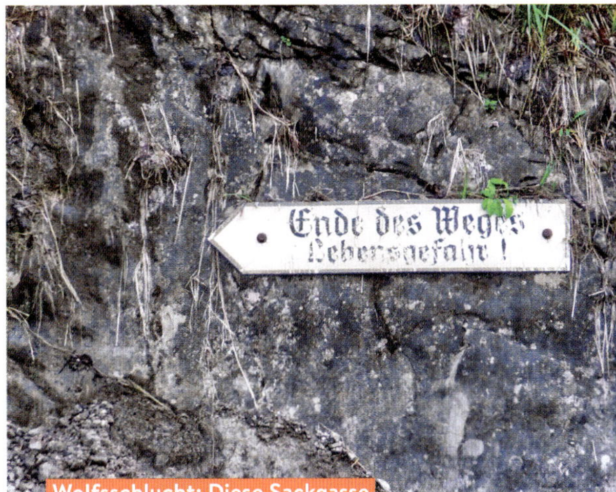

Wolfsschlucht: Diese Sackgasse sollte man besser nicht nehmen.

INFO

TOURENCHARAKTER
Großartiger Zugang zum Kamm durch die Wolfsschlucht, teilweise steil und felsig, Trittsicherheit und Schwindelfreiheit erforderlich. Einige Stellen sind versichert. Der Abstieg von der Halserspitze erfordert an einigen Stellen nochmals Trittsicherheit und Schwindelfreiheit.

AUSGANGS-/ENDPUNKT
Großparkplatz bei Wildbad Kreuth
GPS: 47.62531, 11.74713

ANFAHRT
ÖPNV: Mit dem Regionalzug (BRB) nach Tegernsee und weiter mit dem Bus nach Wildbad Kreuth
Auto: A 8 bis Ausfahrt Holzkirchen und weiter über Tegernsee nach Kreuth, von dort noch ein paar Kilometer Richtung Achenpass bis zum Parkplatz bei Wildbad Kreuth

EINKEHR
Siebenhütten, Blaubergalm

INFORMATION
kreuth.de

Schwer	8 Std.	18,6 km	1280 Hm

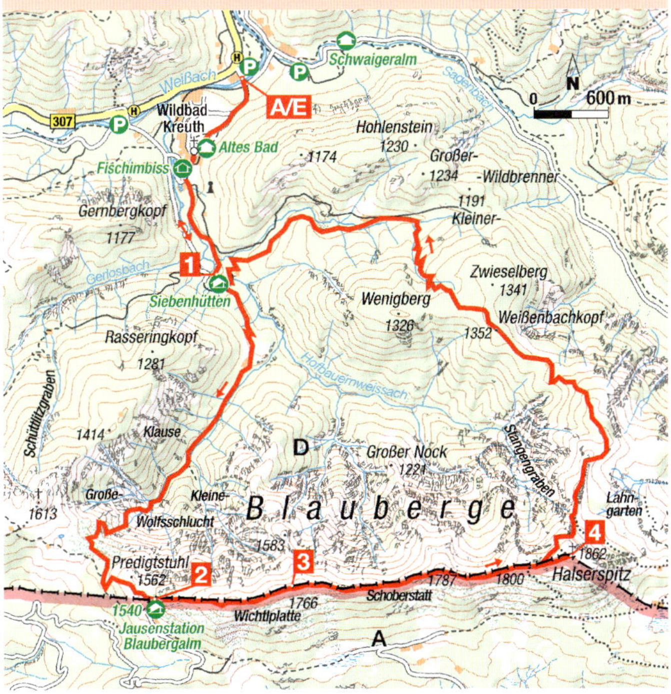

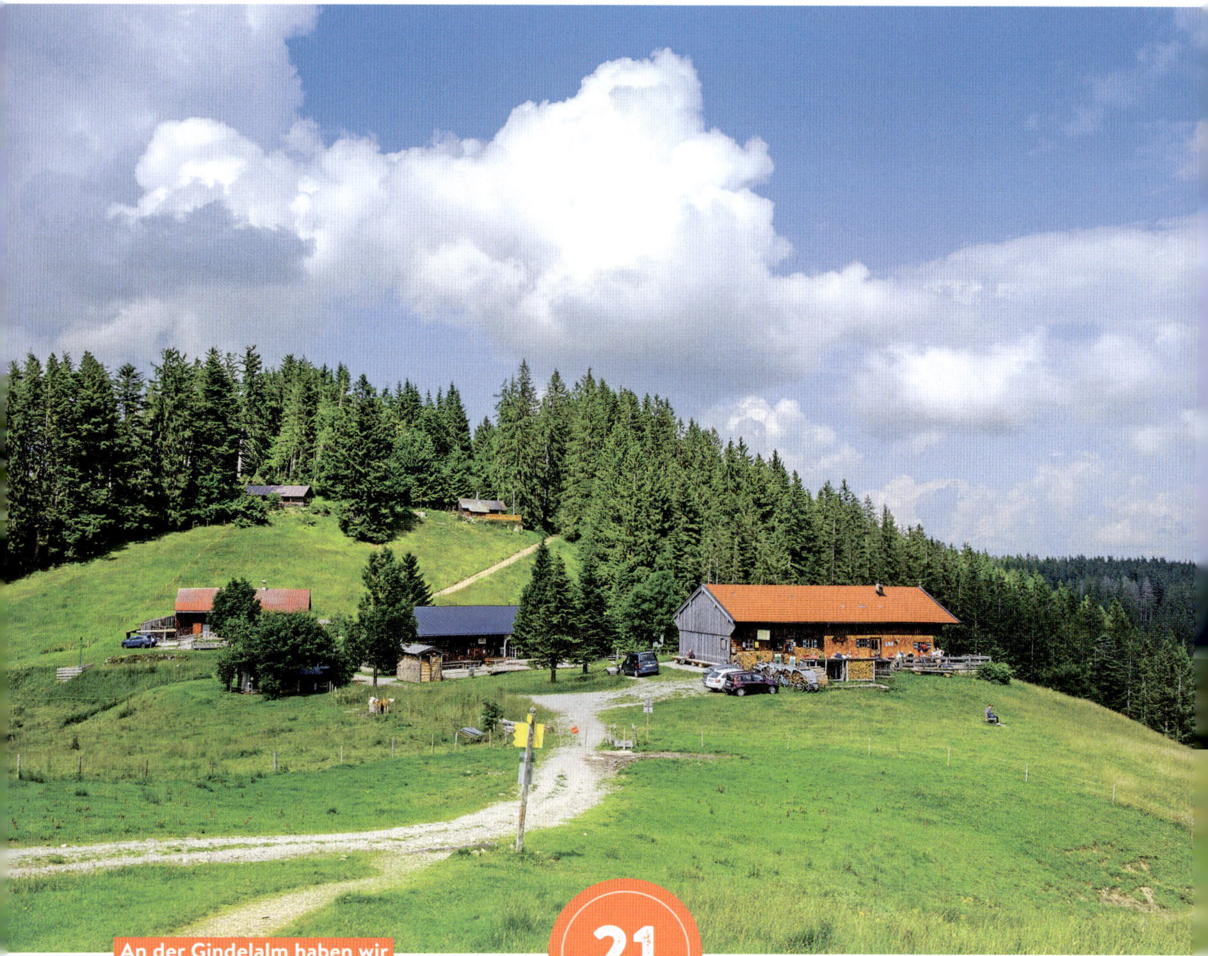

An der Gindelalm haben wir den Übergang geschafft und machen uns an den Abstieg.

21

Vom Tegernsee zum Schliersee

Traumtour in den Münchner Voralpen

Diese Wanderung verbindet zwei der schönsten oberbayerischen Seen: den Tegernsee und den Schliersee. Sie sind durch einen nicht allzu hohen Vorberg voneinander getrennt, der sich dank der vielen guten Einkehrmöglichkeiten obendrein sehr genussvoll bezwingen lässt. Dazu gesellen sich herrliche Aussichten über die Tegernseer Bergwelt bis hin nach München.

GENUSSWANDERN PAR EXCELLENCE

Die Neureuth ist eins der beliebtesten Ausflugsziele am Tegernsee und hat noch dazu beinahe das ganze Jahr über geöffnet. Von dort gibt es einen wunderbaren Übergang zu den Gindelalmen, die bereits zum Schlierseer Gebiet gehören. Wer seine Badesachen einpackt, kann die Bergtour mit einem Sprung ins Wasser verbinden – ein echtes Zusatzhighlight.

AUFSTIEG ZUR NEUREUTH Die Wanderung beginnt am **A Bahnhof in Tegernsee**, am Ostufer des gleichnamigen Sees. Vom Bahnhofsplatz geht es kurz nach links in die Klosterwachtstraße, die wir aber gleich wieder nach rechts auf den ansteigenden Niggelweg verlassen, der bereits zur Neureuth beschildert ist. In Wanderrichtung führt er uns zunächst hinauf zum Wellnesshotel Das Tegernsee, wo wir einen traumhaft schönen Blick auf den See und die Berge rundum genießen. Wir spazieren durch den Hotelkomplex hindurch und kommen am Parkplatz in den Wald. Nach dem kleinen Bach geht es rechts und nach der Linkskurve bald steil und in zahlreichen kleinen Serpentinen aufwärts. Zur Neureuth führen viele Pfade durch den Wald, als richtig sanft und gnädig erweist sich keiner. Wir sind auf

↑ Freie Almwiesen schenken überaus weite Ausblicke. ↓ Die Gindelalm hat nur im Sommer geöffnet … ↘ … ansonsten kann man hier auch im Winter wandern.

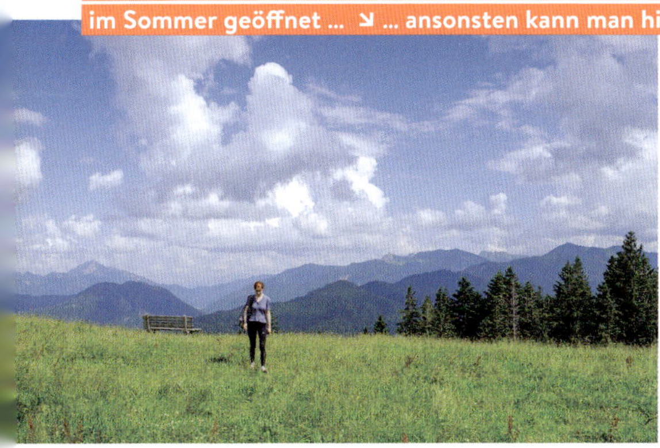

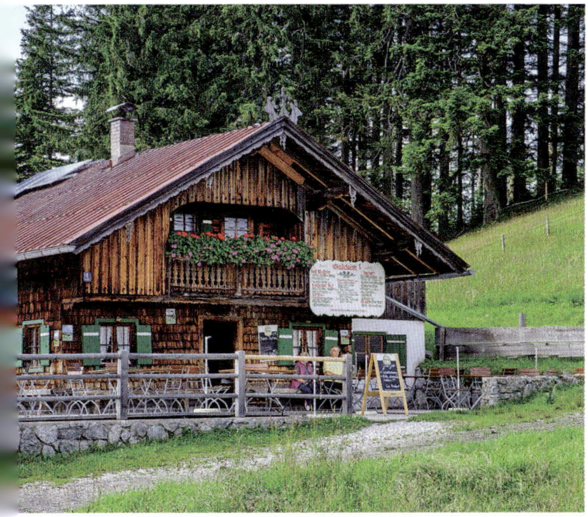

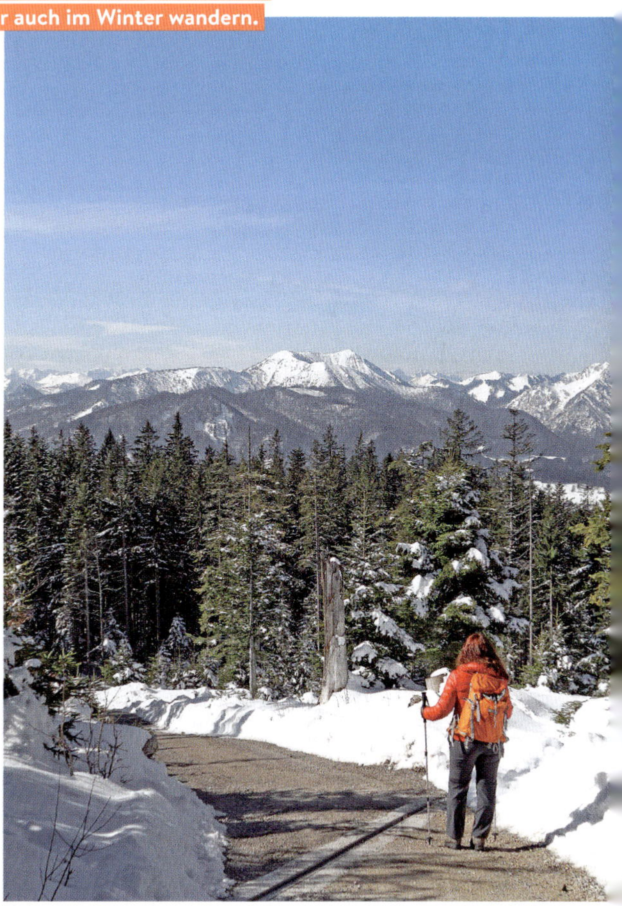

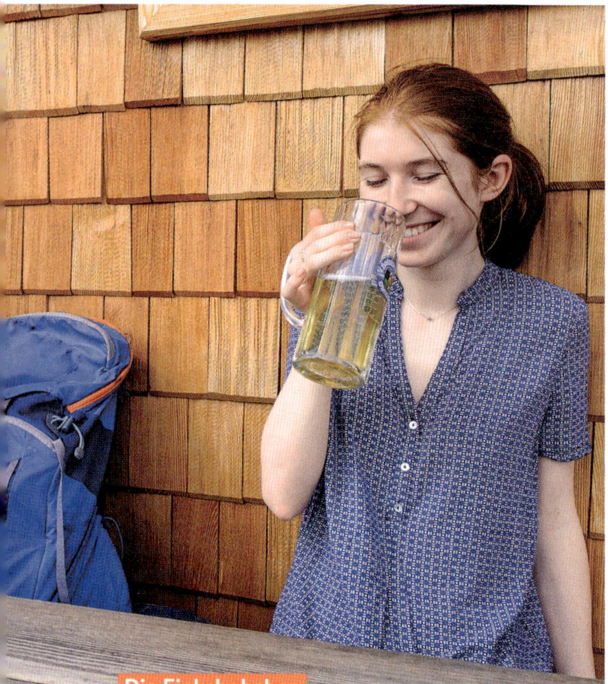

Die Einkehr haben wir uns verdient.

dem Bayernweg unterwegs, und zum Glück dauert die Anstrengung nicht lange, denn bald erreichen wir den Waldrand und sehen links über uns die Gebäude der Neureuth. An der Kriegerkapelle vorbei sind wir mit ein paar Schritten auf der sonnenverwöhnten Terrasse am **1 Berggasthaus Neureuth** (1263 m). Wenn wir die Aussicht betrachten, ist es kein Wunder, dass die Gaststätte trotz ihrer steilen Anmarschroute zu einem der bekanntesten Ausflugsziele des Tegernseer Gebiets zählt: Unter uns liegt der Tegernsee, umrahmt von Hirschberg, Seekarkreuz und Wallberg, hinter dem wir die Blauberge mit dem Schildenstein sehen. Sogar bei Schnee kann man auf dem geräumten Winterwanderweg hier heraufsteigen.

ZUR GINDELALM Wir könnten jetzt schon einkehren oder gleich unser nächstes Ziel, die Gindelalm, anvisieren. Dazu folgen wir den Schildern »N2 – Kreuzberg, Alpbachtal, Prinzenweg« nach Osten. Nach einer halben Stunde Waldweg erreichen wir den Almboden der Gindelalmschneid. Vor uns liegen die Almhütten, im Norden sehen wir den Taubenberg und die Kreisstadt Miesbach. Wir steuern nun die Hütten nicht direkt an, sondern halten uns zunächst rechts, um auf die **2 Gindelalmschneid** zu steigen. Mit 1335 Metern ist sie der höchste Punkt unserer Wanderung und dazu noch mit einem Gipfelkreuz garniert.

Über den Wiesenpfad schlendern wir anschließend zu den Hütten hinunter, die im Sommer noch immer als echte Almen bewirtschaftet werden. An der **3 Gindelalm Nr. 2**, der mittleren und größten, lädt die lange Hausbank zur Pause ein. Seit vielen Jahren wird die Alm von einer überaus freundlichen Familie betrieben. Der Kaiserschmarren wird immer frisch zubereitet. Wenn viel los ist, kann es so schon mal zu Wartezeiten kommen, was bei der schönen Aussicht aber kein Problem ist.

ABSTIEG ZUM SCHLIERSEE Nach der Rast biegen wir hinter der bewirtschafteten Gindelalm rechts auf den Wanderweg ein, der zum Hennerer und Richtung Schliersee beschildert ist. Der breite Forstweg ist nun

Tipp

MONTE MARE

Ganzjährig geöffnet haben das Schwimmbad und die Saunawelt monte mare am Schliersee. So lohnt es sich auch in der kalten Jahreszeit, die Badesachen in den Rucksack zu packen. Bademantel oder Saunahandtuch kann man sich dort ausleihen.

deutlich einfacher zu begehen als der Aufstiegsweg. Wieder geht es in den Wald, und in vielen Kurven erreichen wir schließlich das **4 Bauernhofcafé Hennerer** mit seinem großen Wanderparkplatz. Jetzt folgen wir der Hennererstraße nach Nordosten, passieren einen Weiher und kommen in den Ortsteil Breitenbach.

Wer noch den Schliersee besuchen möchte, um vielleicht ins Wasser zu hüpfen, biegt vor dem Breitenbach rechts in den Weg Am Laubenbach ein. An seinem Ende kann man über eine kleine Brücke leicht rechts die Westerbergstraße in den Tegernseer Weg queren. Dieser führt uns über die Bahngleise, und unmittelbar dahinter biegen wir links ein und folgen dann rechts der Beschilderung vorbei am Eisplatz zum Schliersee. Der **E Bahnhof Schliersee** ist nun auch nicht mehr weit, er liegt direkt in zweiter Reihe hinter dem schönen Kurpark mit der Bootsanlegestelle und dem Schwimmbad monte mare (s. Tipp) am Schliersee.

INFO

Mittel | 4 Std. | 13 km | 550 Hm

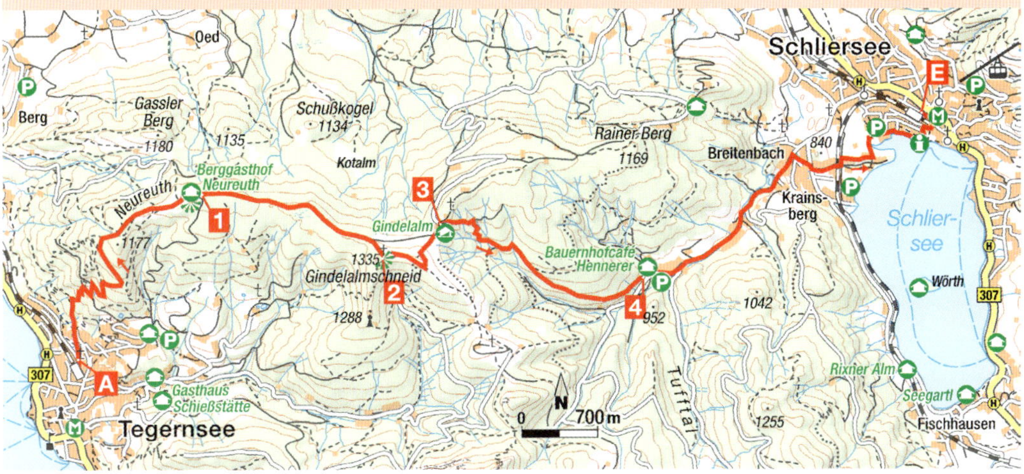

TOURENCHARAKTER

Mittelschwere Wanderung auf Waldpfaden und gut begehbaren Wegen. Ganzjährig begehbar, Bademöglichkeiten im Sommer

AUSGANGSPUNKT

Bahnhof Tegernsee
GPS: 47.714147, 11.757470

ENDPUNKT

Bahnhof Schliersee
GPS: 47.735752,11.860337

ANFAHRT

ÖPNV: Mit dem Regionalzug (BRB) zum Bahnhof Tegernsee; Rückfahrt ebenfalls mit der BRB ab Bahnhof Schliersee
Auto: Über die A 8, Ausfahrt Holzkirchen, nach Tegernsee; Parkplätze im Ort am Bahnhof oder am Zentralparkplatz. Rückfahrt vom Schliersee mit der BRB

EINKEHR

Neureuth, Gindelalm, Bauernhofcafé Hennerer

INFORMATION

tegernsee.com, schliersee.de

Zur Baumgartenschneid

Tegernseer Berggasthof, Aussichtsberg und Kircherl

Die Baumgartenschneid ist vom Tal als freier Gipfel über dem Tegernsee gut zu erkennen. Vorgelagert sehen wir das Kircherl auf dem Riederstein, das wir beim Abstieg besuchen. Der Zugang zur Baumgartenschneid erfolgt auf dem längeren Weg über den Berggasthof Neureuth und die Gindelalmschneid.

Schöner Blick von der Baumgartenschneid zum Tegernsee

22

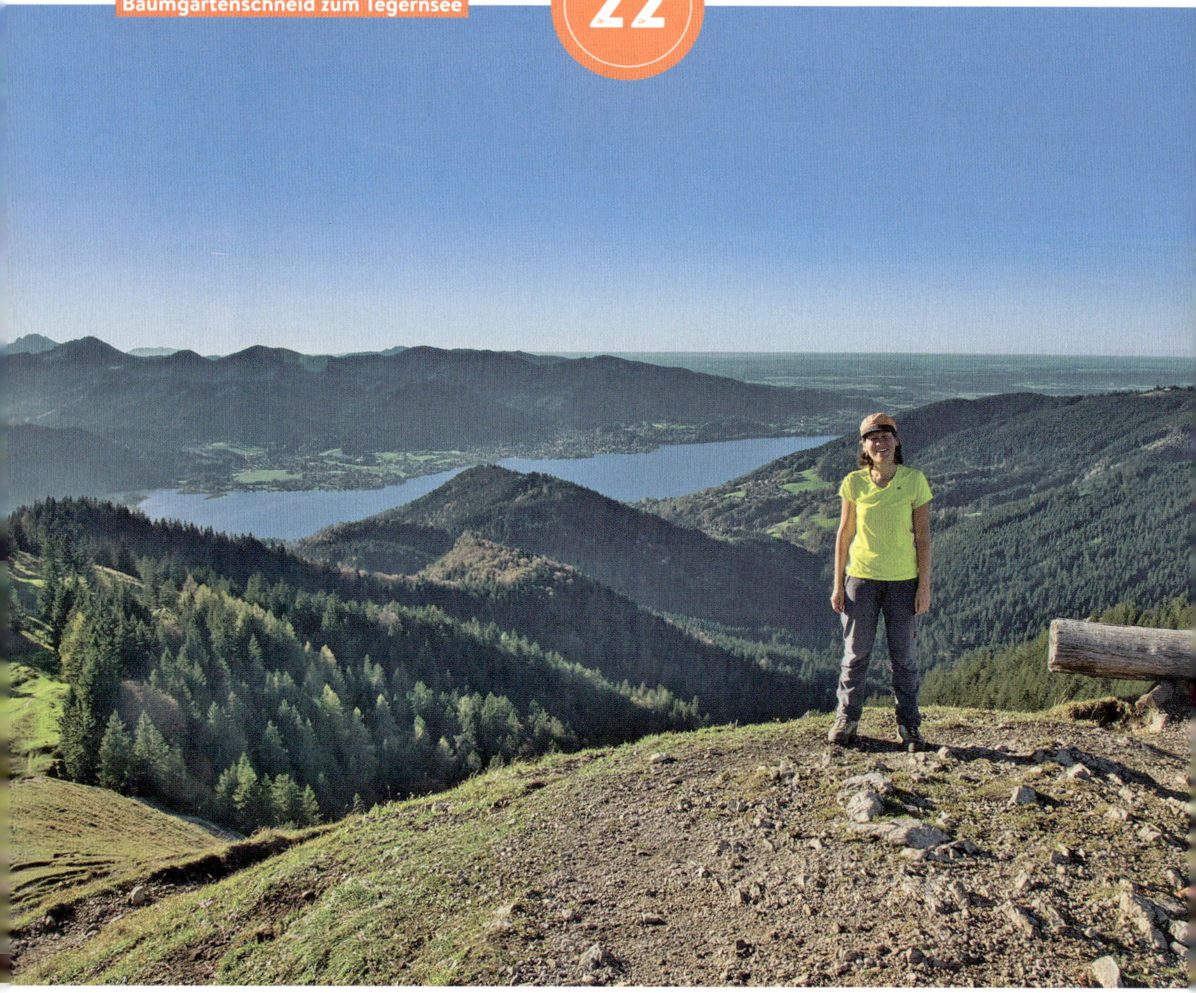

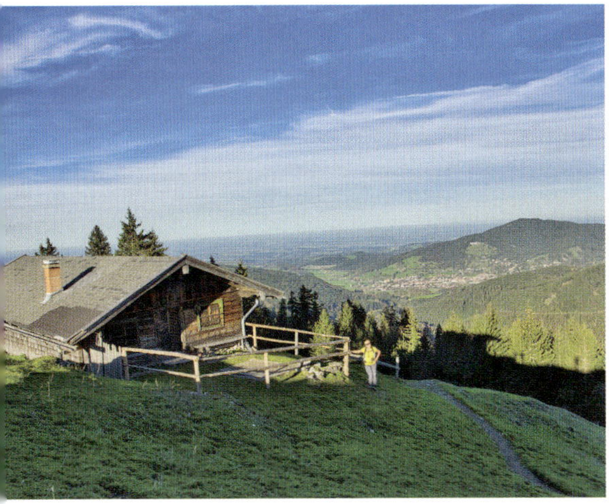

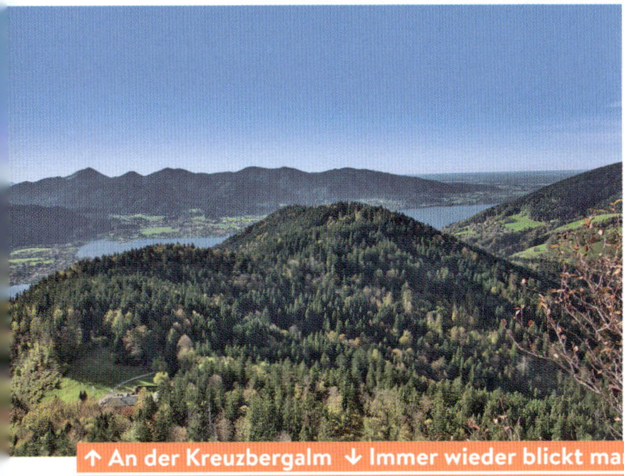

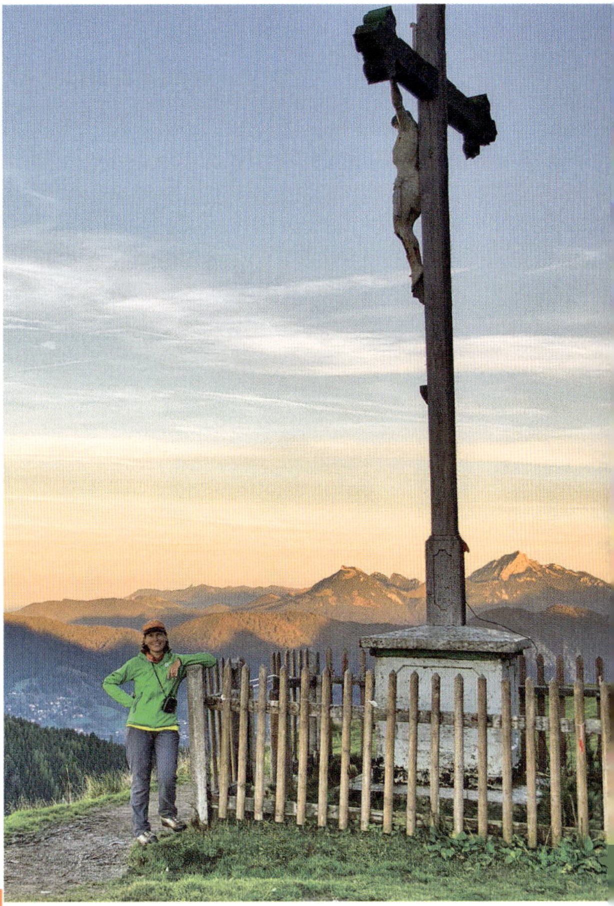

↑ An der Kreuzbergalm ↓ Immer wieder blickt man hinunter zum Tegernsee. ↗ Am Gipfel der Gindelalmschneid

NEUREUTH UND GINDELALMSCHNEID

Vom A **Parkplatz in Tegernsee** am Beginn des Alpbachtals müssen wir zuerst zum Hüttenweg in Richtung Neureuth wandern. Hierfür gehen wir kurz in Richtung Alpbachtal, biegen dann aber gleich nach links auf den Gschwandlerweg ab. Dieser führt uns in einem Bogen bergauf. Wir passieren die Abzweigung nach Hohenlehen und gelangen zu einem Bauernhof. Weiter folgen wir der Straße, bis wir auf die Straße in Richtung Neureuth treffen. Hier halten wir uns rechts und steigen auf der sehr steilen Straße in einigen Kehren bergauf bis zum 1 **Berggasthaus Neureuth** (1263 m).

Nun folgt der gemütlichste Abschnitt der Wanderung. Wir gehen auf einem breiten Wanderweg ohne großen Höhengewinn in westlicher Richtung durch ein Waldstück. Am Ende des Walds zweigt nach rechts ein Steig ab. Auf diesem steigen wir steil hinauf zum großen Gipfelkreuz auf der 2 **Gindelalmschneid** (1335 m). Dieser erste kleine Gipfel bietet uns eine schöne Aussicht: Vor allem im Südosten zieht der mächtige Wendelstein unsere Blicke auf sich, aber auch nach Norden reicht unser Blick bis weit ins Alpenvorland hinein. Wir können auch hinüberblicken zur Baumgartenschneid.

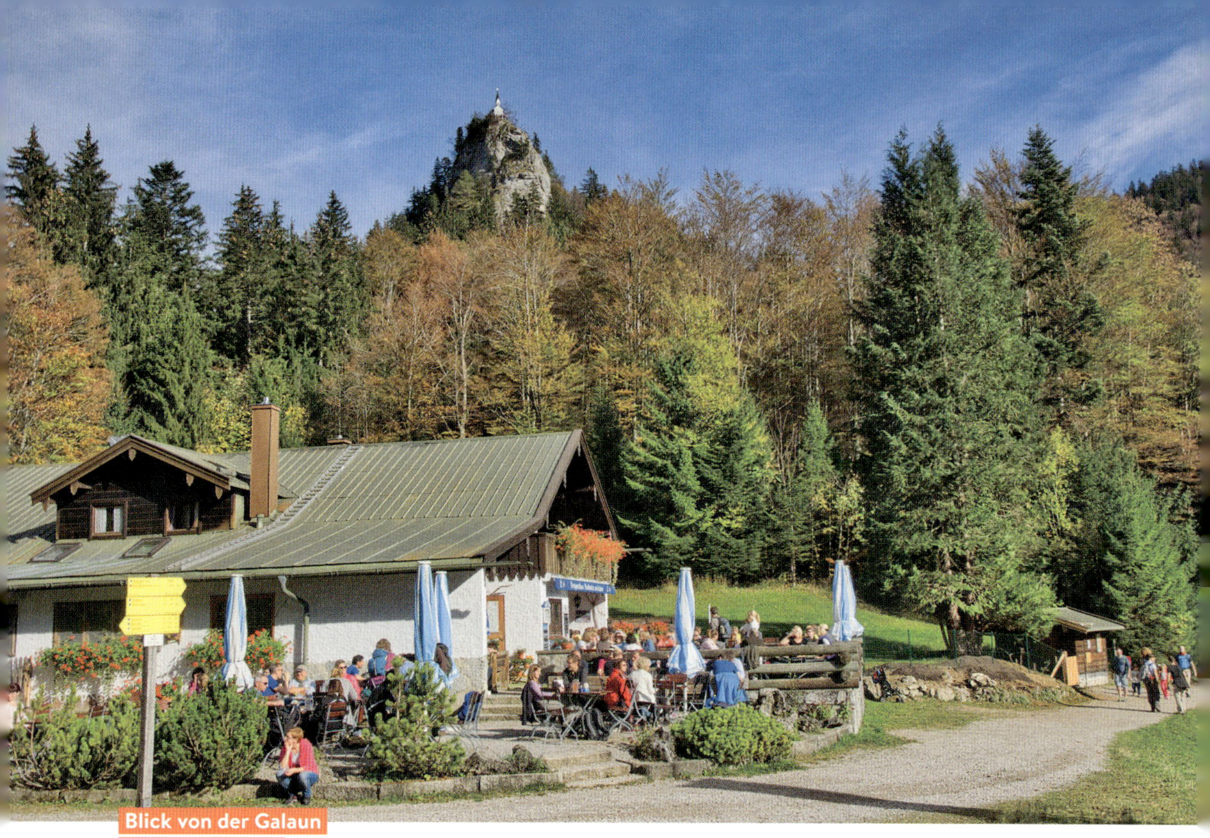

Blick von der Galaun zum Riederstein

ZUR BAUMGARTENSCHNEID Nach einer kurzen Gipfelpause spazieren wir über den grasigen Rücken in südöstlicher Richtung bergab in eine kleine Senke. Über den folgenden Hang erreichen wir die schön gelegene Kreuzbergalm (1223 m), von der wir auf den Tegernsee hinunterblicken können. Vom in der Nähe stehenden Kreuz bietet sich wiederum ein schöner Blick auf den Wendelstein.

Anschließend wandern wir über den Fahrweg in einen kleinen Sattel. Hier könnten wir direkt zum Parkplatz im Alpbachtal absteigen, was die Tour erheblich abkürzen würde. Wir möchten aber noch auf die Baumgartenschneid und wandern also auf dem Steig weiter, der in südlicher Richtung um das Kreuzbergköpfl herum zum Sagfleckl führt. Den nach rechts abzweigenden Prinzenweg ignorieren wir und gehen geradeaus weiter in Richtung Baumgartenschneid. Der Weg steigt zuerst noch im Wald bergan, erreicht dann einen freieren Rücken und die schön gelegene Baumgartenalm (1355 m). Über einen letzten Hang wandern wir hinauf zum Gipfel der 3 **Baumgartenschneid** (1448 m).

Tipp

KÜRZERE RUNDE

Die Tour über beide Gipfel ist sehr lang. Wer eine kürzere Tour und trotzdem eine schöne Aussicht möchte, steigt von Tegernsee auf breitem Weg hinauf zum Berggasthaus Galaun. Von hier führt der gute Steig über einige Stufen hinauf zur Kapelle auf dem Riederstein. Anschließend kehrt man über das Berggasthaus Galaun zum Ausgangspunkt zurück (leicht, 3 Std., 7,5 km, 425 Hm).

Hier oben sitzen wir wirklich auf einer traumhaften Aussichtsloge über dem Tegernsee und können uns gar nicht sattsehen an den wunderschönen bayerischen Alpengipfeln ringsum.

ÜBER DEN RIEDERSTEIN Nach der Gipfelpause wandern wir über den freien Rücken zum Waldrand, tauchen in den Wald ein und folgen dem teilweise etwas steinigen Weg in die Einsattelung vor dem Riederstein. Hier zweigt direkt ein Weg zur Galaun ab; wir bleiben aber auf dem geradeaus führenden Steig, der uns zum **4 Riederstein** (1207 m) bringt. Die letzten Meter zum Kircherl mit seinem grandiosen Blick auf den Tegernsee erklimmen wir über ein paar Stufen.

Von der Kapelle wandern wir über die Stufen des Kreuzwegs hinunter zum **5 Berggasthaus Galaun am Riederstein**, wo wir uns eine Einkehr auf der Terrasse der Hütte verdient haben. Das Berggasthaus liegt wunderschön am Fuß des Riedersteins und bietet einen schönen Blick auf das Tegernseer Tal.

RÜCKWEG NACH TEGERNSEE Alsdann wandern wir auf dem nach Nordwesten führenden Fahrweg in Richtung Alpbachtal. Einen rechts abzweigenden Weg ignorieren wir und spazieren stattdessen nach links zum Auerbauer. Wenig später wird der Weg schmäler und bringt uns durch den Wald direkt hinunter zu unserem **E Parkplatz** am Ortsrand von **Tegernsee**.

INFO

TOURENCHARAKTER

Sehr schöne Runde auf beliebten Aussichtsbergen am Tegernsee. Schmale Steige an der Baumgartenschneid, Treppenstufen am Riederstein, ansonsten breite, einfache Wanderwege

AUSGANGS-/ENDPUNKT

Parkplatz in Tegernsee am Beginn des Alpbachtals
GPS: 47.71305, 11.76796

ANFAHRT

ÖPNV: Mit dem Regionalzug (BRB) nach Tegernsee und dort den Wegweisern zur Neureuthstraße folgen
Auto: A 8 bis Ausfahrt Holzkirchen und weiter nach Tegernsee, im Ort Richtung Bahnhof und ins Alpbachtal zum Parkplatz (Prinzenweg)

EINKEHR

Berggasthaus Neureuth, Berggasthaus Galaun am Riederstein

INFORMATION

tegernsee.com

Mittel	6 Std.	15,3 km	980 Hm

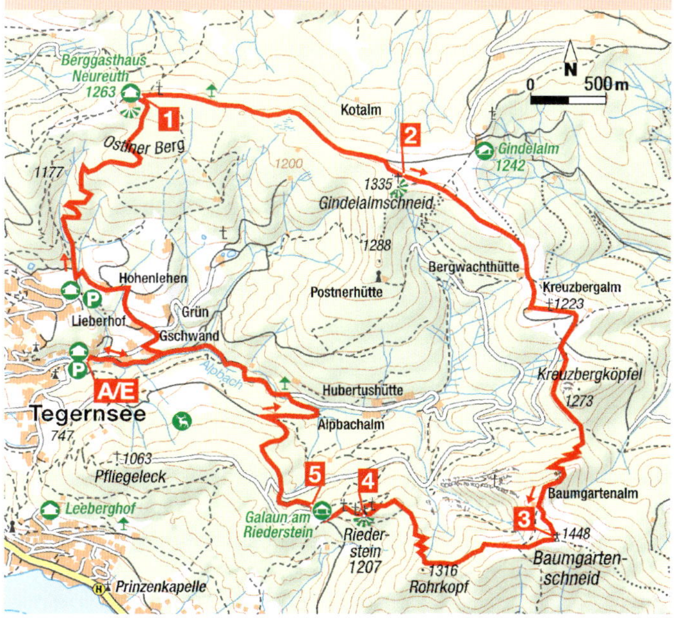

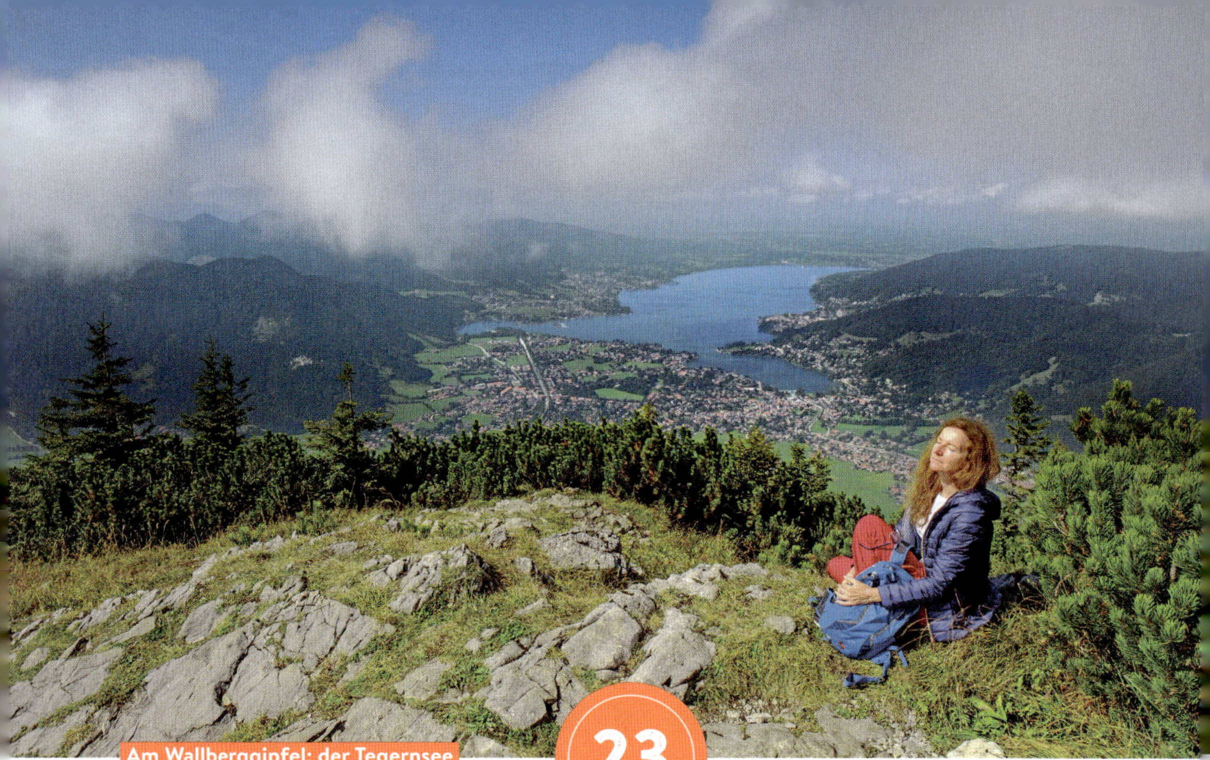

Am Wallberggipfel; der Tegernsee liegt tief unter uns im Tal.

23

Setzberg und Wallberg

Zwei Tegernseer Klassiker

Der Wallberg ist eine echte Landmarke im Tegernseer Tal. Etwas unscheinbarer ist der direkt daneben liegende Setzberg, den man kennen muss, um ihn identifizieren zu können. Fast das ganze Jahr über befördert die Wallbergbahn viele Wanderer auf den Berg. Aber ganz hinauf zu den beiden Gipfeln fährt sie nicht, ein bisschen etwas zum Erobern überlässt sie jedem Wanderer.

SCHATTIGER ANSTIEG Wir wandern gern bergauf, um uns nicht nur die Einkehr mit gutem Gewissen zu verdienen, sondern auch, um (wo möglich) anschließend knieschonend mit einer Seilbahn ins Tal zu schweben. Natürlich lässt sich die Tour auch andersherum begehen: Wer lieber bergab geht, wählt die Bahn für die Auffahrt. Bergauf starten wir an der A **Talstation der Wallbergbahn** und halten uns rechts über den großen Parkplatz. Rechts vom Lift geht es auf einer breiten Forststraße in den Wald, und anfangs steigen wir nur mäßig steil bergauf. Nach etwa 30 Minuten teilt sich der Weg: Geradeaus würden wir über den sogenannten Sommerweg ziemlich steil, fast schon über die Direttissima zum Setzberg und dem Alten Wallberghaus aufsteigen. Wir wollen es aber etwas gemütlicher angehen und wählen den rechten Wanderweg, der über die Wallbergmoosalm führt. So stehen wir 40 Minuten später auf dem kleinen Wiesenfleck der **1 Wallbergmoosalm** (1117 m). Diese entpuppt sich als kleine Berggaststätte, die man zudem in den Sommermonaten mit dem Auto über eine Mautstraße ansteuern kann. Im Winter ist diese jedoch gesperrt, denn sie wird zur Rodelbahn.

AUF DEN SETZBERG Nach einer kurzen Rast wandern wir hinter der Alm auf dem bestens ausgeschilderten Weg weiter. Wir folgen nun immer der Beschilderung zum Setzberg über die Freisinger Hütte. Dafür verlängert sich der Aufstieg minimal, garantiert aber einsame Wege, und das allein ist schon ein Geheimtipp. Dafür biegen wir bald nach rechts ab, queren den Klafferbach und folgen der nur mäßig ansteigenden Forststraße weiter bergauf. Kurz darauf weist uns das Wanderschild nach links auf einen Bergpfad, der nun deutlich steiler ansteigt. Zum Glück sind wir noch im Schatten des Walds, daher ist es nicht ganz so anstrengend. Dann lichten sich die Bäume, und wir treten auf eine kleine Almwiese, über die wir, uns leicht links haltend, zur privaten Freisinger

Tipp

WALLBERGBAHN

Seit über 70 Jahren transportiert die Wallbergbahn ihre Fahrgäste auf einen der schönsten Aussichtsberge im Tegernseer Tal. Die Idee dazu gab es schon viel früher, aber lange konnte man sie mangels Investoren nicht verwirklichen. Erst 1950 begann man mit dem Bau, der dann in nur 9 Monaten zügig durchgezogen wurde – eine weitere touristische Attraktion für das Tegernseer Tal war damit entstanden. 1982 wurde die Bahn verkauft und saniert und das Panoramarestaurant neben der Bergstation erbaut.

↓ Gleitschirmflieger genießen das Panorama.
↘ Das Alte Wallberghaus zwischen den beiden Gipfeln

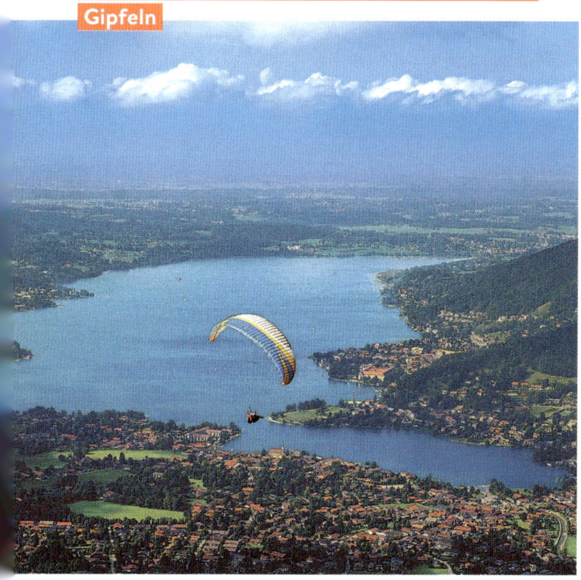

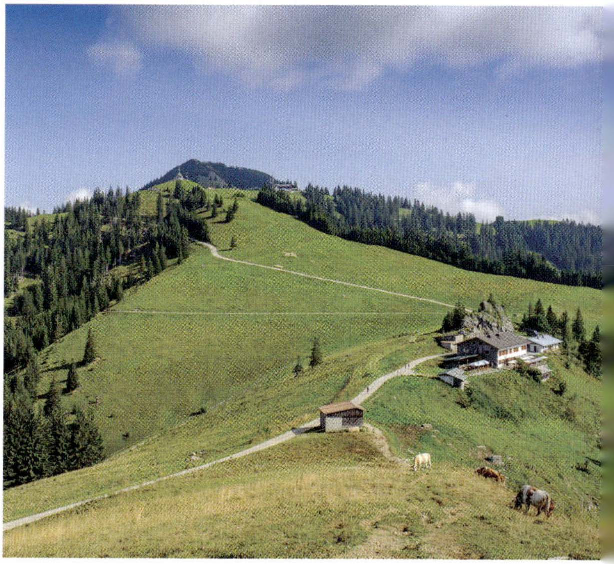

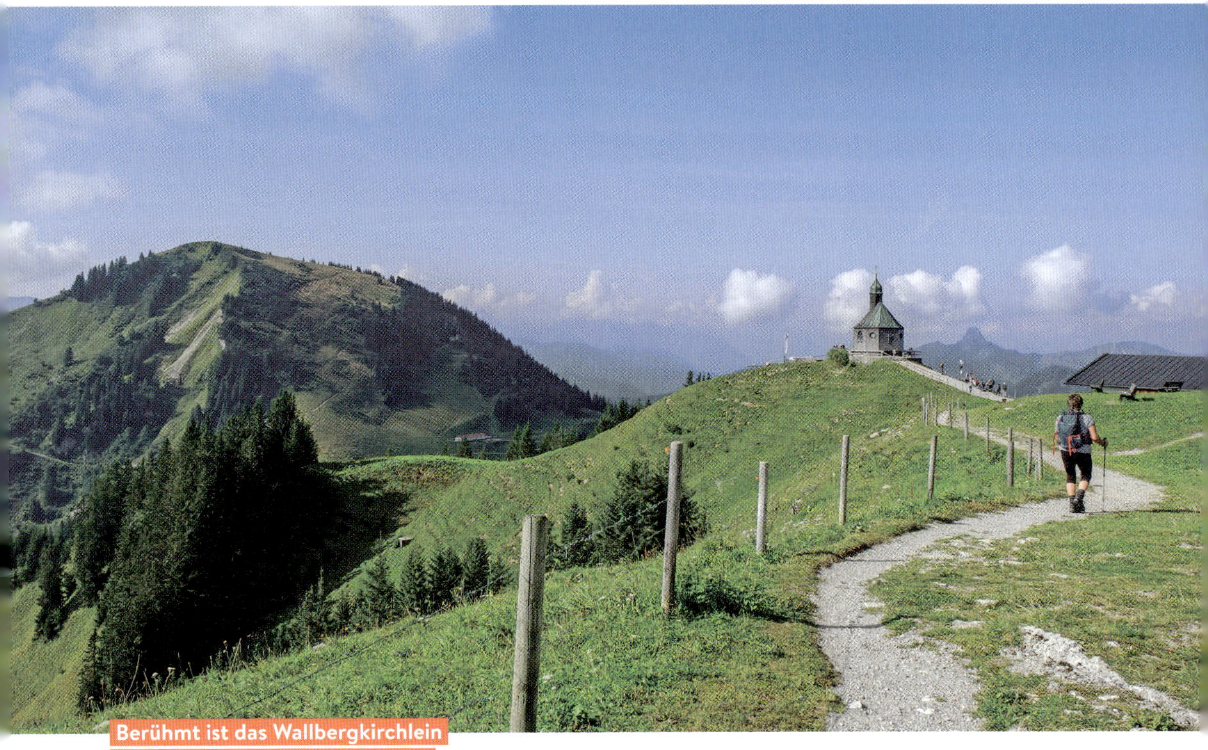

Berühmt ist das Wallbergkirchlein neben der Bergstation der Bahn.

Hütte (1493 m) kommen. Vor uns liegen die **2 Setzbergalmen**, die wir nun zügig und jetzt wieder auf einem breiteren Weg passieren. Für das ebenfalls in Sichtweite liegende Alte Wallberghaus gedulden wir uns noch ein wenig – kurz bevor wir es erreichen, wenden wir uns nach rechts und setzen zur Eroberung des ersten Gipfels, des Setzbergs, an.

Der zum Teil recht ausgetretene und nach Regenwetter mitunter etwas rutschige Bergpfad windet sich über den Wiesenhügel aufwärts. Aber das Gipfelkreuz und damit der **3 Setzberg** (1706 m) ist relativ schnell erreicht und die Vorfreude auf die wunderbare 360°-Aussicht von dort oben spornt uns auf den letzten Metern noch einmal an. Oben angekommen, suchen wir uns ein Plätzchen und genießen das Panorama. Für die einzigartige Aussicht und den Tiefblick auf den Tegernsee fehlen uns einfach die Worte – kurzum: herrlich!

Tipp

ALTES WALLBERGHAUS

In der Senke zwischen Wallberg und Setzberg thront schon seit 1900 das Alte Wallberghaus. Stilvoll restauriert, präsentiert es sich heute als Berghotel im wunderbaren Design, ohne seinen gemütlichen Hüttencharme verloren zu haben. Auf 1512 Meter Höhe nächtigt man geradezu himmlisch, denn in der frischen Bergluft schläft es sich besonders gut. Für romantische Nächte sorgen der klare Sternenhimmel samt den Lichtern im Tal, die beide im Wettstreit miteinander funkeln.

EINKEHRFREUDEN Dann lockt uns der Hunger hinunter, und nun steht einer Einkehr im **4 Alten Wallberghaus** (1512 m) nichts mehr im Weg. Auch dort genießen wir weiterhin beste Aussichten, vor allem nach Osten hinüber zu Blankenstein und Risserkogel und zu den Bergen im Spitzingseegebiet.

Nach dem Verwöhnprogramm der feinen Hotelküche (der Kaiserschmarren mit Zwetschgenröster ist wirklich ein Gedicht!) folgen wir weiter der kleinen Almstraße aufwärts und passieren das Wallbergkirchlein und den Drachen- und Gleitschirmstartplatz und erreichen die **5 Bergstation der Wallbergbahn**. Vor lauter Panoramaaussichten dürfen wir die Uhr nicht aus den Augen verlieren – wer noch auf den Wallberggipfel möchte, muss etwas Zeitreserve übrighaben, vor allem, wenn man die letzte Gondel ins Tal erwischen möchte.

ZUM WALLBERG Von der Bergstation der Wallbergbahn auf den Wallberggipfel sind es nämlich nochmals gut 130 Höhenmeter und 20 Minuten Aufstieg, dazu kommen nochmals 20 Minuten Abstieg sowie die Zeit am Gipfel! Der Weg hinauf beginnt hinter der Bergstation. Der **6 Wallberggipfel** (1722 m) ist bereits zu sehen, so können wir je nach Ansturm entscheiden, ob wir ihn erobern wollen. Für die Aussicht lohnt es sich immer, es gibt kaum einen schöneren Aussichtspunkt so hoch über dem Tegernsee.

Danach geht es zurück zur **5 Bergstation der Wallbergbahn**, von wo wir zum Finale ganz bequem zur **E Talstation** hinabschweben.

INFO

TOURENCHARAKTER

Längere Wanderung über Forststräßchen und Bergpfade, am besten mithilfe der Wallbergbahn zumindest durch die Abfahrt abzukürzen. Beide Gipfel sind einfach zu erreichen. Wer den Wallberg auslässt, spart sich 130 Hm (ca. 40 Min.).

AUSGANGS-/ENDPUNKT

Talstation Wallbergbahn
GPS: 47.674904, 11.776726

ANFAHRT

ÖPNV: Mit dem Regionalzug (BRB) nach Tegernsee und weiter mit Bussen nach Rottach-Egern zur Talstation

Auto: Über die A 8, Ausfahrt Holzkirchen, an den Tegernsee und weiter nach Rottach-Egern, dort der Beschilderung zur Wallbergbahn folgen; großer Parkplatz an der Talstation

EINKEHR

Wallbergmoosalm, Altes Wallberghaus, Panoramarestaurant Wallberg an der Bergstation

INFORMATION

tegernsee.de, wallbergbahn.de

Mittel	3.45 Std.	9 km	1050/350 Hm

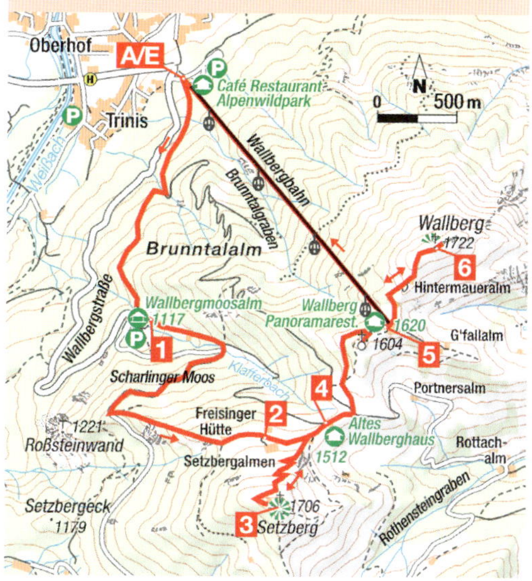

Brecherspitz und Bodenschneid

Panoramafreuden über dem Schliersee

Brecherspitz und Bodenschneid sind zwei beliebte Aussichtsberge über dem Spitzingsee. Die Verbindung beider Gipfel ist eher ungewöhnlich, ergibt aber eine großartige Rundtour. Nach der Besteigung der beiden Gipfel können wir auf der sonnigen Terrasse des Bodenschneidhauses eine willkommene Erfrischung genießen.

24

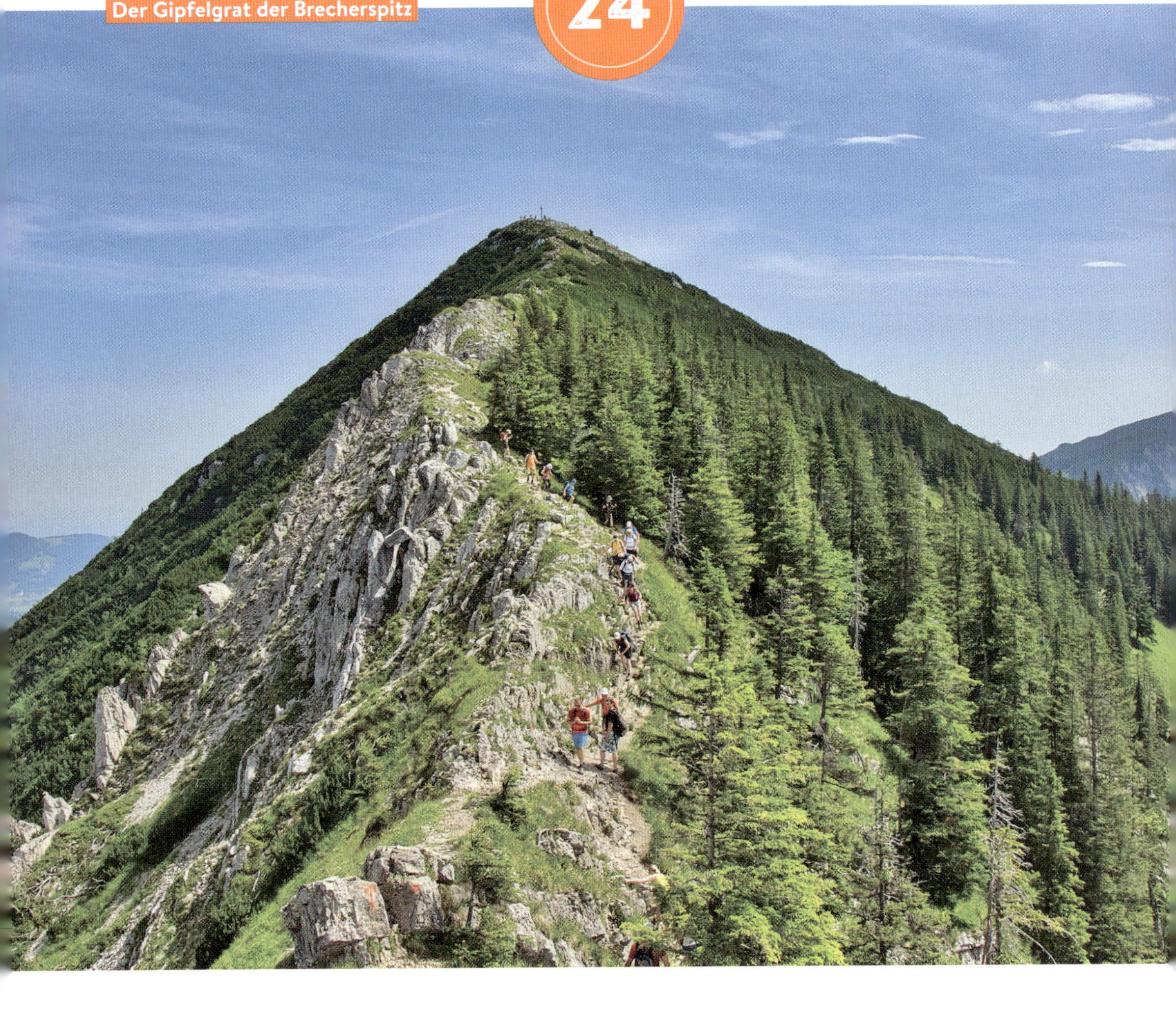

Der Gipfelgrat der Brecherspitz

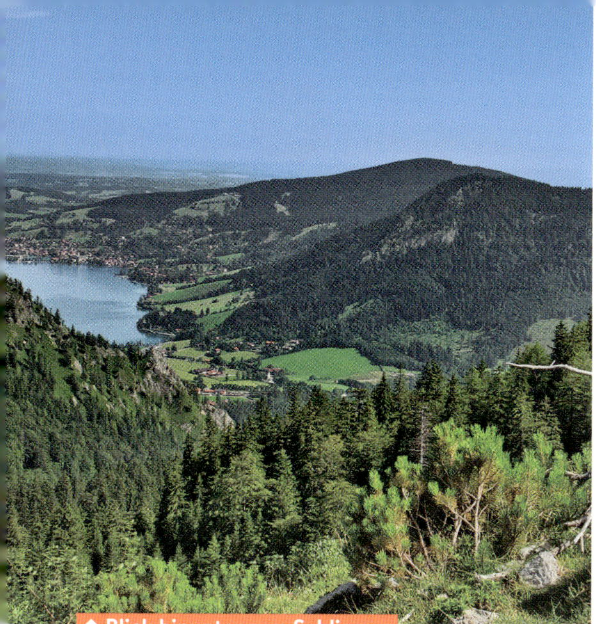

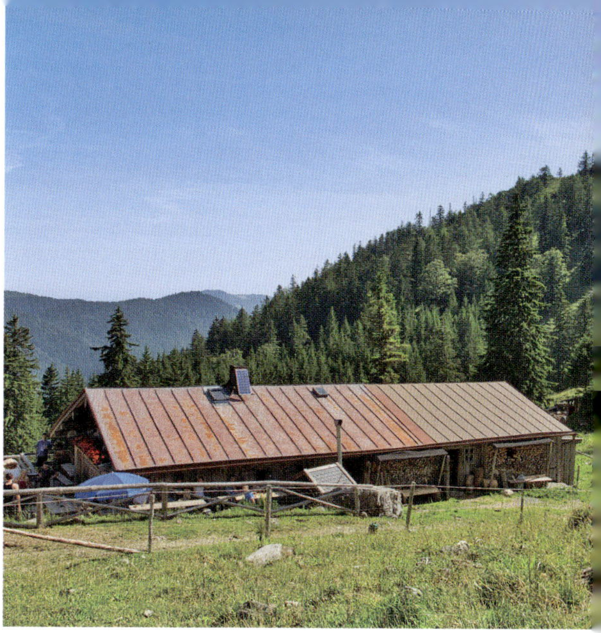

↑ Blick hinunter zum Schliersee
↗ Beim Aufstieg kommt man an der Ankelalm vorbei.

ZUR BRECHERSPITZ Vom **A Wanderparkplatz in Neuhaus** am Ende der Dürnbachstraße gehen wir ein Stück zurück in den Ort, bis nach rechts ein Weg über eine Brücke führt. Wir erreichen die Krettenburgstraße und biegen in die nach rechts abzweigende Grünseestraße ab. Der breite Forstweg nimmt uns mit durch den Wald zum Ankelbach, den wir überqueren. An der nächsten Wegteilung entscheiden wir uns für den rechten Weg in Richtung Ankelalm. Dieser bringt uns durch den Wald bergauf. Wir erreichen freie Almwiesen, passieren eine Bergwachthütte und kommen zur **1 Ankelalm** (1311 m).

Gleich nach der Alm folgen wir dem Steig, der nach links zum Nordgrat der Brecherspitz hinaufzieht. Die Aussicht hinunter auf den Schliersee ist fantastisch. Oben drehen wir nach Süden ab und spazieren auf dem Grat durch Latschengelände und einfache Felsen bergauf bis zum Gipfel der **2 Brecherspitz** (1683 m). Der Ausblick von hier oben ist einfach traumhaft: Wir sehen Schliersee, Tegernsee und Spitzingsee, und auch die umliegenden Gipfel der Bayerischen Voralpen sind gut zu erkennen, vor allem der markante Blankenstein.

FIRSTALM UND BODENSCHNEID Für den Abstieg wählen wir den Südwestgrat, der ziemlich felsig und an einigen Stellen versichert ist (Trittsicherheit erforderlich!). Am Vorgipfel sind die Schwierigkeiten vorbei, und wir steigen über den Wiesenhang hinunter zum Freudenreichsattel, von dem wir in wenigen Minuten die **3 Obere Firstalm** (1370 m) erreichen, wo wir eine kleine Pause einlegen.

Von der Alm wandern wir dann in nördlicher Richtung über die Almwiese und folgen einem Wegweiser in den Wald in Richtung Bodenschneid. Der Steig umgeht die Krettenburg und bringt uns zu einer Wegverzweigung. Nach rechts ginge es direkt zum Bodenschneidhaus, wir möchten aber noch den Gipfel mitnehmen. Unser Weg bringt uns auf den Grat, über den wir auf den aussichtsreichen Gipfel der **4 Bodenschneid** (1669 m) wandern. Hier oben empfängt uns ein schönes, großes Gipfelkreuz. Inzwischen merken wir die Länge der Tour, weshalb wir uns noch einmal eine Gipfelpause gönnen. Dabei begeistert uns wieder die großartige Aussicht, vor allem der Blick hinunter zum Tegernsee ist wunderschön.

ZURÜCK NACH NEUHAUS Nach der Gipfelpause wandern wir über die steile Nordwestseite der Bodenschneid hinunter zum **5 Bodenschneidhaus** (1365 m), eine weitere willkommene Einkehrmöglichkeit – wir lassen uns gemütlich auf der Terrasse nieder und gönnen uns ein Radler. Wem die Tour für einen Tag zu lang ist, der kann auf dieser Alpenvereinshütte auch gut nächtigen.

Anschließend wandern wir auf dem breiten Fahrweg in Richtung Neuhaus. Wir passieren die Raineralm und gelangen in lichten Wald. Hier kürzt ein Steiglein die Forststraße nach rechts ab. Den nächsten Fahrweg überqueren wir und bleiben auf dem Wanderweg abwärts zu einer weiteren Forststraße. Auf dieser wandern wir hoch über dem Dürnbach zurück zum **E Parkplatz in Neuhaus** am Ende der Dürnbachstraße.

Tipp

VERKÜRZUNG DER TOUR

Die Tour ist insgesamt mit der Besteigung beider Gipfel ziemlich lang, wir können sie daher an zwei Stellen abkürzen: Nach dem Übergang von der Brecherspitz über den Südwestgrat zum Vorgipfel können wir aussichtsreich über den Nordkamm zur Freudenreichkapelle wandern. Der Weg bringt uns dann wieder zurück zur Ankelalm (5 Std., 10,7 km, 900 Hm). Alternativ können wir ab der Oberen Firstalm auch die Bodenschneid auslassen und direkt zum Bodenschneidhaus wandern. Der Weg führt unterhalb der Bodenschneid hindurch; er ist allerdings ziemlich rutschig und bei Nässe nicht zu empfehlen. Auf diese Weise spart man sich 200 Hm (5.30 Std., 13,9 km, 980 Hm).

↓ Wegweiser am Weg zur Bodenschneid
↘ Dieses Schild mahnt uns vor dem Brecherspitz-Grat zur Vorsicht.

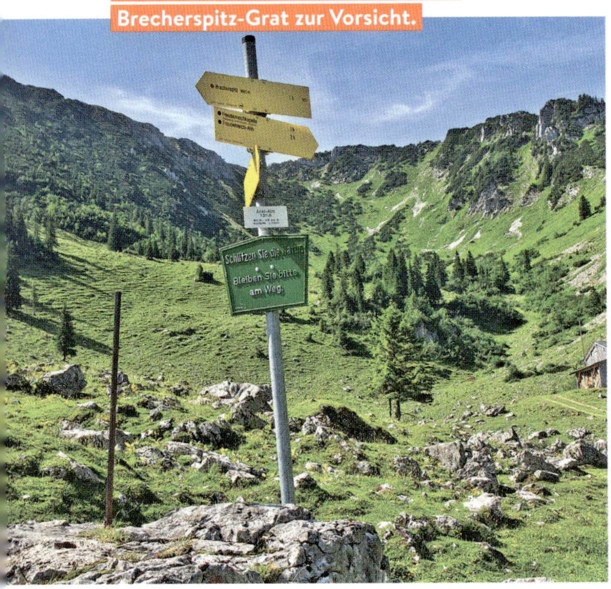

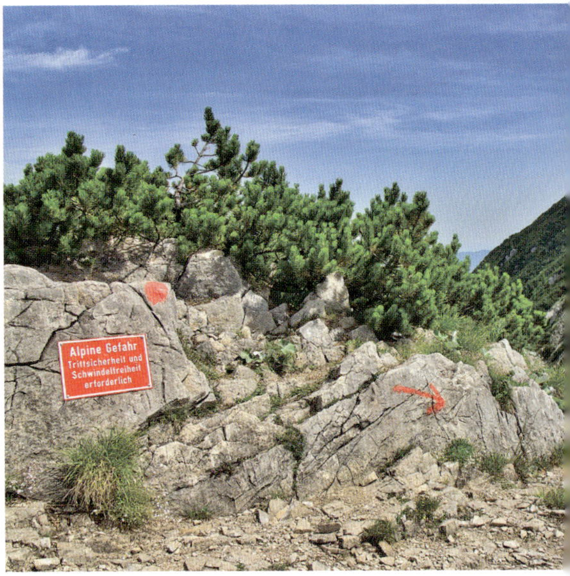

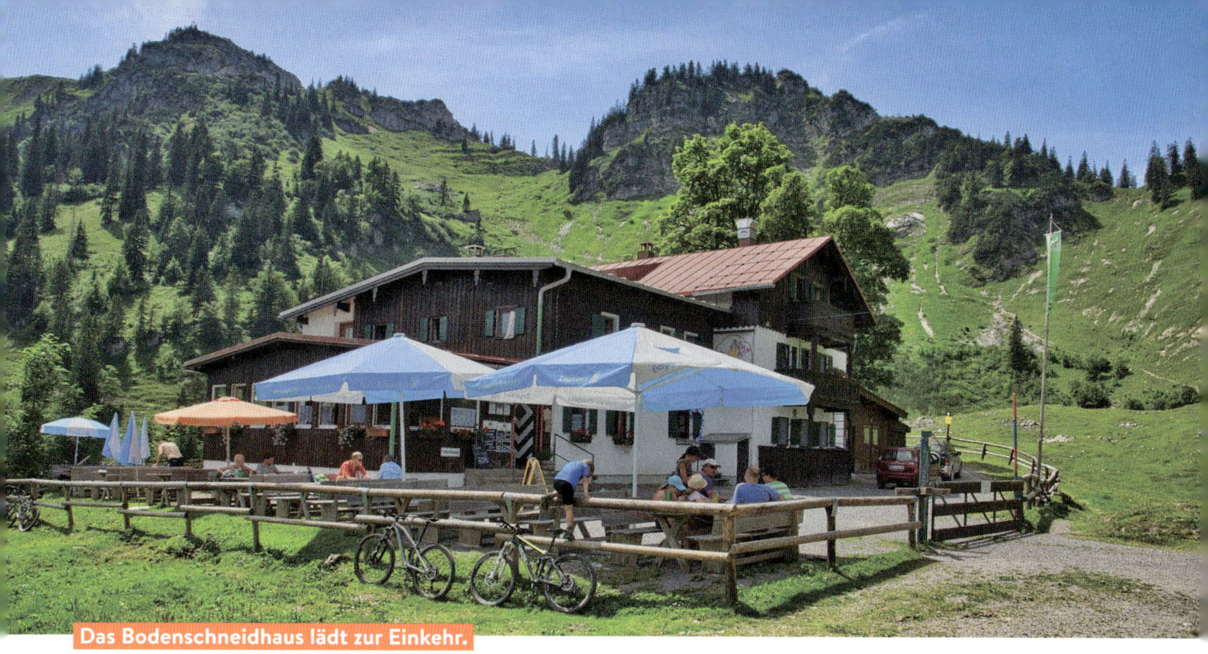

Das Bodenschneidhaus lädt zur Einkehr.

INFO

TOURENCHARAKTER

Schöne Runde auf zwei bekannte Aussichtsberge. Der Nordgrat der Brecherspitze ist etwas steil, aber nicht schwer. Der Übergang zur Oberen Firstalm ist versichert und teilweise ausgesetzt, Trittsicherheit erforderlich. Die Wege an der Bodenschneid sind teilweise etwas rutschig.

AUSGANGS-/ENDPUNKT

Wanderparkplatz in Neuhaus am Ende der Dürnbachstraße
GPS: 47.70021, 11.86635

ANFAHRT

ÖPNV: Mit dem Regionalzug (BRB) nach Neuhaus und zu Fuß zum Parkplatz
Auto: A 8 bis Ausfahrt Weyarn und über Miesbach und Schliersee nach Neuhaus

EINKEHR

Ankelalm, Obere Firstalm, Bodenschneidhaus

INFORMATION

schliersee.de

Mittel	6 Std.	13,8 km	1180 Hm

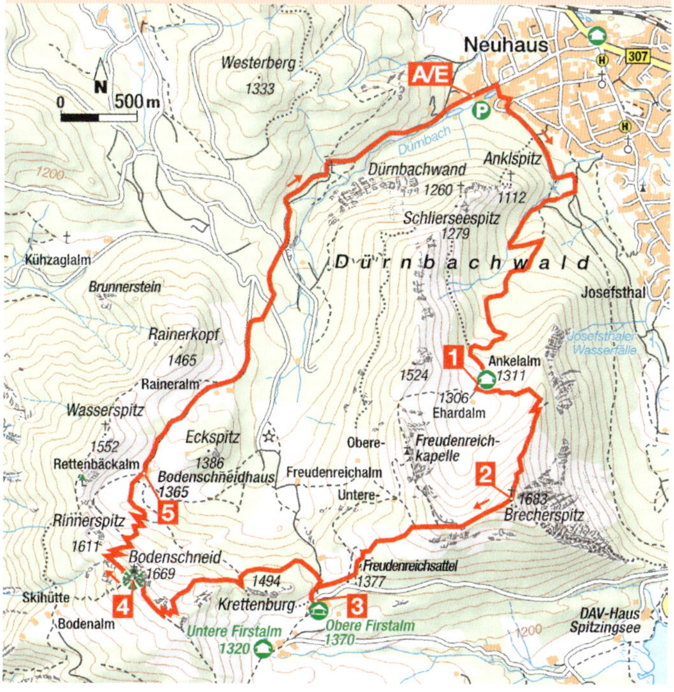

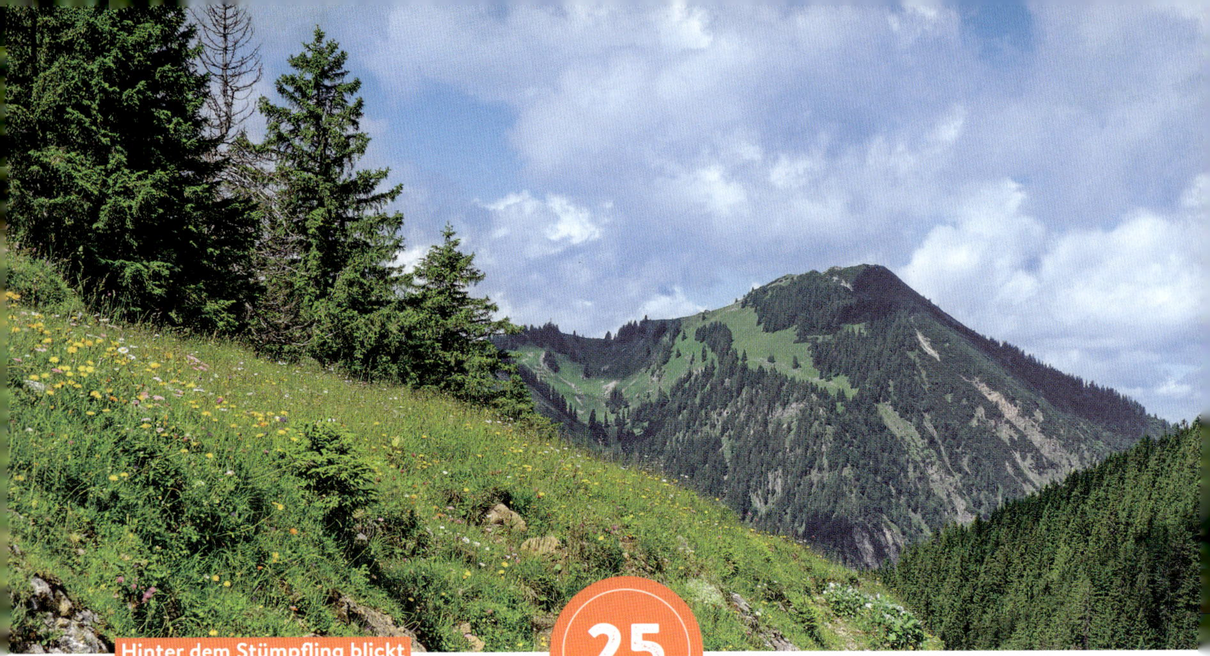

Hinter dem Stümpfling blickt man auf den Wallberg.

25

Stümpfling – Rosskopf – Stolzenberg

Einsame Wanderfreuden

Aller guten Dinge sind drei, und so lassen sich auf dieser Wanderung gleich drei hervorragende Aussichtspunkte erobern. Wer die Stümpflingbahn für den Aufstieg wählt, spart sich eine Stunde Zeit und Kondition für den steilen Weg zum Stolzenberg. Dessen Gipfel ist zwar nicht markiert, aber der Übergang nach dem Rosskopf lohnt sich sehr. Erst dort erlebt man die viel gerühmte Bergeinsamkeit.

AUF DEN STÜMPFLING Wir starten an der **A Talstation der Stümpflingbahn** und entscheiden, ob wir bequem mit dem Sessellift nach oben gondeln oder den aktiven Aufstieg zu Fuß wählen. Der beginnt am westlichen Ende des Parkplatzes und führt über die Wiesen unter dem Lift entlang aufwärts. Auf dem sonnigen Weg queren wir die Almstraße, die auch für die Abfahrt mit Mountaincarts genutzt wird. Am Speichersee für die winterliche Beschneiungsanlage stoßen wir wieder auf den breiteren Weg, dem wir schließlich bis zur **1 Bergstation** unweit der Jagahüttn hinauf folgen.

Gipfelsammler können für einen Abstecher nach rechts starten, um den **2 Stümpfling** (1506 m) zu besuchen (zusätzl. 600 m/40 Hm).

Er befindet sich am oberen Ende eines Skilifts, ist jedoch nicht markiert. Aber schon von hier ist die Aussicht wunderschön, wenn man sich die Liftmasten ein bisschen wegdenkt. Im Norden blickt man auf Bodenschneid und Brecherspitz. Im Osten liegen Rotwand, Taubenstein und Miesing.

ZUM ROSSKOPF Zurück an der Bergstation nehmen wir den angenehm breiten Wanderweg nach links und erreichen nach zwei Serpentinen und vorbei an der Stümpflingalm das Gipfelkreuz des **3 Rosskopfs** (1580 m) auf einer Almwiese – ein feiner Rastplatz mit einer weiten Aussicht: Unter uns liegen Grünsee und Spitzingsee, umrahmt von den umliegenden Bergen.

Nach der Pause folgen wir dem Wiesenpfad (Schild »Stolzenberg«) schnurstracks in südlicher Richtung entlang der Hangkante. Bald sind wir ohne großen Höhenverlust im lichten Bergwald unterwegs und staunen über den alten Baumbestand. Der wurzelige Pfad macht Spaß, und schließlich erreichen wir eine Weggabelung am Stolzeneck. Wer abkürzen möchte, hält sich hier links und steigt gleich zu den Haushamer Almen ab.

EINSAMER STOLZENBERG Aber der Weg hinüber zum Stolzenberg lohnt sich, denn nun ist man meist allein unterwegs. Langsam steigt der Pfad wieder an und dann wird es urplötzlich ziemlich zackig steil. Wenn es feucht und rutschig ist, kann der Weg schwierig zu begehen sein. Das Stück

Tipp

SPITZINGSEE

Ganz am Ende der Tour können wir den Tag noch gemütlich am Spitzingsee ausklingen lassen. Im Sommer lohnt es sich, die Badesachen einzupacken – auch wenn man ehrlicherweise zugeben muss, dass das glasklare Wasser nie angenehme Temperaturen erreicht, erfrischend ist es allemal. Für eine letzte Einkehr lohnt sich auch die Spitzingalm am Westufer des Sees.

↓ Wunderbare Wiesenwege erwarten uns heute. ↘ Am Rosskopfgipfel

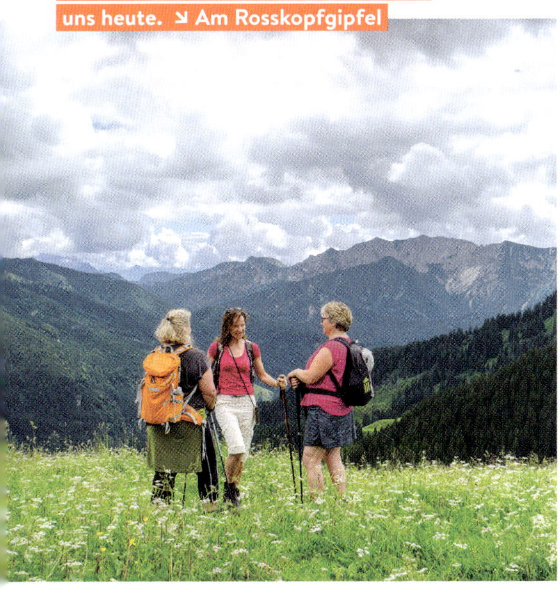

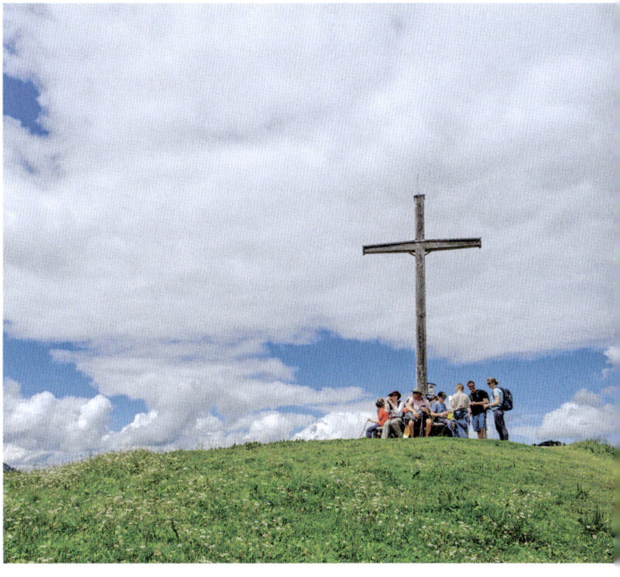

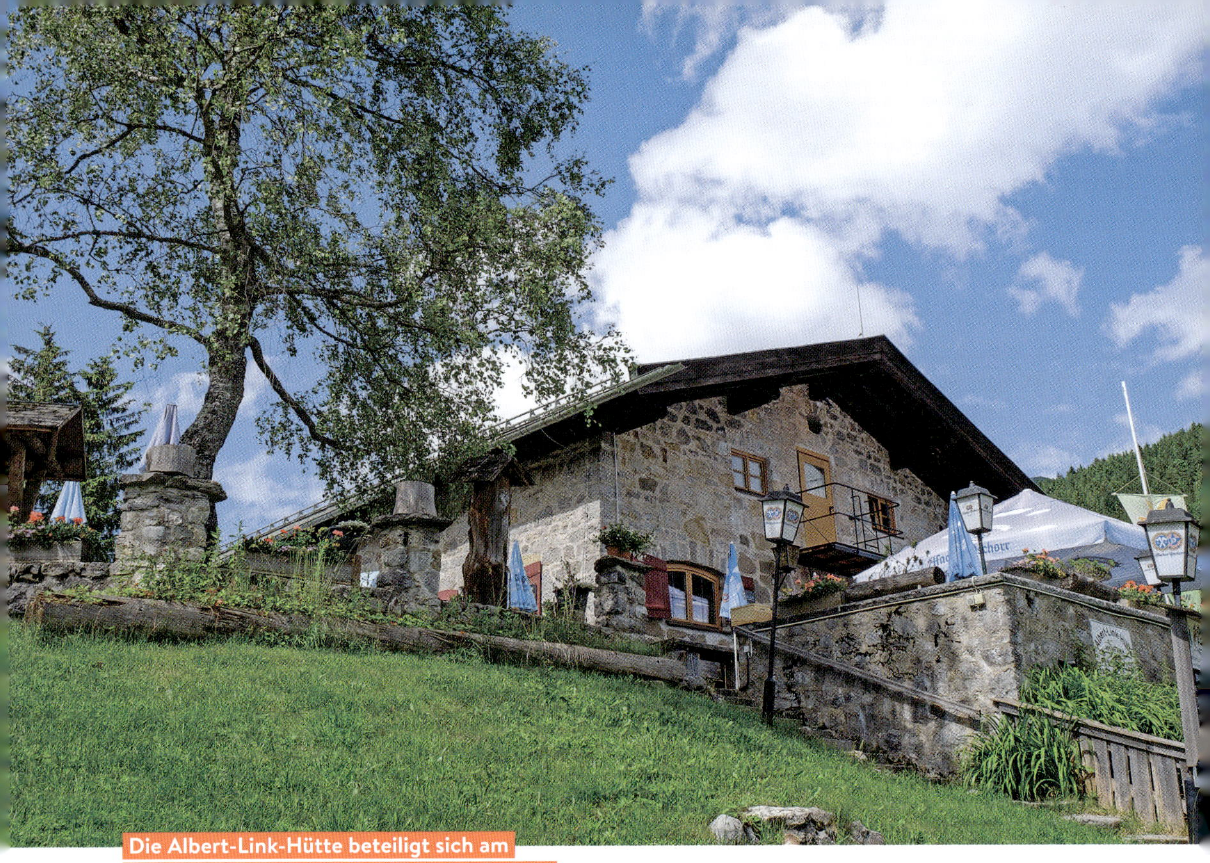

Die Albert-Link-Hütte beteiligt sich am DAV-Programm »So schmecken die Berge«.

ist jedoch relativ kurz und mit kleinen Verschnaufpausen gut zu bewältigen. Dann ist das Ende erreicht, schon ragen ein paar Steine aus dem Boden, und wir stehen am Höhenrücken des Stolzenbergs. Jetzt öffnet sich zwischen den Bäumen die Aussicht nach Süden zu den Blaubergen.

Der Pfad wendet sich nach links und führt geschickt mit etwas Abstand zur Hangkante weiter; nur an einer einzigen Stelle nähert er sich dem steil abfallenden Talkessel. Wir passieren eine Almwiese mit ein paar mächtigen Bergahornbäumen – ein guter Platz zum Verschnaufen. Immer wieder gewähren die Bäume Ausblicke, und schließlich passieren wir, ohne es zu merken, den Gipfel des **4 Stolzenbergs** (1609 m), denn der ist, ebenso wie der Stümpfling, nicht durch ein Kreuz oder Ähnliches markiert.

ALMEN UND MEHR Der Weg senkt sich, und bald geht es an den steileren Abstieg. Wir wandern dabei immer wieder über Almflächen, an manchen Stellen ist der Pfad schon ziemlich ausgewaschen. Es lohnt sich, sich ab und an umzudrehen, denn nur von dieser Seite erkennt man den felsigen Aufbau des Stolzenbergs. Schließlich erreichen wir die privaten Haushamer Almen (1320 m), bei denen ein breiterer Weg beginnt. Von links stößt noch der Weg vom Stolzeneck zu unserem, wir bleiben aber auf der kleinen Almstraße. Sie führt relativ steil bergab – gut, wer nun Wanderstöcke zum Abfedern dabeihat.

Unweit einiger Almgebäude erreichen wir dann an einer **5 Wegkreuzung** den weiten Talboden der Valeppalmen. Geradeaus lohnt sich der Abstecher zur **6 Albert-Link-Hütte** (1053 m), die mit ihrer hervorragenden

Küche zu einer Einkehr verführt, denn die Alpenvereinshütte, in der man auch übernachten kann, ist weithin dafür bekannt: Die Kaspressknödel auf Salat sind ein Gedicht, ganz zu schweigen von dem leckeren Holzofenbrot, dass fast täglich frisch gebacken und mittlerweile bis nach München verkauft wird.

AM BOCKERLBAHNWEG Zurück an der **5 Wegkreuzung** folgen wir nach Norden der Beschilderung zum Spitzingsee. Wir sind auf der alten Bockerlbahn-Trasse unterwegs – ein angenehmer Abschluss, denn wir wandern fast eben dahin. Ein letztes Mal genießen wir die Aussicht auf die Berge und den schönen Almkessel, dann biegen wir links zur großen Spitzing Lodge ab, auch wenn kein Schild auf die Bergbahn hinweist. An der Lodge halten wir uns links und wandern noch ein letztes Mal leicht bergauf, dann erreichen wir nach wenigen Minuten den großen Parkplatz an der **E Talstation der Stümpflingbahn**.

Tipp

BOCKERLBAHN

Die Bockerlbahn wurde 1919 nach einem verheerenden Winterföhnsturm, der fast 300 000 Bäume umwarf, in Rekordzeit erbaut, denn das Holz musste schnellstens ins Tal transportiert werden, und die Spitzingseestraße gab es damals noch nicht. Über einen Höhenunterschied von 320 m und auf einer Länge von knapp 12 km wurden die Baumstämme mit der Dampfbahn ins Tal transportiert.

INFO

TOURENCHARAKTER

Bis zum Rosskopf leichte Bergtour, nur der Übergang zum Stolzenberg ist mittelschwer: Dorthin führt ein kurzer, sehr steiler Aufstieg. Trittsicherheit ist erforderlich. Entlang des Grats kommt man an einer Stelle dem Abgrund nahe – wer extreme Höhenangst hat, könnte dort Schwierigkeiten bekommen. Mithilfe der Seilbahn spart man sich 300 Hm/1 Std. Aufstieg.

AUSGANGS-/ENDPUNKT

Talstation der Stümpflingbahn
GPS: 47.660301, 11.878122

ANFAHRT

ÖPNV: Mit dem Regionalzug (BRB) nach Neuhaus am Schliersee und weiter mit dem Bus zum Spitzingsee
Auto: Über A 8, Ausfahrt Weyarn, zum Schliersee und weiter nach Neuhaus, hinter dem Ort rechts hinauf über den Spitzingsattel zum Spitzingsee. Die Talstation der Stümpflingbahn liegt an seinem Südufer (großer gebührenpflichtiger Parkplatz).

EINKEHR

Jagahüttn an der Bergstation,
Albert-Link-Hütte

Mittel	4 Std.	11 km	600 Hm

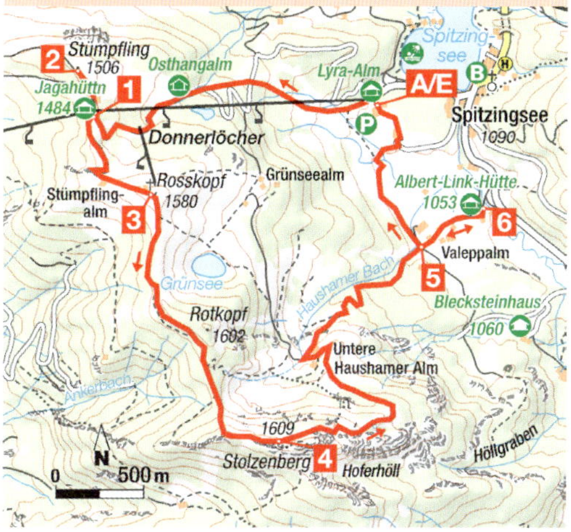

INFORMATION

schliersee.de, tegernsee-schliersee.de, alpenbahnen-spitzingsee.de

Taubenstein und Rotwand

Zwei Glücksgipfel über dem Spitzingsee

Die Wanderung über den Gipfel des Taubensteins hinüber zur Rotwand ist ein Klassiker in den Bayerischen Hausbergen. Die Aussicht auf die Gipfel rund um den Spitzingsee lässt keine Wünsche offen, für eine angenehme Einkehr sorgt das Rotwandhaus und zur erfrischenden Abkühlung lockt am Ende der Spitzingsee.

So gewaltige Felswände wie unter der Rotwand erwartet man nicht in den bayerischen Hausbergen.

26

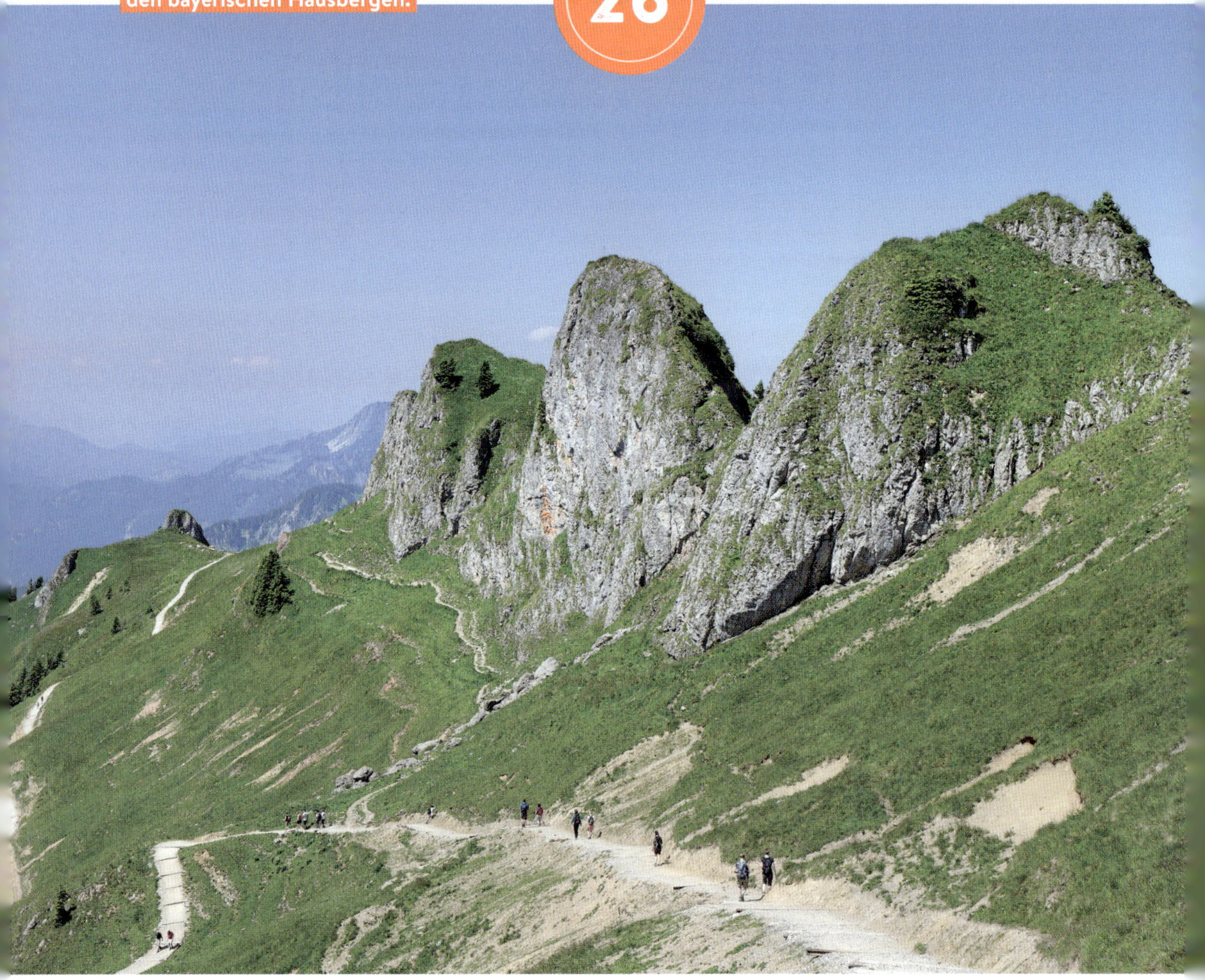

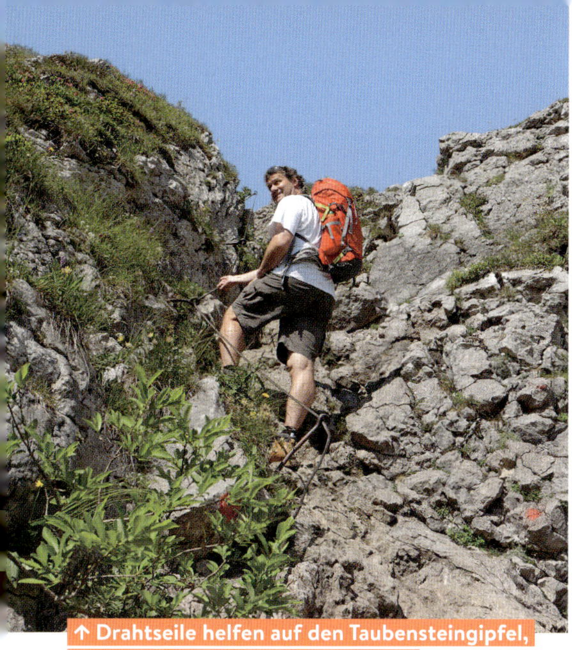

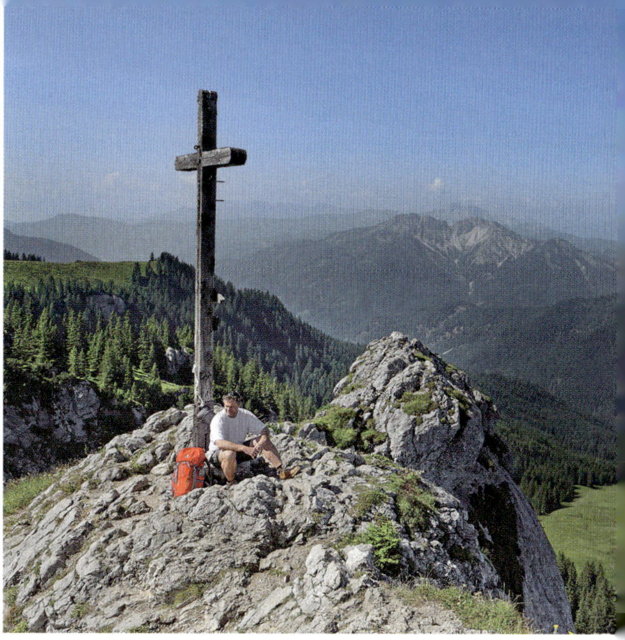

↑ Drahtseile helfen auf den Taubensteingipfel, den man aber auch auslassen kann.
↗ Gipfelkreuz am Taubenstein

SCHWEBEND AUFWÄRTS Damit die Tour nicht zu anstrengend wird, nehmen wir heute die Taubensteinbahn zu Hilfe. Die Gondeln bringen uns bequem von der **A Talstation** hinauf zur Bergstation unterhalb des Taubensteingipfels. Sowie wir den Lift verlassen, wandern wir auf dem kurvigen Bergpfad durch Latschen in östliche Richtung und erreichen mit wenigen Schritten den kleinen, felsigen Aufbau des **1 Taubensteins** (1692 m). Es macht Spaß, ihn mit einer kleinen Kraxeleinlage an einem Drahtseil zu erobern – das ist nicht schwer und sicherlich gut zu schaffen. Nur oben auf dem Felsgipfel muss man aufpassen, denn er fällt nach Westen hin ganz schön steil ab.

IM SPITZINGSEEGEBIET Zurück von der ersten Gipfeleroberung folgen wir dem Wanderpfad weiter in Wanderrichtung. Es gibt wenig Schatten, aber zum Glück steigt der Weg zunächst nur leicht an und zieht sich ziemlich eben am Hang entlang. So erreichen wir an einem Sattel eine **2 Wegkreuzung**, zu der sich der Kamm der Rotwand hinunterzieht. Jetzt steuern wir nicht direkt das Rotwandhaus an, sondern halten uns ganz links und marschieren unterhalb der felsigen Rotwände auf einem Pfad weiter. Das in Sichtweite liegende Rotwandhaus werden wir erst nach der Gipfelbesteigung besuchen.

Unser schmaler Weg vereint sich mit dem Wanderweg, der vom Rotwandhaus heraufführt. Dort wandern wir links haltend den etwas steileren Abschnitt hinauf zum Rot-

Tipp

HÜTTEN-ELDORADO

Im Wandergebiet von Taubenstein und Rotwand gibt es noch einige interessante Hütten, die sich als Wanderziele und für eine Einkehr lohnen. So ist die Taubensteinhütte von der Bergstation der Seilbahn schnell erreichbar und geizt auch nicht mit Panoramablicken. Etwas tiefer, ein bisschen weniger aussichtsreich, aber mit lohnenswerter Küche liegt die Obere Maxlrainer Alm unterhalb vom Taubenstein.

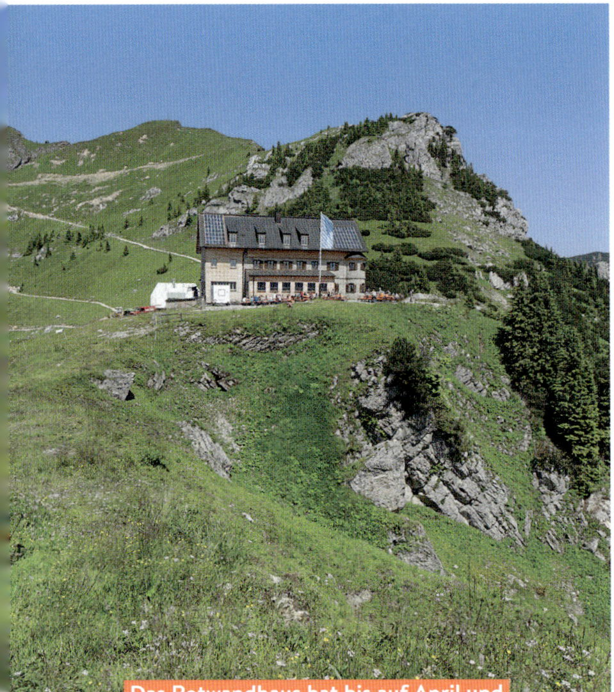

Das Rotwandhaus hat bis auf April und vor Weihnachten ganzjährig geöffnet.

wandgipfel. Ganz oben, direkt unter dem Gipfel, muss man ein paarmal mit den Händen mithelfen. Dann haben wir es geschafft – wir stehen auf der **3 Rotwand** (1884 m) und damit auf dem höchsten Gipfel im bayerischen Teil des Mangfallgebirges.

Tipp

WINTERFEELING

Aus gutem Grund ist die Wanderung auf die Rotwand auch im Winter ein beliebtes Ziel – der Weg ist relativ sicher und oft begangen, und noch dazu hat das Rotwandhaus geöffnet. Je nach Schneehöhe muss man jedoch mit Schneeschuhen gehen. Der Aufstieg erfolgt dann über den im Text beschriebenen Abstiegsweg.

PRÄCHTIGES MANGFALLGEBIRGE Seinen Namen hat der Gebirgszug vom Fluss Mangfall, der die Berge zwischen dem Tegernsee, wo er entspringt, und dem Inn, in den er entwässert, zumindest im Norden begrenzt. Bei unserer Wanderung fällt auf, dass wir an ungewöhnlich vielen Almen vorbeigehen. Am Ende der Eiszeit lagerte der Inngletscher zwischen den Gipfeln beträchtliche Mengen Gesteinsschutt ab und ebnete damit zwischen den aufragenden Gipfeln große Flächen ein – ideal für die sommerliche Viehhaltung, auch wenn der Boden oft karg und steinig ist.

Oben am Rotwandgipfel kann man sich orientieren, denn eine große Bronzetafel zeigt sämtliche Berge rundum auf. Der Fernblick ist überragend: Von den Berchtesgadener Alpen über die Tauern, die Zillertaler Berge, das Karwendel und das Wettersteingebirge ist alles vertreten, was in der Bergprominenz einen Namen hat.

FÜR GENIESSER Nach der Schaurast ist der Weg vom Gipfel zum **4 Rotwandhaus** (1737 m) nicht zu verfehlen. Das Alpenvereinshaus wurde vor einigen Jahren auf autarke Energieversorgung umgestellt: Der gesamte Energiebedarf des Hauses wird durch Fotovoltaik und Windkraft erzeugt. Das Dieselaggregat, das früher den ganzen Tag lief und mit seinem Gestank die Umgebung verpestete, muss heute nur noch im Notfall angeworfen werden. An Schönwettertagen kann es auf der Hütte schon einmal sehr voll werden, dann sollten wir Geduld mitbringen, wenn wir vielleicht einmal etwas länger auf das Essen warten müssen. Denn das lohnt sich: Der Wirt und Koch Peter Weihrer setzt auf typisch bayerische und Tiroler Gerichte, lokale Erzeuger liefern dafür u. a. das Fleisch. Speck kommt aus dem Räucherofen, und der Bergkäse stammt aus Hopfgarten in Tirol.

KNIESCHNACKLER ODER GEMÜTLICH

Für den Rückweg müssen wir uns entscheiden: Am einfachsten und gemütlichsten ist der Rückweg zurück zum Taubenstein und die Abfahrt mit der Seilbahn. Für alle anderen beginnt der Abstieg vor dem Rotwandhaus: Wir nehmen den breiteren unteren Almweg, wandern links an der Wildfeldalm vorbei und dann durch den Wald in weiten Serpentinen talwärts. Über einer Waldlichtung taucht nochmals der Taubenstein auf. Dann kommen wir nach einem ziemlich langen Marsch an die geteerte **5 Almstraße**, die die Schwarzenkopfhütte versorgt. Wir folgen der Almstraße nach rechts, und minimal steigt der Weg nochmals an. Dann passieren wir die Untere Maxlrainer Alm und erreichen die **6 Schwarzenkopfhütte** (1421 m) und die Jubiläumshütte, die als Erholungsheime der Bayerischen Polizei dienen und an denen der breitere Weg endet.

Für uns geht es links von der Kapelle, die zwischen den beiden Berghäusern liegt, weiter. Durch ein Waldstück erreichen wir eine Schneise neben der Taubensteinbahn, einstmals die Skipiste, die aber schon vor einigen Jahren stillgelegt wurde und jetzt nur noch im Winter von Skitourengehern benutzt wird. Ohne die Lifttrasse zu unterqueren, beginnt nach links der finale Abstieg. Der Weg ist stellenweise ziemlich ausgetreten, aber trotzdem noch gut zu begehen. Und bald schon sehen wir wieder unseren Ausgangspunkt an der **E Talstation** unweit des Spitzingsees, den wir jetzt direkt ansteuern.

INFO

TOURENCHARAKTER

Längere Bergwanderung, für die trotz Bergbahnnutzung etwas Kondition erforderlich ist. Die Wege sind einfach zu begehen, nur für die Gipfel muss man trittsicher sein (minimale Kraxeleinlagen). Der Abstieg verläuft über eine Almstraße und ist nicht allzu steil.

AUSGANGS-/ENDPUNKT

Talstation der Taubensteinbahn
GPS: 47.666273, 11.889103

ANFAHRT

ÖPNV: Mit dem Regionalzug (BRB) nach Neuhaus am Schliersee und weiter mit dem Bus zum Spitzingsee (Haltestelle Taubensteinbahn)
Auto: Über A 8, Ausfahrt Weyarn, zum Schliersee, weiter nach Neuhaus und hinter dem Ort rechts hinauf über den Spitzingsattel zum Spitzingsee; großer Wanderparkplatz an der Talstation der Taubensteinbahn

Mittel | 4 Std. | 11 km | 400/950 Hm

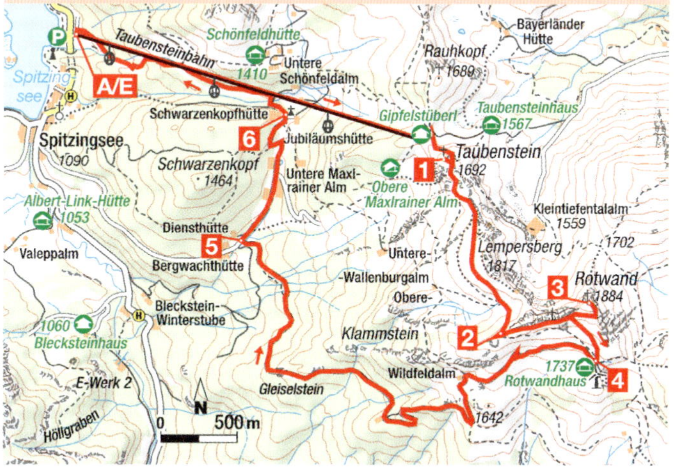

EINKEHR

Rotwandhaus

INFORMATION

rotwandhaus.de,
alpenbahnen-spitzingsee.de

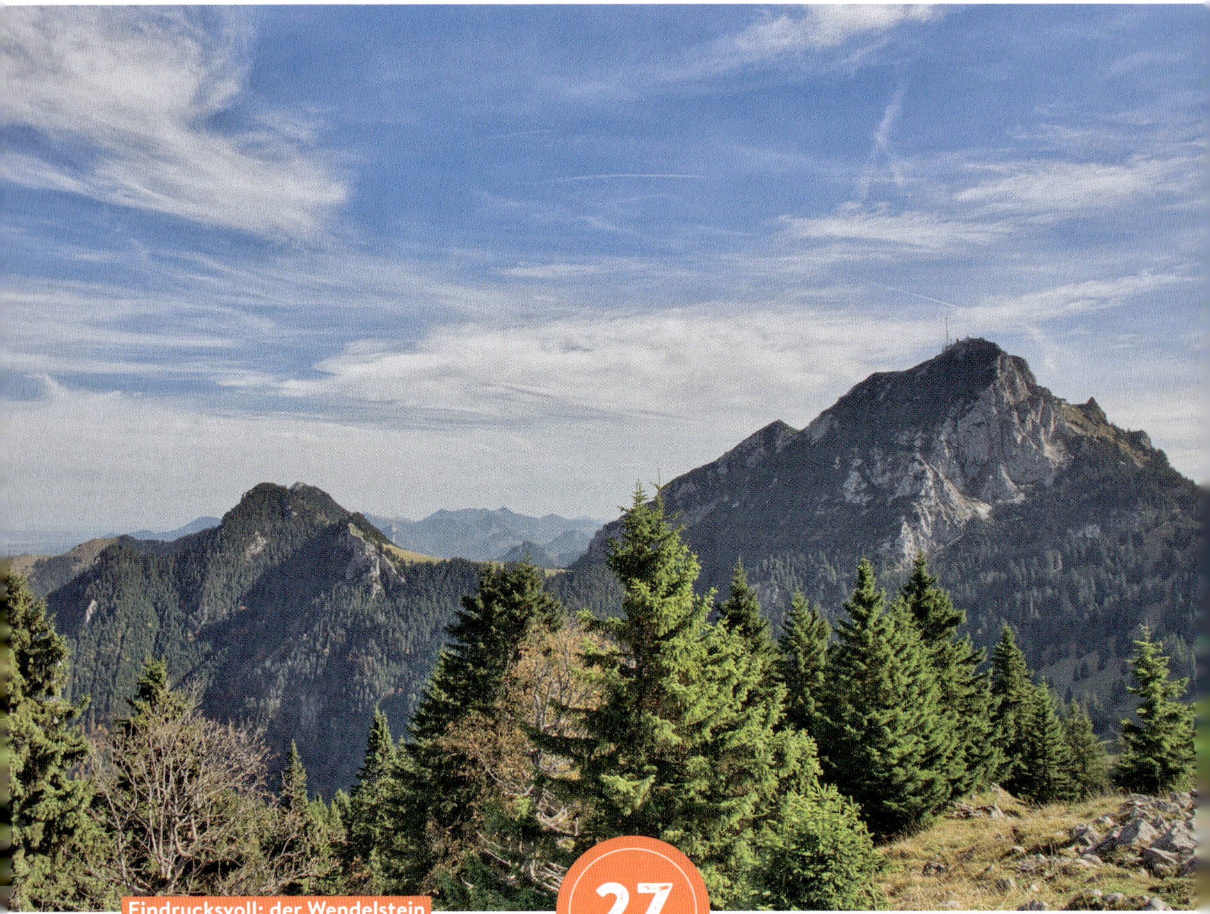

Eindrucksvoll: der Wendelstein

27

Schweinsberg und Wendelstein

Wahrzeichen des nördlichen Mangfallgebirges

Der Wendelstein ist der markanteste Berg in den Bayerischen Voralpen – selbst von der Autobahn München–Salzburg beeindruckt seine formschöne Gestalt. Und aufgrund seiner Lage am Alpenrand beschert uns der Gipfel auch ein großartiges Panorama. Die Tour führt am Hinweg über den unbekannteren Schweinsberg.

HINAUF ZUM SCHWEINSBERG Vom **A Parkplatz in Birkenstein** wandern wir den Wegweisern »Breitenstein« folgend zuerst auf einer Teerstraße, kurz danach auf einer Forststraße in den Wald. Der Weg gabelt sich nach 30 Minuten: Da der linke Weg zur Bucheralm führt, entscheiden wir uns für den rechten Abzweig. Der bequeme Weg bringt uns im Wald zügig in die Höhe bis an die Wiesen unterhalb der **1 Kesselalm** (1285 m). Dort lichtet sich der Wald, und nach einigen weiten Kehren sind wir schon an der Alm, die zu einer kurzen Rast einlädt.

Direkt an der Alm folgt man nicht dem geradeaus führenden Weg in Richtung Breitenstein, sondern biegt nach rechts ab. Der Schotterweg führt hinauf zur Koth-Alm. Von hier steigt man auf Steigspuren hinauf in einen Sattel, von wo wir nach links den Gipfel des **2 Schweinsbergs** (1511 m) mit seinem kleinen Gipfelkreuz erreichen. Besonders markant ist der Blick hinüber zum nahen Wendelstein.

SPANNENDE WENDELSTEINHÖHLE Wir gehen am Anstiegsweg zurück in den Sattel und halten uns dann geradeaus in Richtung Wendelstein. Bei einer Alm erreichen wir einen Weg, der von links vom Breitenstein und der Aiblinger Hütte herüberkommt. Hier gehen wir geradeaus bis zu einer Weggabelung, wo wir nun auf dem rechten Weg direkt und ziemlich steil zur Bergstation der Seilbahn kommen würden. Schöner ist es aber, den linken Weg zu nehmen und unterhalb des Wendelsteins entlangzuwandern. So gelangen wir in die Nähe der Reindler Alm. Achtung, der Wegabschnitt von der Aiblinger Hütte zur Alm ist teilweise recht matschig und rutschig.

Wir haben die steile Seite des Wendelsteins umgangen und nähern uns von der Rückseite dem bayerischen Panoramaberg. Über uns verläuft die Trasse der Zahnradbahn von Brannenburg. Von der Alm erklimmen wir ziemlich steil teilweise auf recht rauen Wegen die Trasse der Zahnradbahn, spazieren unter der Zahnradbahn hindurch und sind bald an der Zeller Scharte (1611 m).

↓ Am Gipfel des Schweinsbergs
↘ Das Wendelsteinhaus mit seiner Panoramaterrasse

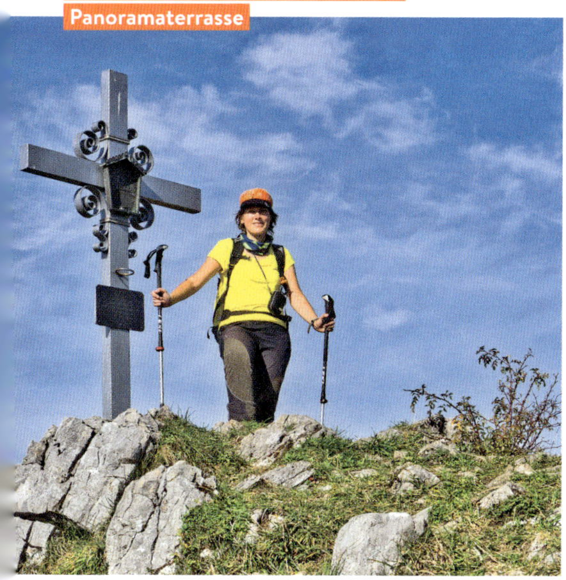

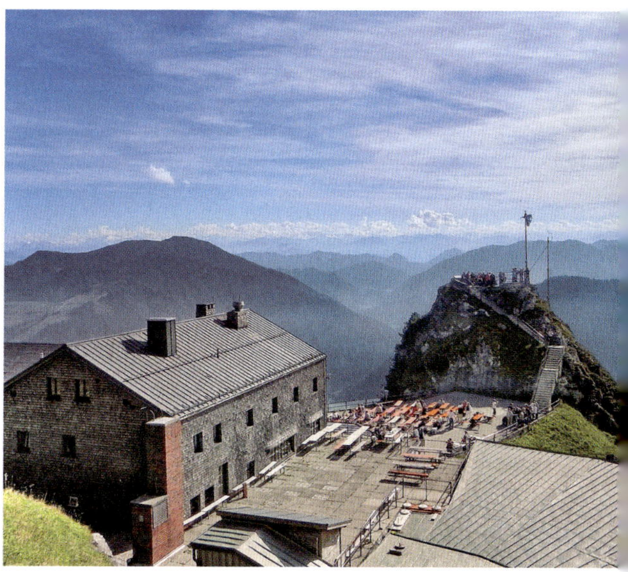

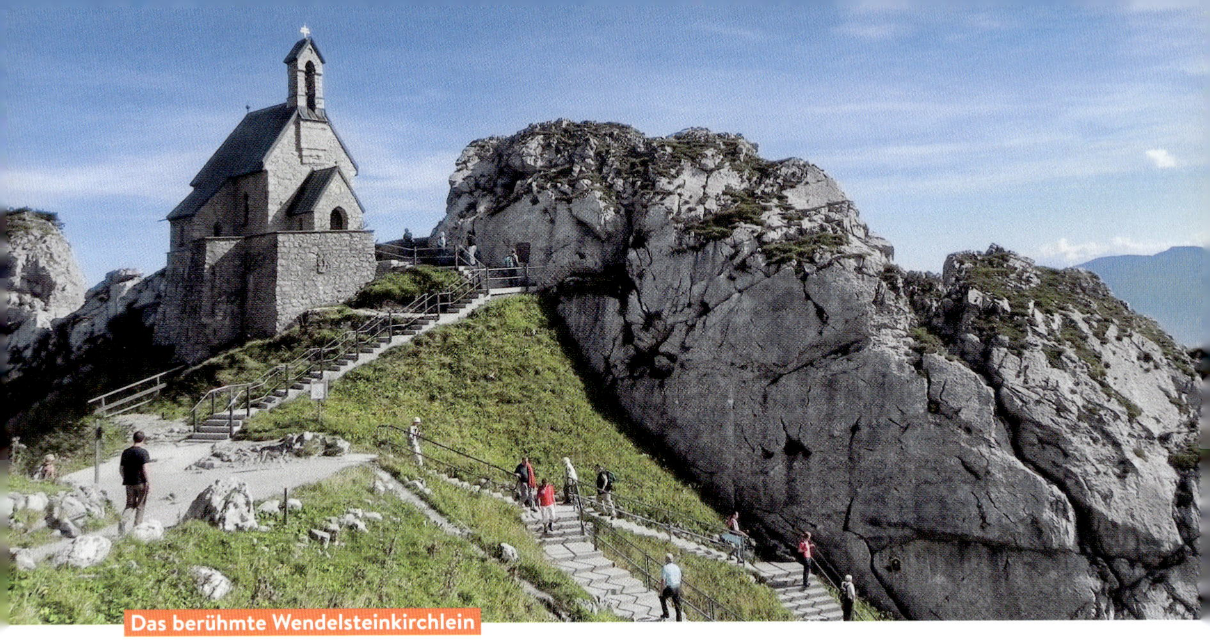

Das berühmte Wendelsteinkirchlein

In wenigen Minuten erreichen wir dann den Bahnhof der Zahnradbahn. Nebenan lockt der Eingang in die Wendelsteinhöhle ins Innere des Berges, der man unbedingt einen Besuch abstatten sollte. Sie ist auf 200 Metern bis zum sogenannten Dom begehbar.

PRACHTBLICK VOM WENDELSTEIN Anschließend wandern wir auf dem nordseitigen Panoramaweg hinauf zum **3 Wendelsteingipfel** (1838 m) mit dem Kreuz und der Kapelle St. Wendelin. Der Panoramaweg ist gut ausgebaut und mit Geländern abgesichert, sodass er für die Seilbahn-Bergsteiger problemlos begehbar ist. Am Gipfel steht auch die Wetterstation des Deutschen Wetterdienstes.

Natürlich herrscht auf so einem bekannten und mit technischen Aufstiegshilfen problemlos erreichbaren Gipfel viel Trubel. Kein Wunder, reicht doch die Sicht im Süden sogar bis zu den Hohen Tauern mit Großglockner und Großvenediger. Im Osten fasziniert vor allem das Kaisergebirge mit seinen nordseitigen Felsen. Gut zu sehen ist der Ellmauer-Halt mit dem höchsten Kaisergipfel. Im Norden reicht der Blick bis weit ins Alpenvorland hinaus, deutlich sind der Inn und Rosenheim zu erkennen.

ZURÜCK NACH BIRKENSTEIN Auf dem betonierten und befestigten Gipfelweg erreichen wir mit den vielen Fahrgästen der Seilbahn bald das Wendelsteinhaus und die **E Bergstation**. Das Wendelsteinkircherl,

Tipp

ZUM BREITENSTEIN

Eine weitere schöne Tour führt von Birkenstein über die Kesselalm auf den Breitenstein (1622 m), der für seine Aussicht berühmt ist: Wie oben beschrieben wandert man zur Kesselalm und folgt dann dem breiten Weg in den Sattel zwischen Breitenstein und Schweinsberg. Ab hier geht es auf dem gut angelegten Steig zur Hubertushütte und zum Gipfelkreuz am Breitenstein. Der Abstieg erfolgt auf dem Anstiegsweg. Eine Einkehr ist sowohl in der Hubertushütte als auch in der Kesselalm möglich (3.45 Std., 8,4 km, 770 Hm).

das nebenan fotogen auf einer Anhöhe steht, ist einen Besuch wert: Es wurde 1889 erbaut und diente schon einigen Paaren als hoch gelegenes romantisches Hochzeitskircherl.

Nach einer Brotzeit auf der Panoramaterrasse des Wendelsteinhauses ist es am bequemsten, mit der Wendelsteinbahn talwärts nach Osterhofen zu schweben (der direkte Fußabstieg würde nochmals 2 Std. dauern).

Von der Talstation der Seilbahn fahren wir dann mit der BRB und dem Bus nach Fischbachau bzw. Birkenstein zurück. Alternativ können wir auch in einer Stunde auf netten Wegen zwischen Wäldern und Wiesen nach Birkenstein zurückwandern. Die dortige Wallfahrtskirche neben dem Parkplatz lockt anschließend noch zu einem Besuch.

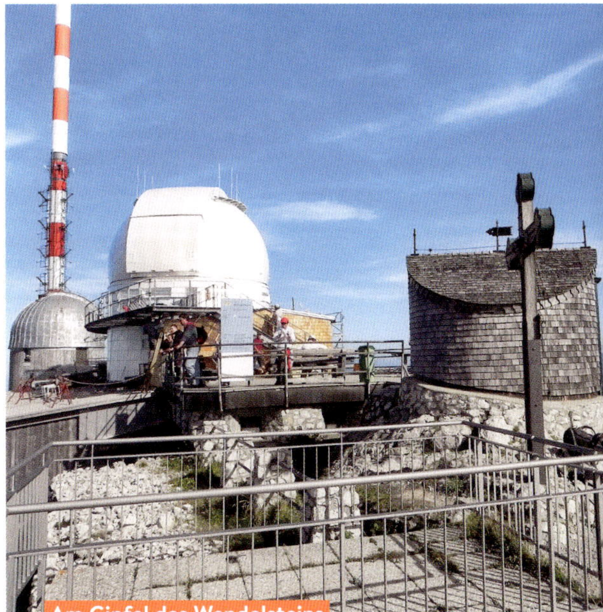
Am Gipfel des Wendelsteins

INFO

TOURENCHARAKTER

Schöne Bergtour auf einen der markantesten Gipfel der Bayerischen Voralpen und seinen nicht minder lohnenden Nachbarn. Die Wanderung ist technisch unschwierig, führt aber über teils raue Wege, die auch rutschig und matschig sein können.

AUSGANGSPUNKT

Wanderparkplatz bei der Wallfahrtskirche Birkenstein
GPS: 47.71259, 11.96471

ENDPUNKT

Bergstation der Wendelsteinbahn
GPS: 47.70299, 12.01167

ANFAHRT

ÖPNV: Mit der Regionalbahn (BRB) nach Fischbachau und weiter mit dem Bus nach Birkenstein
Auto: A 8 bis Ausfahrt Weyarn, über Miesbach und am Schliersee vorbei nach Fischbachau und durch den Ort nach Birkenstein

Mittel	4.30 Std.	8,5 km	1105/200 Hm

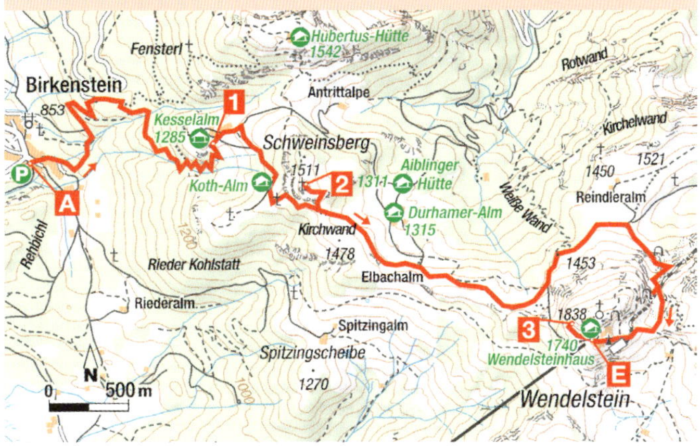

EINKEHR

Kesselalm, Wendelsteinhaus

INFORMATION

fischbachau.de,
wendelsteinbahn.de

Auf den Farrenpoint

Durchs »Hintertürl« auf den Voralpengipfel

Der 1273 Meter hohe Farrenpoint ist ein aussichtsreicher Vorberg, der sich direkt über der Mangfallebene und den Moorflächen von Bad Feilnbach erhebt. Wer den Farrenpoint von seiner Rückseite, also von Süden her, besteigt, darf sich nicht nur über sonnige Wege freuen, sondern auch über einige schöne Einkehrmöglichkeiten.

Oberbayerns »schönste Flecken« grasen auf der Hansenalm: das Fleckvieh.

28

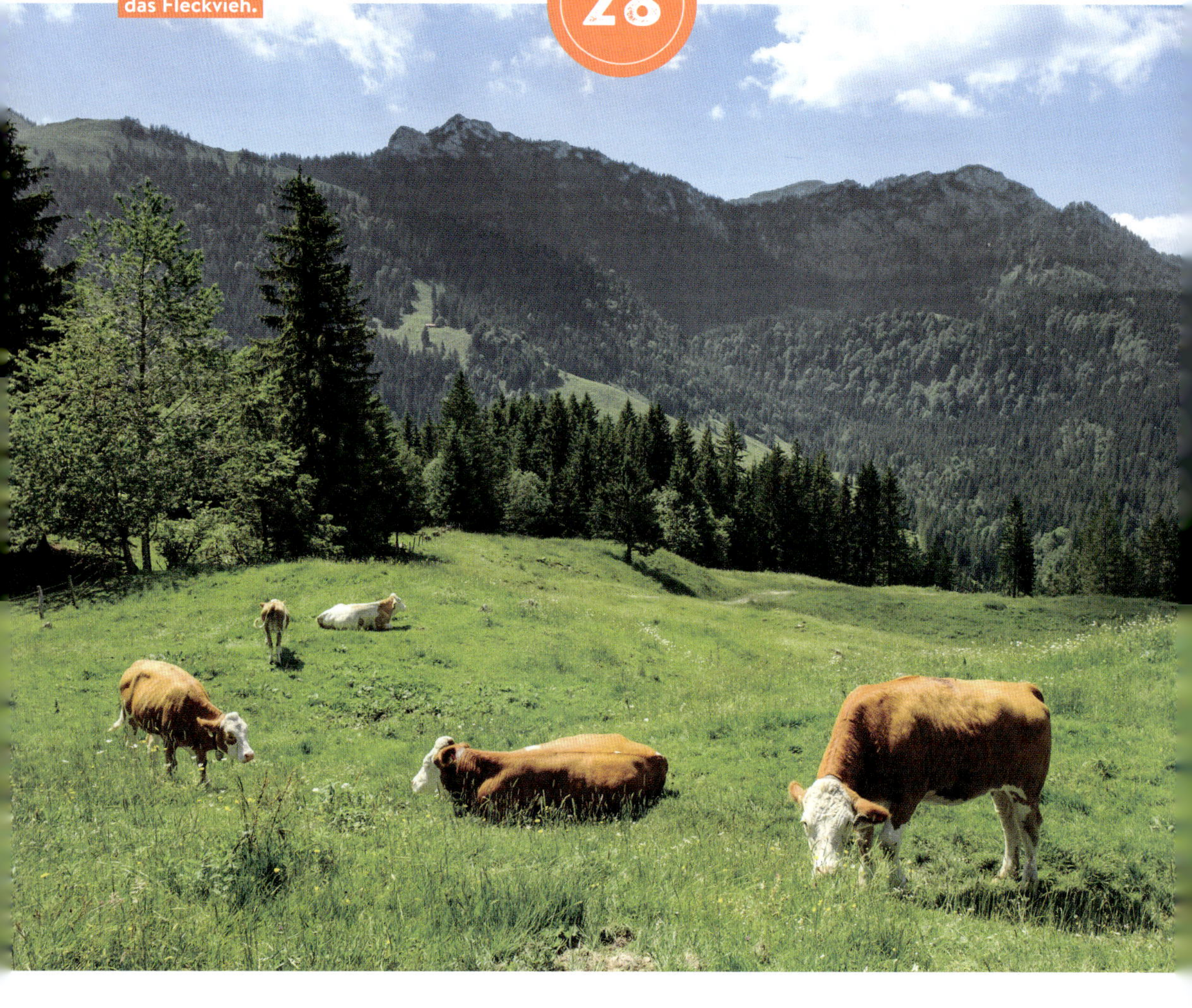

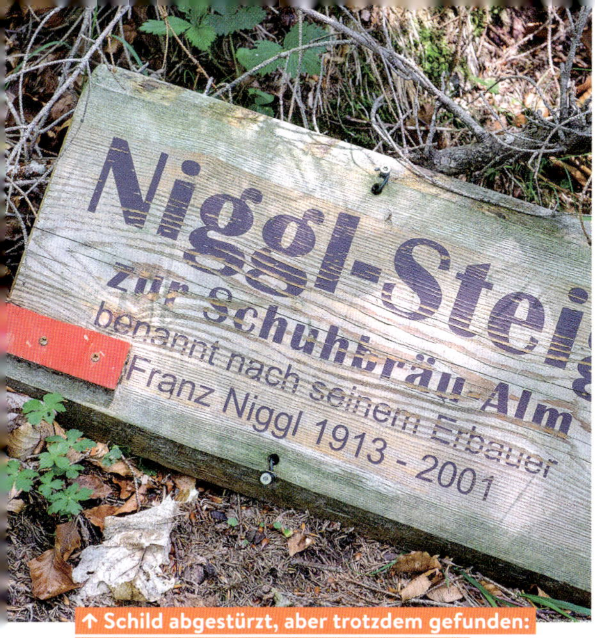

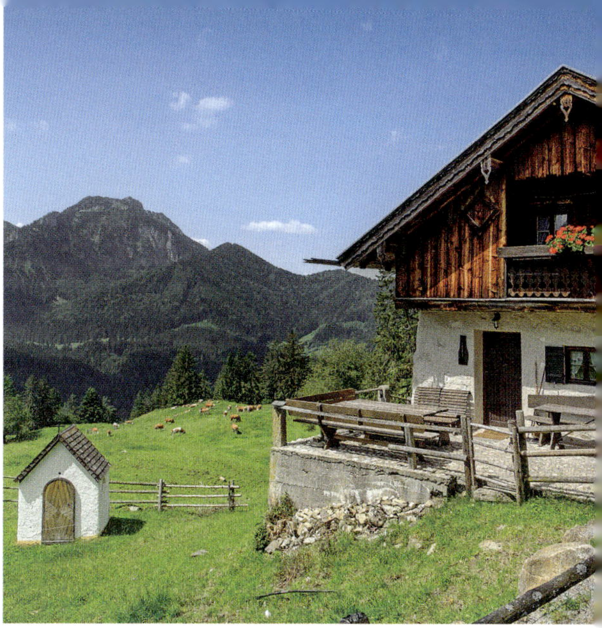

↑ Schild abgestürzt, aber trotzdem gefunden: am Nigglsteig ↗ Pittoreske Hansenalm

SONNIGE WEGE Für die Wanderung zum Farrenpoint wandern wir vom **A Wanderparkplatz Oberes Jenbachtal** ein Stück auf der Bergstraße weiter und halten uns dann am Waldrand entlang links. Die Hillsteiner Alm, über die wir später zurückkommen werden, ist schon ausgeschildert. Kurz darauf queren wir den Jenbach, und die Almstraße teilt sich. Jetzt halten wir uns links (Schild »Farrenpoint über Walchalm«) und folgen dem steil ansteigenden Weg, der nur zu Beginn noch schattig durch den Wald führt. Dabei passieren wir die private Sonnenholzhütte.

Bald stößt von links ein Wanderweg zu unserem; wir bleiben in Wanderrichtung und verlassen den Wald in die Sonne. Jetzt genießen wir die ersten Blicke über das Tal hinweg nach Süden. Noch ist der Wendelstein durch die Salwand verdeckt, aber mit jedem Schritt aufwärts kommt der markante Gipfel mit den Antennen mehr in unser Blickfeld. Nicht mehr lange und wir stehen auf den Almwiesen unterhalb von Walch- und Hansenalm.

ZUM FARRENPOINT Jetzt endet der bequeme breite Weg, und ein Steig bringt uns leicht links haltend über die Wiesen zur Walchalm. Dahinter treffen wir wieder auf einen breiteren Almweg, dem wir nach rechts zur idyllischen **1 Hansenalm** (1052 m) mit ihrer Kapelle folgen.

Von dort geht es noch ein Stück auf dem Almweg nach Osten bis kurz vor einen Sattel. Hier biegen wir an der **2 Wegkreuzung** links auf einen kleinen Steig ein (Schild »Farrenpoint«), der uns etwas steiler den Berghang hinaufführt. Erst nach den Bäumen wird es wieder flacher, und wir erreichen an der **3 Huberalm** mit ihrem Weiher den Gipfelbereich des Farrenpoints.

Zum Gipfelkreuz am **4 Farrenpoint** sind es nun nur noch wenige Höhenmeter über eine Almwiese. Dann haben wir es geschafft – herrlich öffnet sich jetzt die Sicht nach Norden über die Ebene auf die unzähligen Dörfer im Mangfalltal. Neben dem tollen Panorama begeistert uns am Farrenpoint sein großzügiger Gipfelbereich: Auf der grünen Wiese findet jeder Bergsteiger sein eigenes Plätzchen und kann den Moment ganz ohne

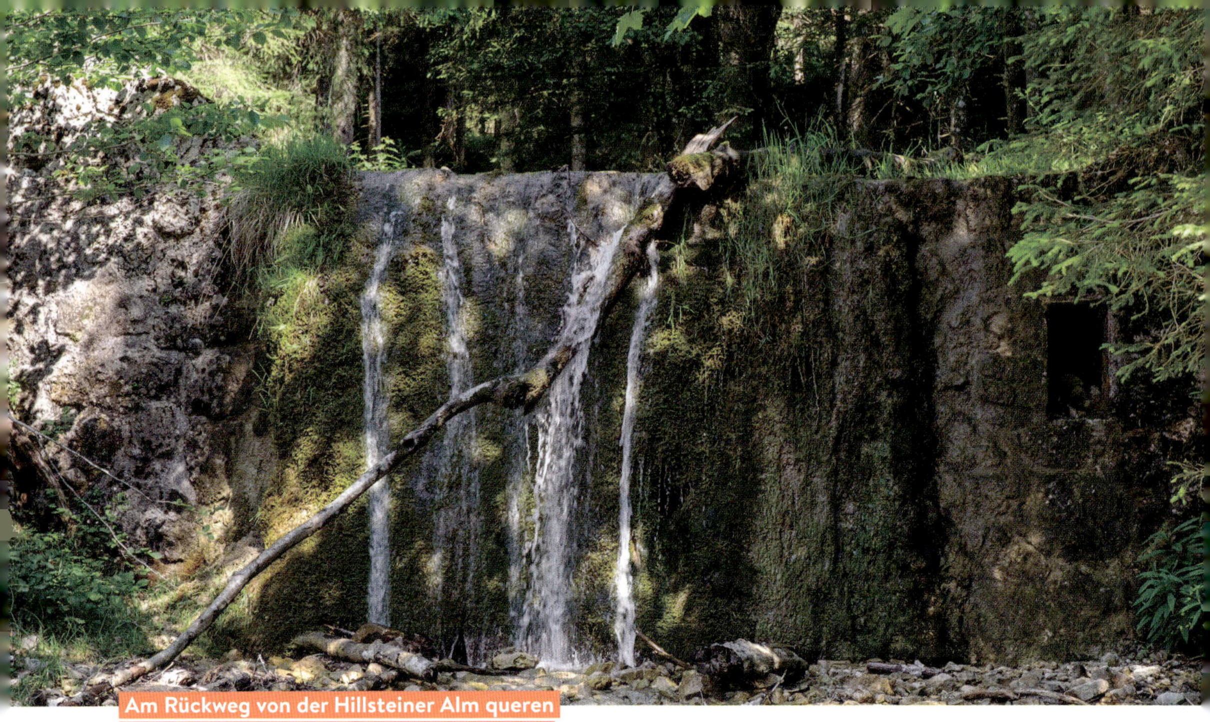

Am Rückweg von der Hillsteiner Alm queren wir das flache Bachbett des Jenbachzulaufs.

Trubel genießen. Neben den freien Wiesenflächen, die sich auch für ein Nickerchen anbieten, gibt es viele Rastbänke. Wer sich seinen Rastplatz etwas östlich des Kreuzes sucht, kann sogar einen Blick hinüber zum Chiemsee erhaschen.

ÜBER DEN NIGGLSTEIG Nach der Rast wandern wir auf demselben Weg über die **3 Huberalm** zurück zu der **2 Wegkreuzung**, wo wir auf den Steig abgebogen sind. Wir bleiben in südlicher Richtung und folgen dem Weg mit der Beschilderung »Hillsteiner Alm«. Den anfangs bequemen Weg verlassen wir kurz darauf nach rechts auf den kleinen Nigglsteig. Dieser führt nun steil bergab. Rechts von uns fällt der Hang an einigen Stellen ziemlich stark ab, daher sollte man hier trittsicher sein. Wer genau hinsieht, kann die Hillsteiner Alm am Talboden bereits sehen. Die Abzweigung zur Antretter Alm ignorieren wir, und bald schon steigen wir die letzten Meter im Zickzack über eine Almwiese hinunter auf eine **5 Forststraße**.

URIGER EINKEHRSCHWUNG Für die Einkehr folgen wir ihr nach links und erreichen mit einem letzten kleinen Bergauf die **6 Hillsteiner (Hillstoana) Alm** (920 m). Durch die Türe der urigen Alm dürfen wir unsere Bestellung aufgeben. Eine Speisekarte sucht man vergeblich, es ist eben eine echte Alm und kein Berggasthof. Die Sennerin

Tipp

RUNDTOUR FÜR ÖPNV-WANDERER

Durchs Jenbachtal mit seinen vielen Wasserkaskaden wandert man zum oberen Parkplatz. Nach der Gipfelbesteigung geht es ebenfalls bis zum Sattel hinunter, dann bleibt man jedoch links und umrundet den Farrenpoint, ein weiteres Mal links haltend, auf seiner Ostseite. Der Abstieg erfolgt entlang des Litzldorfer Bachs. Kurz vor Litzldorf geht es links auf den Wilhelm-Leibl-Weg und im leichten Auf und Ab vorbei an Kutterling und Altofing zurück nach Bad Feilnbach.

serviert routiniert aus ihrer Küche heraus und ist sehr freundlich. So dauert es nicht lange, und schon sitzen wir mit Käsebrot und Hefezopf auf der schattigen Terrasse vor dem Haus. Der Blick schweift wieder hinauf zum Farrenpoint und natürlich zu den frechen und neugierigen Kälbern, die direkt vor dem Haus ihren Brunnen haben.

GEMÜTLICHER SPAZIERGANG Nach der Rast geht es auf demselben Almsträßchen zurück. An der **5 Forststraße** mit der Einmündung des Nigglsteigs bleiben wir nun geradeaus, queren einen Bach und treffen auf den letzten Metern auf den bekannten Hinweg. Als Kinderspiel entpuppt sich jetzt der Rückweg, sodass wir nach etwa 20 Minuten ab der Alm wieder am **E Wanderparkplatz Oberes Jenbachtal** angelangt sind.

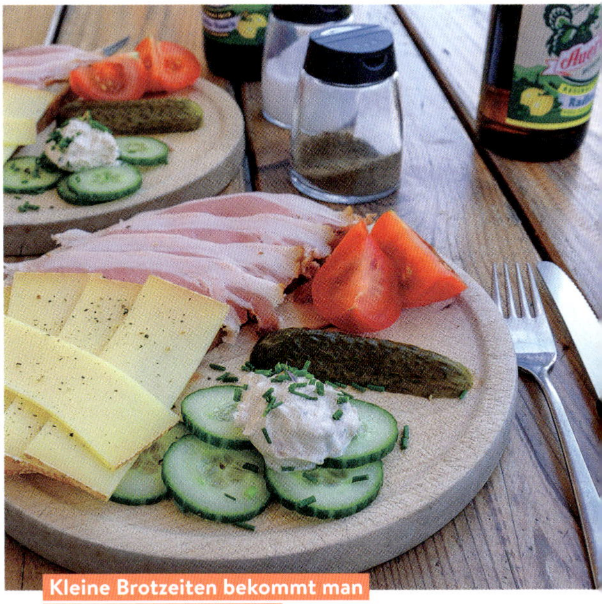

Kleine Brotzeiten bekommt man auf der Hillsteiner Alm.

INFO

Leicht | 3 Std. | 8 km | 420 Hm

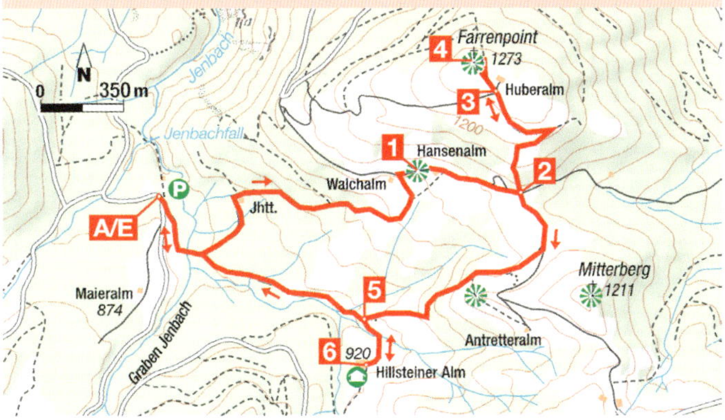

TOURENCHARAKTER

Schöne Bergtour auf Forstwegen, Almsträßchen und Bergpfaden. Beim steilen Abstieg über den Nigglsteig muss man trittsicher und schwindelfrei sein – der Weg fällt auf einer Seite an einem kurzen Stück steil ab.

AUSGANGS-/ENDPUNKT

Wanderparkplatz Oberes Jenbachtal
GPS: 47.738412, 12.017341

ANFAHRT

ÖPNV: Mit dem Zug nach Bad Aibling und weiter mit dem Bus nach Bad Feilnbach, Wanderung von dort durchs Jenbachtal starten (s. Tipp) – sehr schöner Weg, aber zusätzliche 2.30 Std. Wanderzeit
Auto: A 8 bis Ausfahrt Bad Aibling, weiter nach Bad Feilnbach, von dort auf der Wendelsteinstraße ins Jenbachtal und vom unteren Wanderparkplatz der kleinen Almstraße auf der rechten Bachseite zum oberen Parkplatz fahren

EINKEHR

Hillsteiner Alm

INFORMATION

bad-feilnbach.de

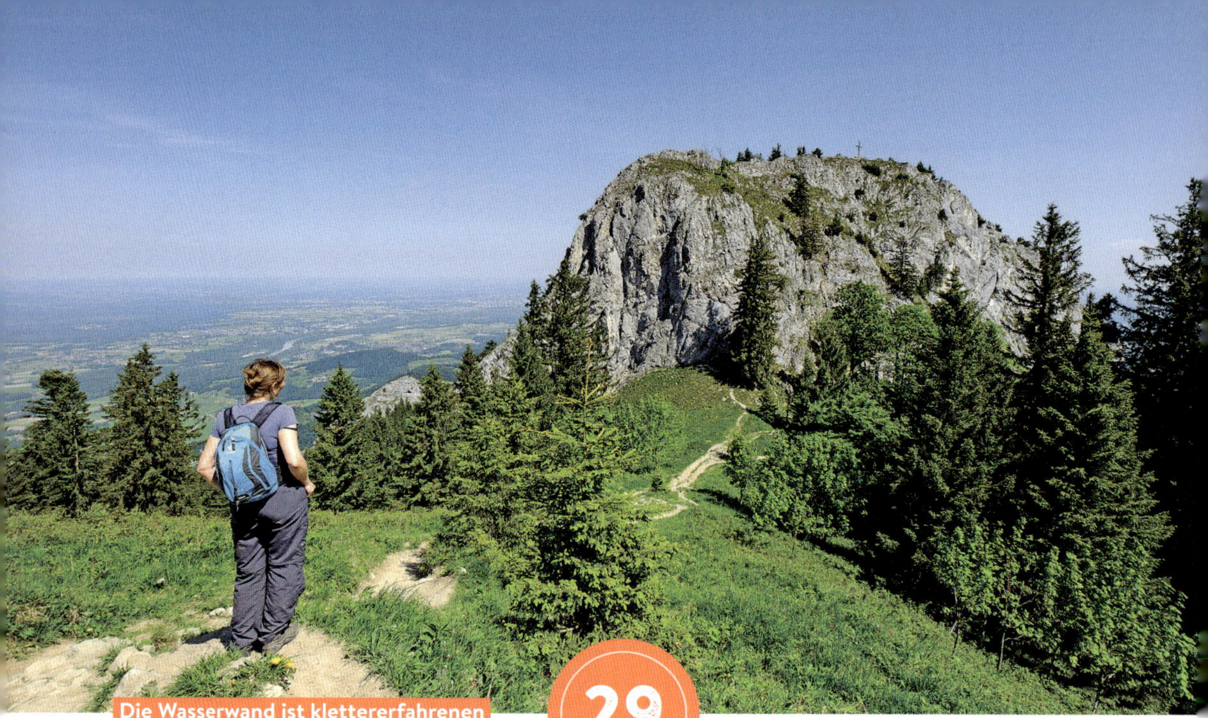

Die Wasserwand ist klettererfahrenen Gipfelsammlern vorbehalten.

29

Zum Heuberg

Kulisse für großes Gipfelkino

Die Wanderung auf den Heuberg ist eine echte Bilderbuch-Bergtour mit allem, was dazugehört: ruhige Wanderwege und Pfade, Bergwälder mit knorrigen Bäumen, bunt blühende Almwiesen, Kletterfelsen, Almhütten mit Einkehr, Bergbäche und natürlich ein richtiges und vor allem aussichtsreiches Gipfelerlebnis.

FERN- UND NAHBLICKE Und der Ausblick vom Heuberg ist wirklich wunderschön! Eine Panoramakarte gibt es leider nicht, aber der Wendelstein mit seinen Antennen dient als Landmarke. Das Inntal öffnet sich hin zur Kreisstadt Rosenheim, bei klarem Wetter kann man mit dem Fernglas im Hintergrund den Fernsehturm von München erkennen. Weiter rechts liegen direkt unter uns der Samerberg und dahinter der lang gestreckte Simssee. Ihm schließt sich der Chiemsee an mit der Herreninsel und der von ihr verdeckten Fraueninsel. In unserer Nachbarschaft finden wir Feichteck, Hochries und Spitzstein, dazwischen ragt der Geigelstein in den Himmel. Den Süden dominieren Wilder und Zahmer Kaiser sowie das Kranzhorn. Über dem Tiroler Inntal stehen die Zillertaler Alpen im Hintergrund, der Pendling bei Kufstein stürzt jäh zum Tal hin ab.

Tipp

SAMERBERG

Der lang gezogene Höhenrücken erstreckt sich von Ost nach West ca. 250 Meter über dem Inntal. Nach Norden begrenzen ihn die Moränenhügel des Voralpenlands, im Süden steht die Hochries. Der Samerberg ist ein altes Siedlungsgebiet, allerdings waren die Bodenerträge aufgrund der Höhenlage so schlecht, dass die meisten Bewohner davon allein nicht leben konnten. So begannen sie schon im frühen Mittelalter mit der Zucht von Packpferden, die mit Salz aus den Berchtesgadener Salinen beladen Richtung Inn unterwegs waren und in umgekehrter Richtung u. a. Getreide und Wein in den Osten brachten.

Wieder direkt in unserer Nachbarschaft, nur auf der anderen Seite des Inntals, steht der völlig mit Wald bewachsene Wildbarren, dann folgen Brünnstein, Traithen und schließlich die Rotwand. Vor ihr breiten sich die Wiesen um die Astenhöfe aus, und schräg unter uns finden wir auf einer kleinen Bergkuppe das romanische Kirchlein am Petersberg, der schon in vorgeschichtlicher Zeit besiedelt war.

ZU DEN DAFFNERWALDALMEN Auf den Heuberg führt ein breiter Weg ab dem **A Wanderparkplatz Schweibern**. Einige Serpentinen der Forststraße lassen sich gleich über Wanderpfade abkürzen. Dann treffen wir kurz vor den Daffnerwaldalmen erneut auf den **1 Forstweg**. In beiden Richtungen ist der Heuberg ausgeschildert – rechts ist der Weg länger und führt über Mailach und die Nordseite des Berges zum Gipfel. Wir

↓ An den Daffnerwaldalmen ↘ Nur zu Beginn wandern wir schattig durch den Wald.

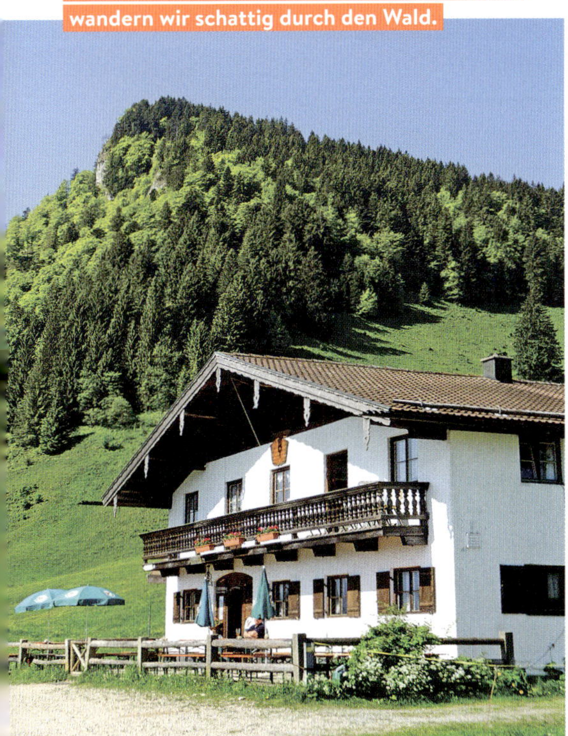

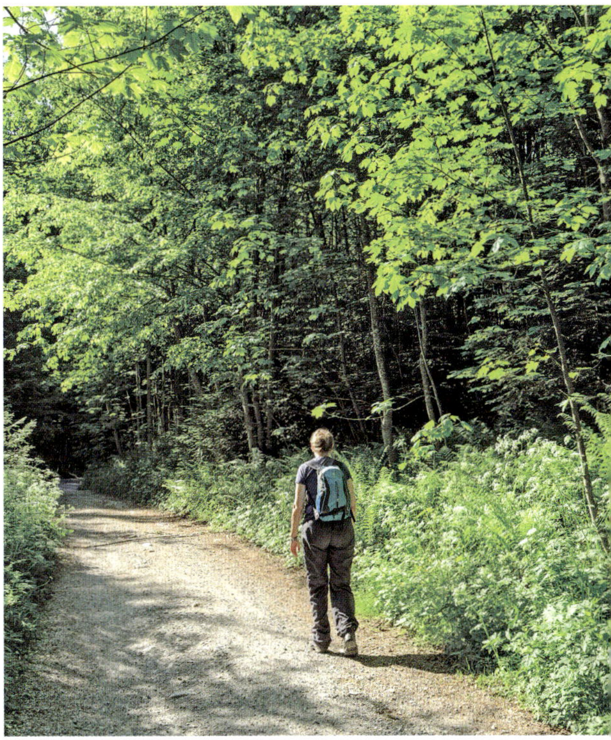

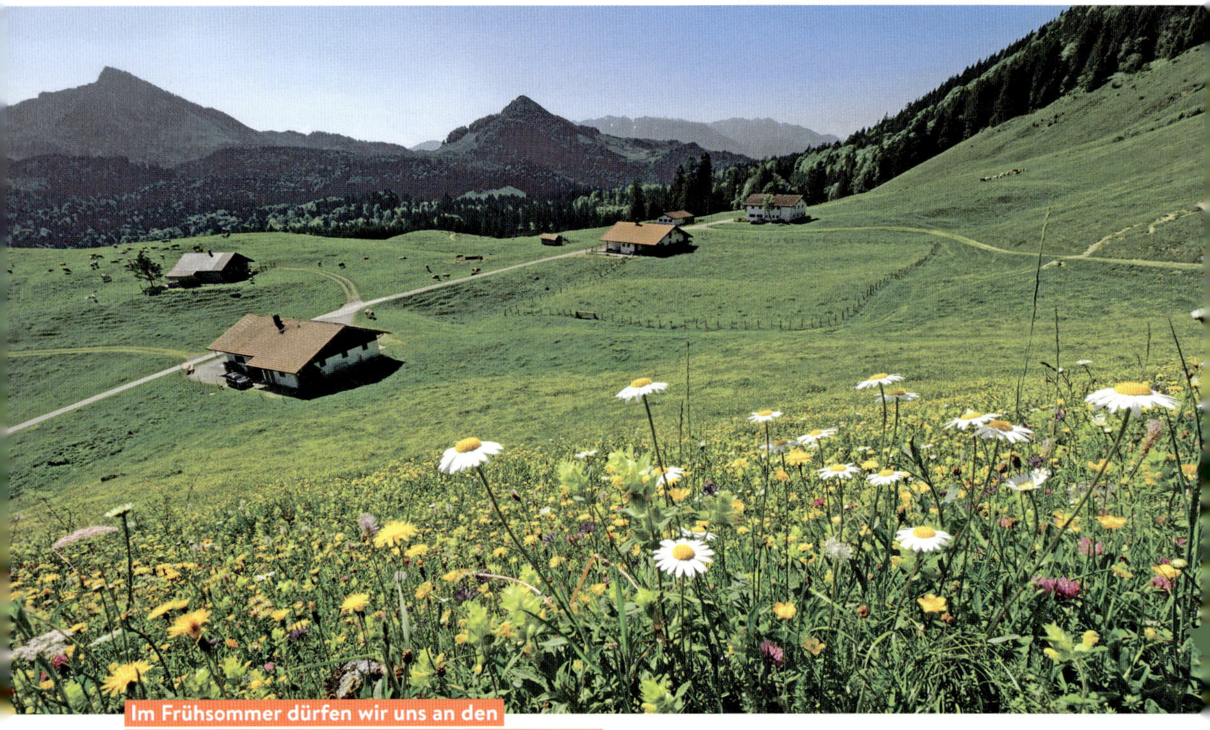

Im Frühsommer dürfen wir uns an den Daffnerwaldalmen über ein Blumenmeer freuen.

wollen es heute aber lieber genussvoll haben und wandern somit nach links, wo wir keine 20 Minuten später die **2 Daffnerwaldalmen** (1050 m) erreichen. Im Frühjahr schwimmen die Wiesen rund um die drei Almen schier in einem zartlila Krokus-Meer, aber auch im Sommer sind sie eine echte Augenweide. Deshalb ist ein Einkehrstopp hier fast schon Pflicht – da wir aber nach der Gipfeleroberung hierher zurückkommen werden, können wir uns die Einkehr vorerst noch verkneifen.

Tipp

BERGGASTHOF DUFTBRÄU

Das Duftbräu ist ein beliebtes Ausflugsziel. Auf der sonnigen Terrasse schmeckt die bayerische Küche besonders gut – samstags gibt es Schweinshaxn, und die ist so lecker, dass auch viele Einheimische hierherkommen. Kinder lieben den großzügigen Spielplatz.

DREI-GIPFEL-TOUR Der Aufstieg zum Gipfel beginnt vor der Laglerhütte, der letzten am Almboden. Auf dem etwas überwachsenen Bergweg wandern wir aufwärts, bleiben dabei immer am Hauptweg und lassen die vielen Trampelpfade, die den Hang durchkreuzen, links liegen – das schont die Umwelt und auch unsere Kondition, denn dieser Weg führt in bequemer Neigung schräg am Hang aufwärts. Er macht durch einen kleinen Hohlweg eine Linkskurve, und nach einer kleinen, flachen Senke wird es nochmals richtig steil. Wir erreichen den Sattel zwischen der Wasserwand und dem Grasgipfel des Heubergs, und nun wird deutlich, dass der **3 Heuberg** eigentlich aus drei Gipfeln besteht: der Wasserwand (1367 m) im Norden, dem Grasberg (1337 m) in der Mitte und dem Waldberg (1398 m) im Süden, auf den Karten auch als Kitzstein verzeichnet. Wer schwindelfrei und bergerfahren ist und zudem Lust auf eine kleine Kletterpartie hat, der steigt am Drahtseil entlang auf die höher gelegene Wasserwand – Vorsicht, die Felsen sind von den vielen Gipfelstürmern glattpoliert! Wem das zu riskant erscheint, der geht die wenigen Meter auf den Grasberg und genießt dort die Aussicht.

ENTLANG DES FLUDERBACHS Der Rückweg führt uns zunächst wieder abwärts zu den **2 Daffnerwaldalmen**, wo wir nun guten Gewissens nach so viel sportlicher Leistung einkehren können. Dann verabschieden wir uns von den Almen und wandern zwischen der Lagler- und der Donelhütte quer über die Wiese in östlicher Richtung (Weg Nr. 12) weiter. Wir folgen der Beschilderung zum Duftbräu, abwechselnd durch den Wald und über kleine Lichtungen und Wiesen. Bald geht es am Fluderbach auf einem wildromantischen Weg entlang.

Das letzte Wegstück folgt dann einem Bier-Themenweg und führt, wie könnte es anders sein, zum **4 Berggasthof Duftbräu**. Wer jetzt Durst auf den süffigen Gerstensaft hat, den bremst das Duftbräu aus. Ansonsten folgen wir der Straße, auf die wir dort stoßen, nach links. Bald geht es in der Kurve noch einmal nach links und dann leicht ansteigend zurück zum **E Wanderparkplatz Schweibern**.

INFO

TOURENCHARAKTER

Technisch leichte Bergtour auf Wanderwegen und Bergpfaden zum Grasberg. Für die Besteigung von Wasserwand und Kitzstein muss man absolut trittsicher und schwindelfrei sein! Der Abstieg kann nach Regen feucht und rutschig sein. Die Tour lässt sich verkürzen, wenn man nur die Almen besucht.

AUSGANGS-/ENDPUNKT

Wanderparkplatz Schweibern
GPS: 47.7499, 12.2173

ANFAHRT

ÖPNV: Nicht möglich
Auto: A 8/A 93 bis Nussdorf und weiter Richtung Neubeuern, 500 m nach dem Nussdorfer Ortsschild rechts zum Samerberg, über Rossholzen nach Essbaum, dort rechts weiter über Ried im Winkel in Richtung Duftbräu und kurz vorher in der Kurve rechts auf der kleinen Straße zum Wanderparkplatz

EINKEHR

Daffnerwaldalmen, Berggasthof Duftbräu

INFORMATION

samerberg.de

Leicht	3.30 Std.	8 km	600 Hm

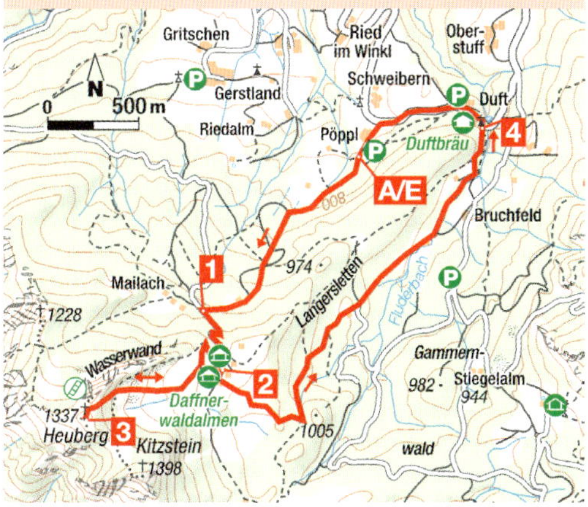

Aufs Kranzhorn

Zwei Länder, zwei Gipfelkreuze

Mit einem Kranz hat dieser Berg überhaupt nichts zu tun. Sein Name kommt von der Grenze zwischen Tirol und Bayern, die über seinen Gipfel verläuft. Deshalb zieren den Berg auch zwei Kreuze: Eines steht auf der Tiroler Seite und ein zweites auf bayerischem Boden. Unschlagbar ist die Aussicht auf das Inntal.

ZUR KRANZHORNALM Wir folgen am oberen Ende des **A Parkplatzes am Erler Berg** der kleinen Almstraße und wandern an einem Bach entlang über den lang gezogenen Almboden aufwärts. Hier stehen viele ältere und neuere Almhütten, wie z. B. die Hintermairalm, die Ottenalm oder die Polzalm, die wir nun der Reihe nach passieren. An der Spadaualm wendet sich unsere Almstraße dann nach links und führt über einige Serpentinen zur Schindlau-Alm hinauf. Von hier haben wir einen ersten traumhaften Blick über den Almboden hinweg auf die Berge des Chiemgaus.

30

Ein Berg, ein Gipfel, aber zwei Länder, zwei Kreuze

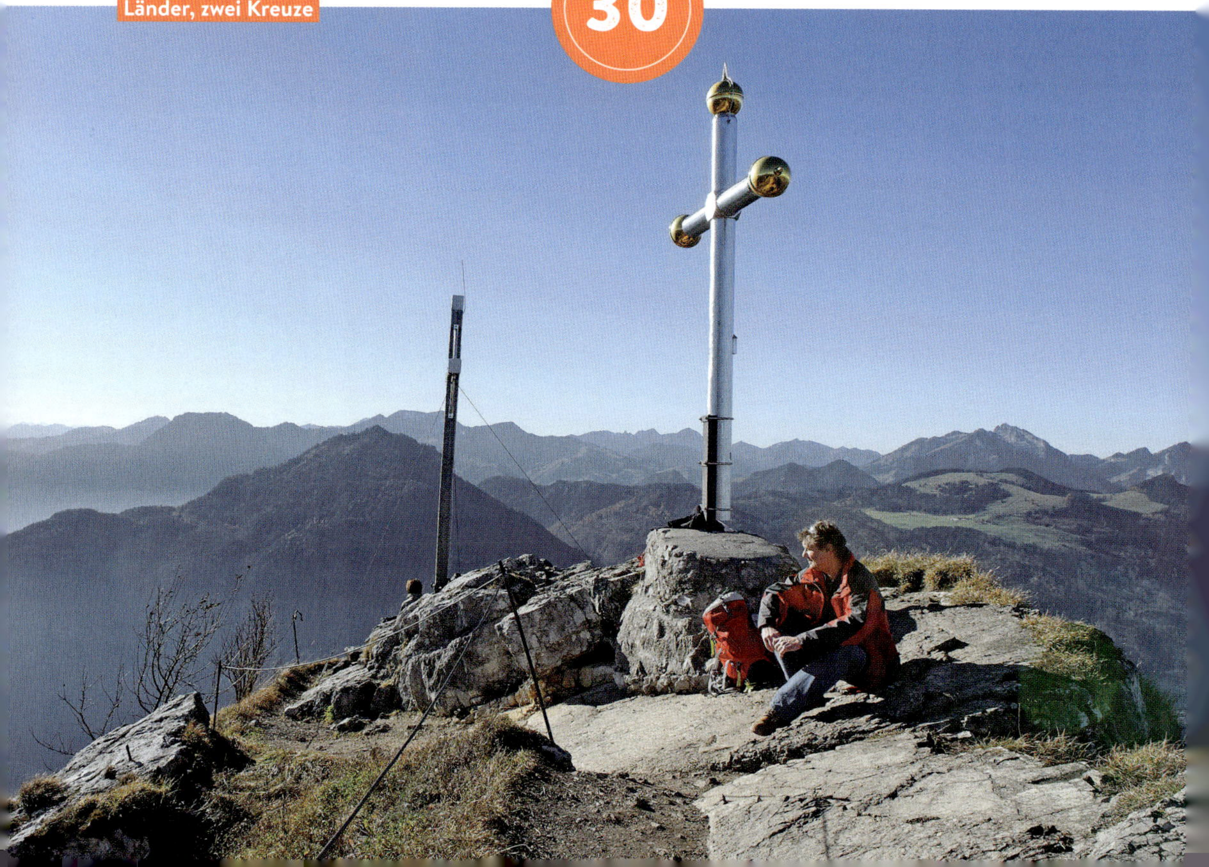

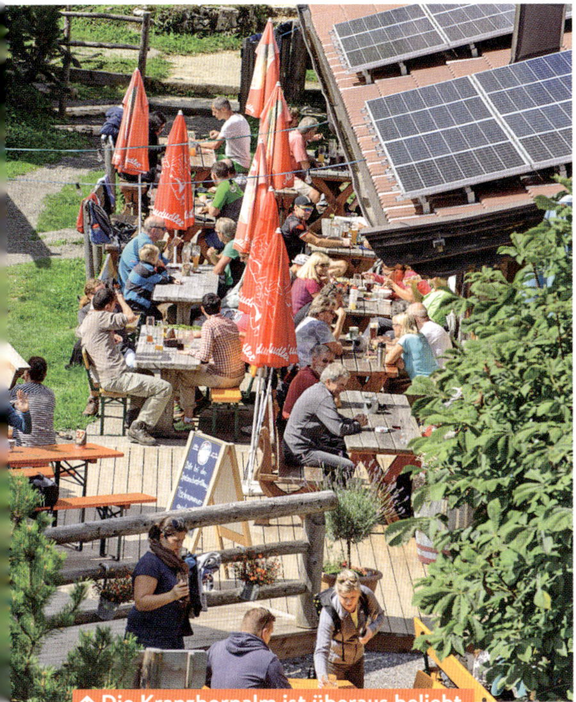

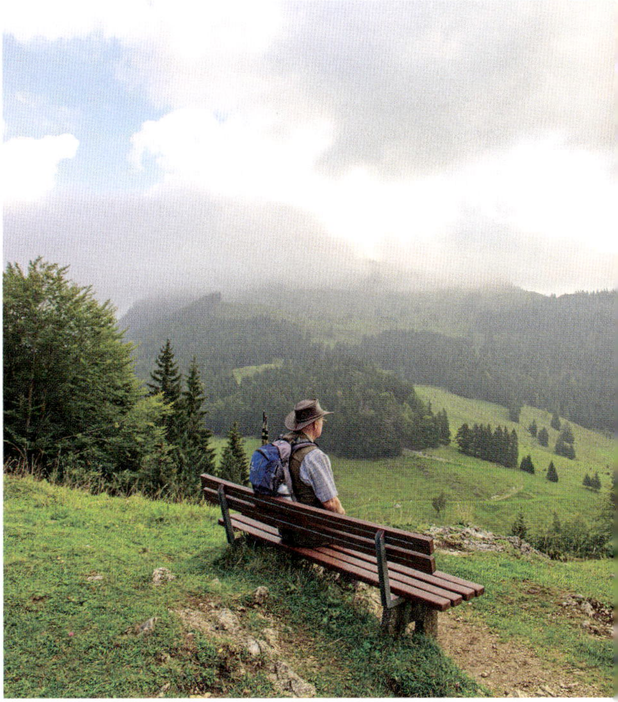

↑ Die Kranzhornalm ist überaus beliebt.
↗ Trotzdem findet jeder in dem weiten Almkessel der Kranzhornalm ein ruhiges Plätzchen.

Unser nächstes Ziel ist die **1 Kranzhornalm** (1230 m), die wir nach ein paar weiteren Serpentinen erreichen. Von bescheidener Almhütte kann hier keine Rede mehr sein, inzwischen hat sie sich zu einem Berggasthof und beliebten Treffpunkt der Mountainbiker gemausert. Trotzdem fügen sich die Gebäude harmonisch in den Almkessel, und gegen eine leckere Brotzeit haben auch wir sicherlich nichts einzuwenden.

EXPONIERTER GIPFEL Wir nehmen vor der Kranzhornalm den Pfad rechts und steigen nun steil aufwärts. Nach wenigen Minuten passieren wir das kleine Almkreuz, das etwas oberhalb der Kranzhornalm auf der Wiese errichtet wurde. Überwältigt von dem schönen Ausblick auf das Inntal mit dem markanten silbernen Band des Flusses müssen wir uns wieder losreißen und aufraffen, um das letzte Stück hinauf zum Gipfel zu steigen – aber die weite Almwiese merken wir uns für die spätere Rast vor.

Wir folgen nun für weitere 20 Minuten dem Pfad aufwärts bis zum **2 Kranzhorngipfel** (1368 m), der sich als winziges Felsplateau entpuppt, auf dem die beiden Gipfelkreuze stehen. Nach drei Seiten hin fallen die Felsen senkrecht mehrere Hundert Meter ab. Schon der Übergang auf das Plateau kostet etwas Überwindung, ein Drahtseilgeländer hilft uns dabei. So können wir das vordere Kreuz, in diesem Fall das bayerische, gut erreichen, dort gibt es sogar eine kleine Aussichtsbank.

PANORAMAWAHNSINN Das Kranzhorn bietet eine großartige Aussicht, beginnend im Norden mit dem Heuberg. Die Hochries rechts daneben wird durch das Feichteck verdeckt, dann folgt, unverkennbar durch seinen pyramidenförmigen Aufbau, der Spitzstein. Der Reigen des Hochgebirges beginnt mit den Loferer Steinbergen, ihnen folgen Wilder und Zahmer Kaiser. Über seine Westflanken schauen die vielen Tauerngipfel zu uns herüber – unverkennbar ist der ebenmäßig und immer mit Eis und Schnee bedeckte Großvenediger. Die Dreiherrenspitze leitet zu den Zillertaler Alpen über, davor erhebt sich, wieder wie eine Pyramide, die Hohe Salve. Dann folgt das Inntal mit Kufstein, dahinter sehen wir die scharfe Bergkante des Pendlings. Oberaudorf und das kleine Karmelitenkloster Reisach liegen fast direkt unter uns, und im Westen schauen wir auf den felsigen Brünnstein. Den Gipfeln im Norden stiehlt der dominierende Wendelstein die Schau, und das Land rund um Rosenheim verliert sich langsam im Dunst.

Tipp

MODERNES ERL

Das Inntal zwischen Rosenheim und den Bergen ist vor allem dörflich und landwirtschaftlich geprägt. Bei Erl stehen aber zwei Gebäude, die so gar nicht hierher passen und die man eher in einer Metropole vermuten würde: Das sind die Gebäude der Passionsspiele und der Tiroler Festspiele, die alljährlich Tausende Besucher anziehen. Das Passionsspielhaus wurde vom Innsbrucker Architekten Robert Schuller 1956 geschaffen und sorgte europaweit für Aufsehen. Beflügelt durch diesen Erfolg und beschleunigt durch eine großzügige Stiftung baute man ganz in der Nähe 2012 ein winterfestes Festspielhaus, ebenfalls modern-futuristisch und sehr sehenswert.

Panorama satt gibt es von unterwegs, vor allem auf die Tiroler Berge im Inntal.

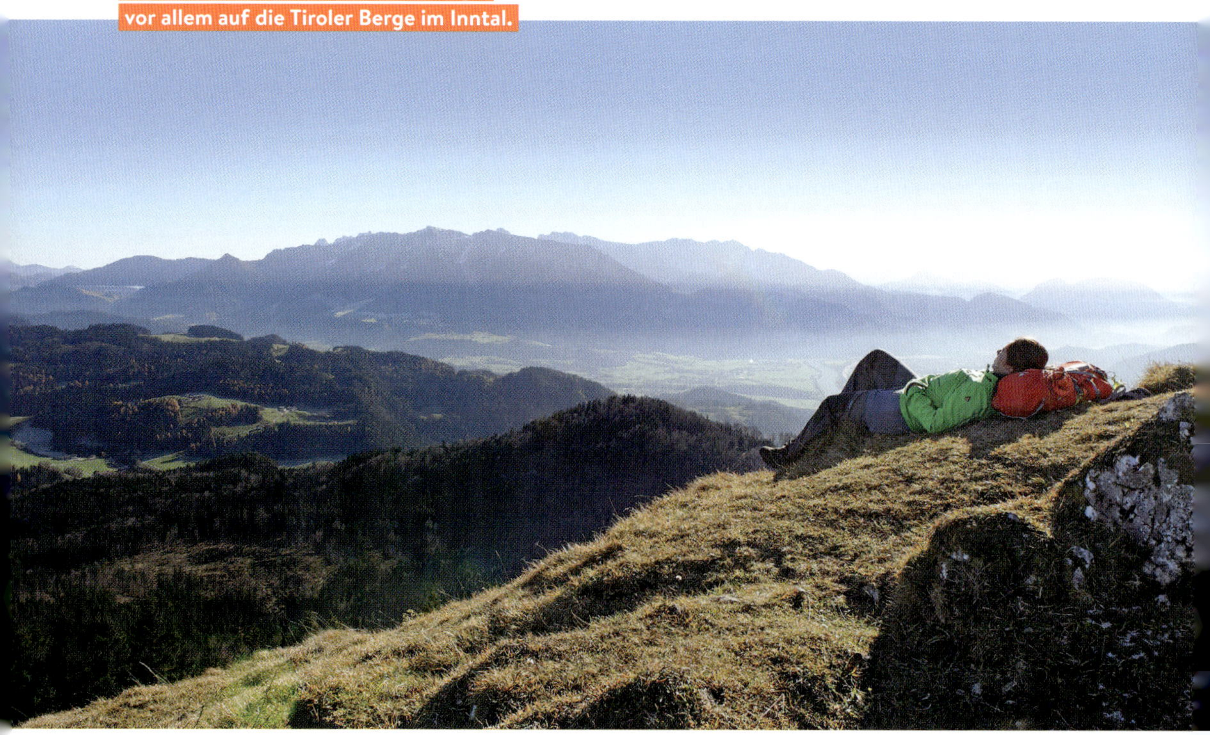

HALLELUJA Übersehen sollten wir auf keinen Fall die kleine Kapelle des Hl. Josef, von den Besitzern der Kranzhornalm hoch in Ehren gehalten, die unterhalb des Gipfels liegt und deren Erbauungszeit auf das 17. Jahrhundert datiert wird. In der Nazizeit warfen Vandalen die Figur des Hl. Josef aus der Kapelle über die Felswand hinab; als sie nach dem Krieg von der Sennerin unversehrt wiedergefunden wurde, entwickelte sich die Kapelle zu einer kleinen Wallfahrt. Die Josef-Figur steht heute über der Tür.

ABSTIEG ÜBER DIE BUBENAU-ALM Zurück wandern wir auf dem bekannten Weg zur **1 Kranzhornalm**, wo wir nun genussvoll einkehren können (Mi Ruhetag). Es gibt vor allem leckere Tiroler Gerichte, die man an der Theke bestellt und die dann direkt an den Tisch geliefert werden. Übrigens: Für Frühaufsteher gibt es ein leckeres Almfrühstück!

Für den Abstieg wählen wir den Pfad in östliche Richtung hinter der Alm. Er ist mit »Fußweg/Zum Parkplatz« beschildert und führt uns an einem Weiher vorbei. Der Pfad ist etwas ausgewaschen, aber wir verlieren rasch an Höhe. In einem Waldstück queren wir eine Forststraße und erreichen die **3 Bubenau-Alm** (1049 m), bei der fleißige Hände eine lange Klaubsteinmauer errichtet haben.

Ein Wiesenpfad führt in geringem Abstand zur Mauer bergab und wendet sich dann nach links auf einen breiteren Forstweg. Diesem folgen wir nur ein Stück und biegen dann wieder ab, um den langweiligen Forstweg abzukürzen. Kurz darauf treffen wir erneut auf die Forststraße, auf der es nun weiter bergab geht. Einmal müssen wir uns noch links halten, dann passieren wir eine Schranke und stehen am Bach unterhalb unseres **E Parkplatzes**.

INFO

TOURENCHARAKTER

Leichte Wanderung. Der Aufstieg zur Kranzhornalm erfolgt auf einer kleinen Almstraße, der Weg zum Gipfel und der Abstieg verlaufen über schmale Bergpfade. Der Gipfel ist zwar nur für Schwindelfreie geeignet, beste Aussichts- und Rastplätze gibt es aber auch unterhalb des Gipfels genügend.

AUSGANGS-/ENDPUNKT

Parkplatz am Erler Berg
GPS: 47.6960, 12.2037

ANFAHRT

ÖPNV: Nicht möglich
Auto: A 8, vor Rosenheim auf die A 93 bis Ausfahrt Nußdorf, rechts über den Inn nach Nußdorf und dort erneut rechts nach Österreich bis Erl

EINKEHR

Kranzhornalm

INFORMATION

kufstein.com, kranzhorn.at

Mittel	3 Std.	8 km	500 Hm

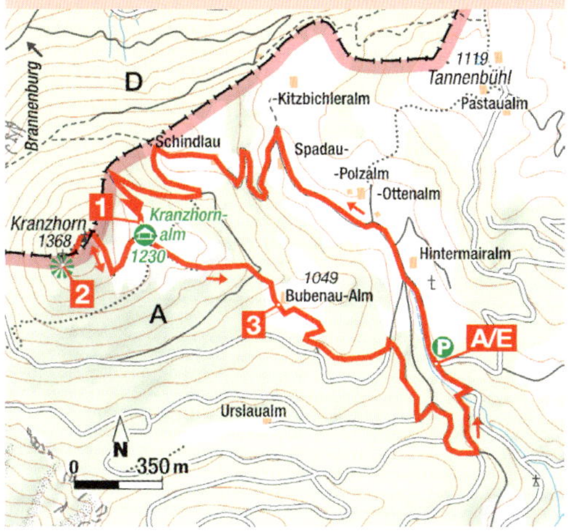

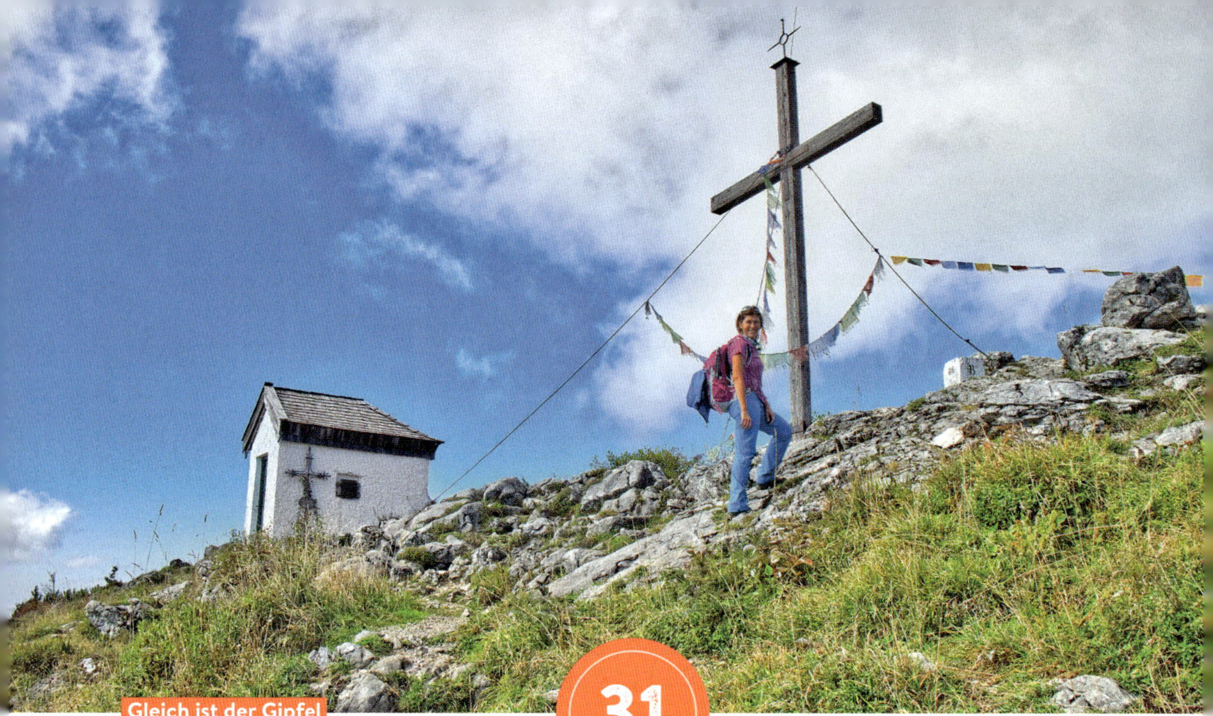

Gleich ist der Gipfel des Spitzsteins erreicht!

31

Klausenberg und Spitzstein

Schaulaufen im Chiemgau

Die Kammüberschreitung über den Klausenberg zählt zu den lohnendsten und aussichtsreichsten Wanderungen in den westlichen Chiemgauern. Die gesamte Wegstrecke über wandern wir direkt auf das Kaisergebirge zu. Da die Klausenhütte aktuell geschlossen ist, bietet sich das Spitzsteinhaus für Einkehr und Übernachtung an.

ZUM PREDIGTSTUHL Vom **A Parkplatz in Hohenaschau** direkt unter der eindrucksvollen Burg wandern wir den Wegweisern folgend in Richtung Hofalm/Riesenhütte. Der Weg steigt nach dem Ortsende im Wald in einigen Serpentinen recht steil an. Erst an der **1 Hofalm** (970 m) öffnet sich das Gelände ein wenig, und wir können erste Blicke auf die gegenüber aufragende Kampenwand erhaschen.

Wenig später kürzen wir die Fahrstraße auf einem Steig ab. Wo wir auf eine Wegverzweigung treffen, biegen wir nach links ab in den Eiskeller. An der nächsten Wegteilung gehen wir wieder nach links und steigen zum Kamm hinauf. Oben halten wir uns rechts und erreichen über das Abereck das Gipfelkreuz auf dem **2 Predigtstuhl** (1475 m). Den Gipfel umgehen wir zuerst auf der rechten Seite und steigen dann steil hinauf zum Kreuz. Während wir im Osten mit Hochgern, Kampenwand und Geigelstein die Chiemgauer Prominenz bewundern können, beeindrucken uns im Süden die felsigen Zacken des Kaisergebirges.

AUF DEN KLAUSENBERG Nachdem wir ausgiebig die schöne Aussicht genossen haben, machen wir uns auf zu unserem nächsten Ziel, dem **3 Klausenberg** (1554 m), der auch nicht mehr weit entfernt ist. So spazieren wir gemütlich auf dem Kamm entlang, genießen die Aussicht, bis wir zum Gipfel mit seinem schönen Gipfelkreuz kommen. Von hier sind es nur wenige Minuten bis zur **4 Klausenhütte**, die sehr aussichtsreich in einem Sattel liegt. Leider ist die Hütte, die früher eine Chiemgauer Institution war, seit Jahren geschlossen und verfällt immer mehr. Hier stößt auch ein direkter Anstieg von Hohenaschau zu uns, den man auch für eine Verkürzung der Tour nutzen könnte. Unser Ziel, der deutlich im Süden aufragende Spitzstein, ruft uns aber zu sich.

ZUM SPITZSTEINHAUS Der Weiterweg führt westlich unter dem Zinnenberg vorbei zu den Wiesen der Feichtenalm. Hier bietet sich genauso wie an der Klausenhütte noch mal die Möglichkeit, die Tour abzukürzen und ins Tal abzusteigen. Da uns der Spitzstein aber zu sehr lockt, nehmen wir diese Option nicht wahr, sondern wandern weiter entlang der Grenze zwischen Bayern und Tirol zum Brandelberg (1516 m). Dabei passieren wir einen historischen Grenzstein.

Nach Überschreitung des unscheinbaren Brandelbergs folgt ein Zwischenabstieg in den Sattel vor dem Spitzstein. Der Weiterweg sieht ziemlich felsig aus, das gut angelegte Steiglein führt uns aber geschickt durch die Felsen und ist nirgendwo schwierig zu begehen. Der Pfad mündet in eine Wegkreuzung unter den Nordabstürzen des Spitzsteins. Hier zweigt der direkte Nordanstieg durch felsiges Gelände und durch eine Steilrinne zum Spitzstein ab. Der Steig war lange gesperrt, wurde nun aber wieder saniert. Wir umgehen den Gipfel des Spitzsteins östlich und gelangen so direkt zum **5 Spitzsteinhaus** (1252 m), das aussichtsreich und umgeben von schönen Almwiesen am Südhang des Spitzsteins liegt. Ganzjährig geöffnet, bietet es eine gute Übernachtungsmöglichkeit, um diese Tour bequem auf zwei Tage zu verteilen.

GIPFELANSTIEG ZUM SPITZSTEIN Nach einer kurzen Stärkung wandern wir über den Südhang auf steilem Pfad in vielen Kehren zum erst spät sichtbaren Gipfelkreuz auf dem **6 Spitzstein** (1598 m). Dabei passieren wir wenige Meter oberhalb der Alpenvereinshütte die private Altkaseralm. Gleich

Die Altkaseralm lädt zur Einkehr.

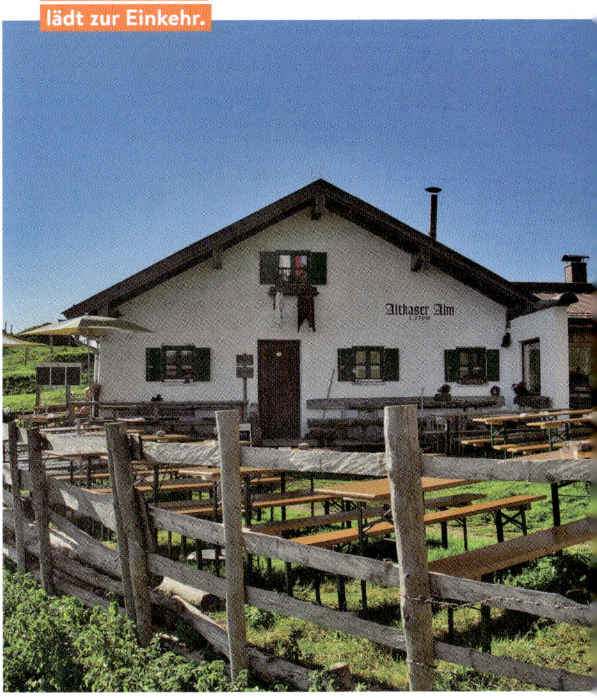

neben dem Kreuz befindet sich eine Kapelle. Da der Spitzstein am Südende der Chiemgauer Alpen steht, bietet er noch einmal eine prächtige Fernsicht. Jetzt sind wir dem Kaisergebirge deutlich näher gerückt und können uns an dem wunderbaren Blick auf dieses fesselnde Gebirge so richtig erfreuen.

ABSTIEG NACH SACHRANG Nach unserer ausgiebigen Gipfelrast und den vielen faszinierenden Ausblicken gehen wir am Anstiegsweg zurück zum **5 Spitzsteinhaus**. Der weitere Abstieg nach Sachrang verläuft nun ziemlich direkt nach Süden. Dabei überqueren wir zuerst eine Forststraße und wandern dann direkt nach Süden auf einen Wald zu. Anschließend gehen wir ein Stück am Waldrand entlang und folgen immer den

Tipp

NORDANSTIEG ZUM SPITZSTEIN

Beim Weg zum Spitzsteinhaus kommt man zu einer Weggabelung. Hier umgehen wir den Spitzstein im oberen Teil, um den Schwierigkeitsgrad bei »mittel« zu halten. Man kann aber auch direkt über den Nordanstieg zum Gipfel hochsteigen – der Steig, der eine Zeit lang nicht gepflegt wurde, ist nun wieder saniert und gesichert: Durch steiles, felsiges Gelände klettert man über leichte Felsen und durch eine Rinne bis zum Gipfel. Der Abstieg erfolgt auf dem hier beschriebenen Normalweg zum Spitzsteinhaus. Die Gesamttour wird damit etwas kürzer (7 Std., 16,6 km, 1200 Hm Aufstieg, 1080 Hm Abstieg).

Steinmann auf der Gratüberschreitung

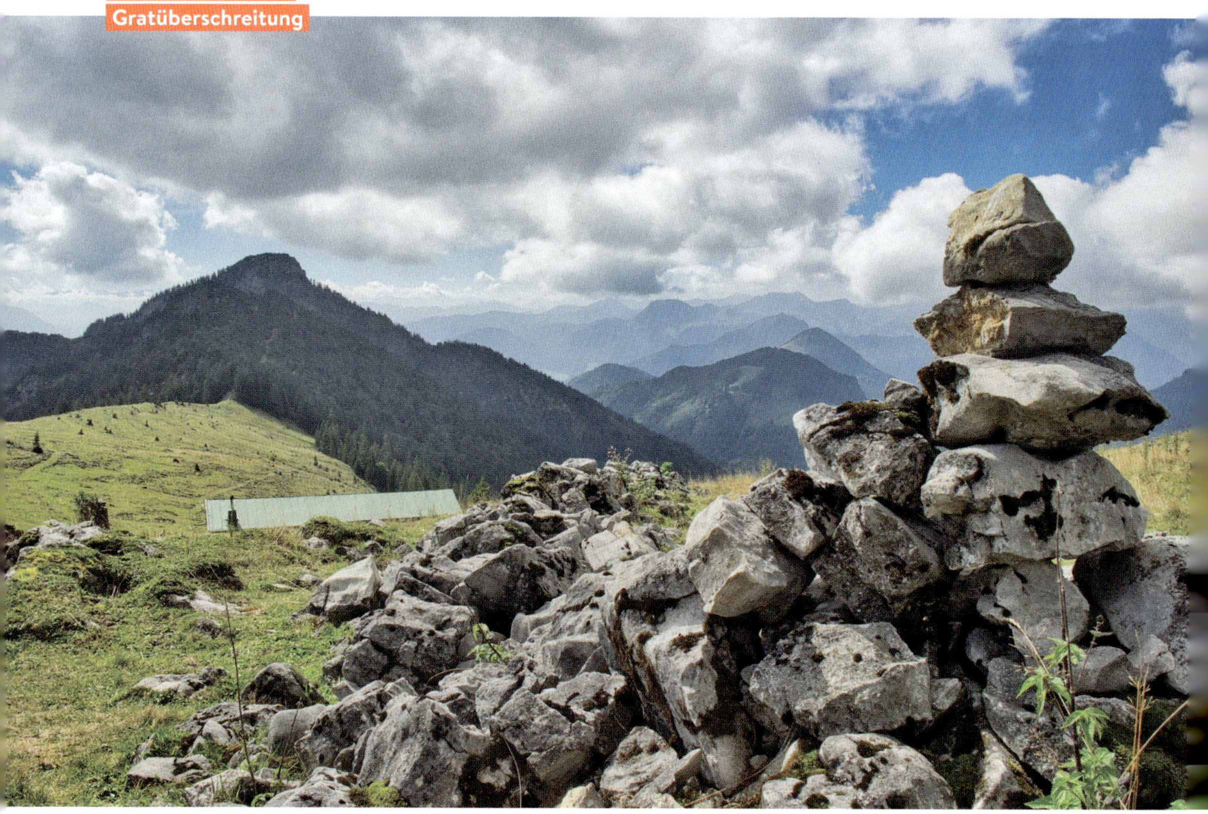

Wegweisern und Markierungen in Richtung Sachrang und Mitterleiten.

Der gute Weg führt uns relativ flott in den Wald und verliert dabei ziemlich schnell an Höhe, sodass wir bald die Wiesen vor den Höfen von Mitterleiten erreichen. Wir wandern zwischen den Höfen hindurch und bleiben noch kurz auf der Fahrstraße, um dann nach rechts abzubiegen. Über Wiesen und durch ein letztes kurzes Waldstück gelangen wir nach **E** **Sachrang**. Wir schlendern in den Ort zur Bushaltestelle neben dem Hotel Zur Post und fahren von hier mit dem Bus zurück nach Hohenaschau.

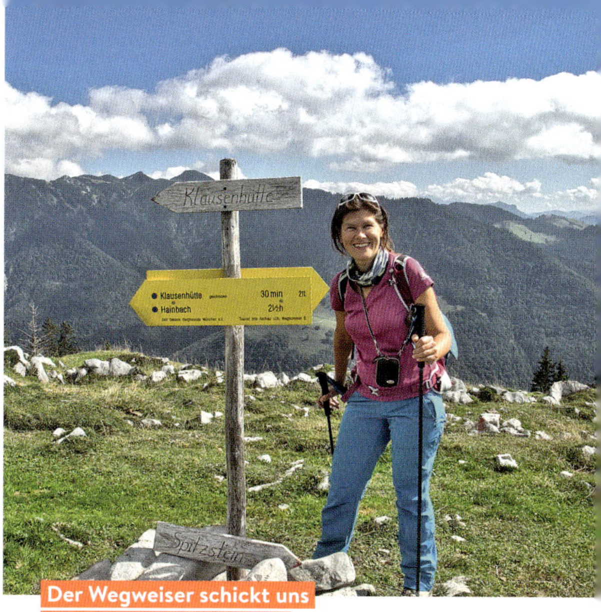

Der Wegweiser schickt uns in die richtige Richtung.

INFO

TOURENCHARAKTER

Sehr schöne Tour auf einen tollen Aussichtsgipfel. Mittelschwere Wanderwege ohne ausgesetzte Stellen, aber teils etwas steinig und an einer Stelle versichert, Trittsicherheit erforderlich. Abstieg ins Kaisertal zwischendurch etwas steiler. Wanderweg durchs Kaisertal einfach und breit

AUSGANGSPUNKT

Parkplatz an der Festhalle in Hohenaschau
GPS: 47.76650,12.31493

ENDPUNKT

Sachrang
GPS: 47.69123,12.26264

ANFAHRT

ÖPNV: Mit dem Zug über Prien am Chiemsee nach Aschau und von dort mit dem Bus nach Hohenaschau
Auto: A 8 bis Ausfahrt Frasdorf und weiter über Aschau nach Hohenaschau

INFORMATION

aschau.de

Mittel | 8 Std. | 18,2 km | 1510/1380 Hm

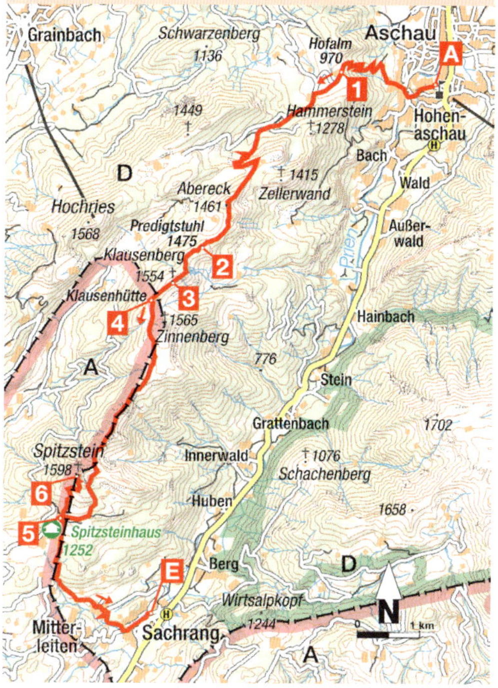

Über die Pyramidenspitze

Zwei Tage im Zahmen Kaiser

Der Zahme Kaiser ist von seinem wilden Nachbarn durch das Kaisertal getrennt. Traumhaft ist die Übernachtung auf der Vorderkaiserfeldenhütte mit Logenplatz und Traumblick auf die Felszacken des »Koasas«. Die Pyramidenspitze ist ein großartiger Aussichtsberg, von dem wir hinunter ins schöne Kaisertal absteigen.

32

Das Anton-Karg-Haus unter der Kleinen Halt

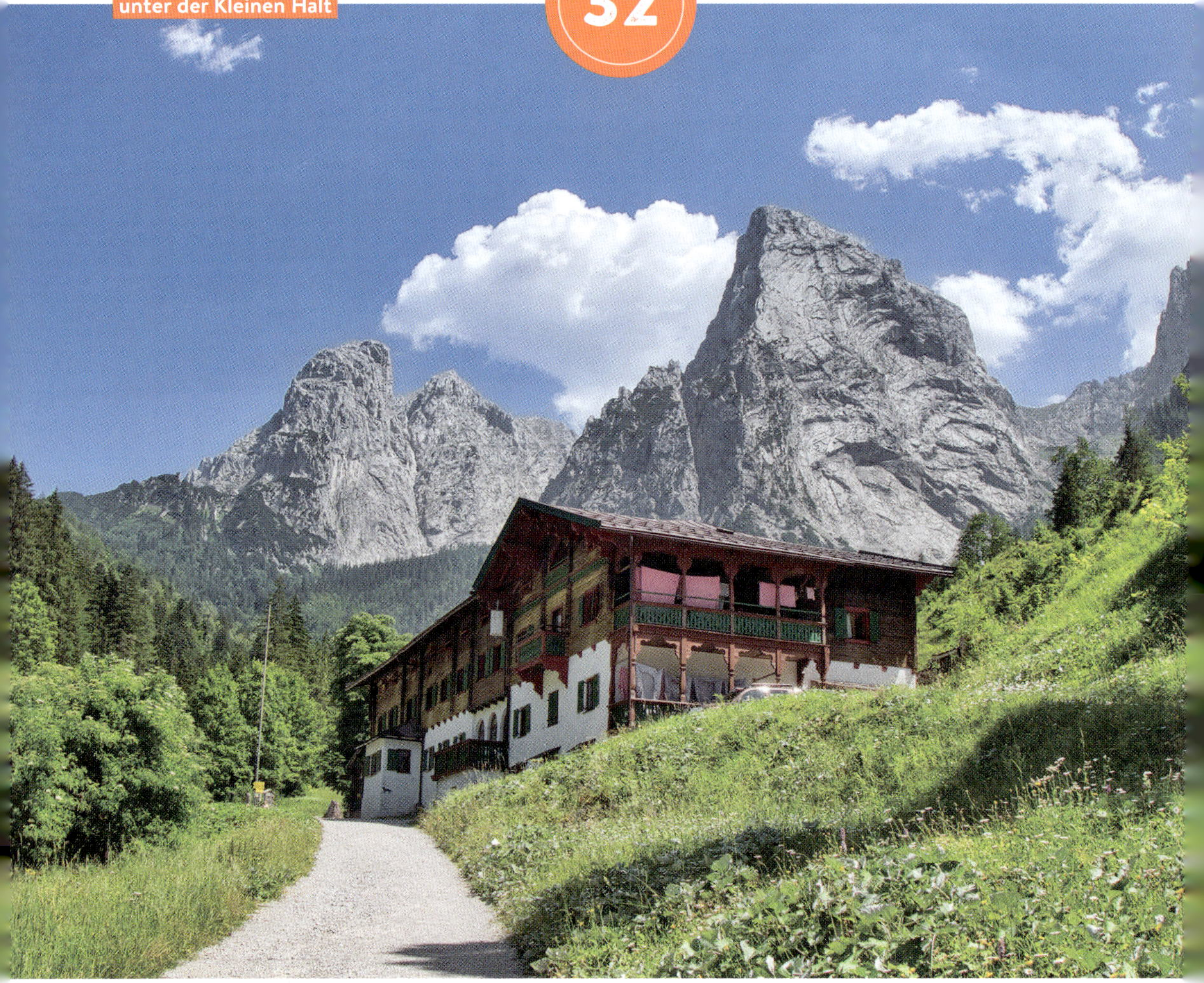

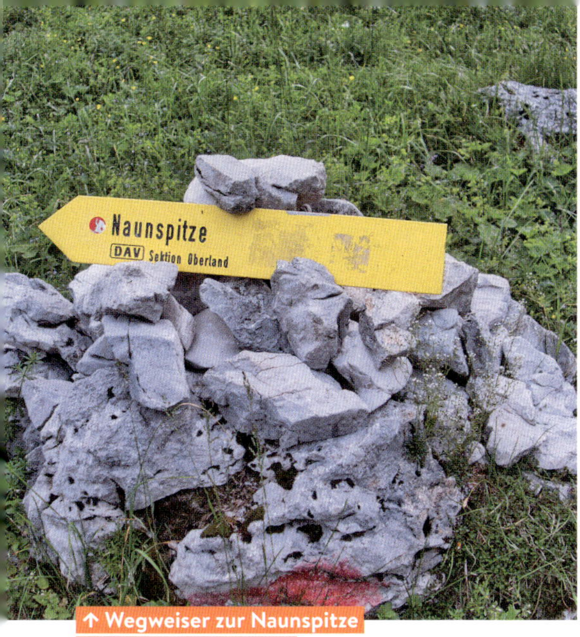

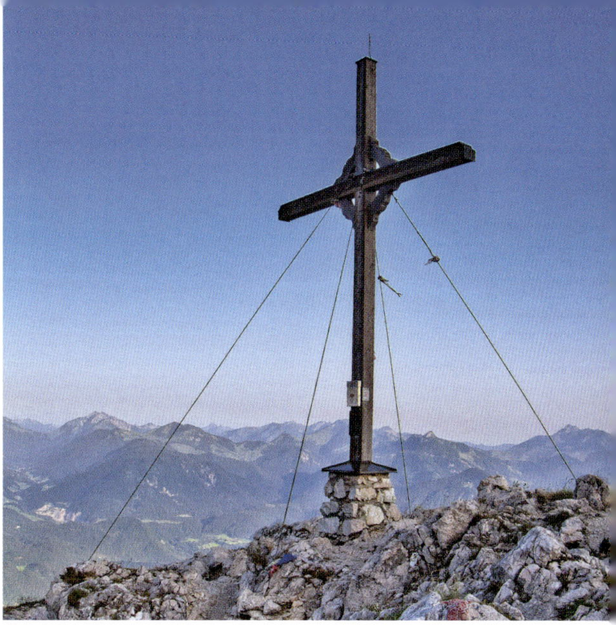

↑ Wegweiser zur Naunspitze
↗ Auf der Naunspitze

ZUR VORDERKAISERFELDENHÜTTE

Vom A **Parkplatz Kaisertal** in Kufstein folgen wir dem Forstweg in Richtung Kaisertalaufstieg. Bald erreichen wir die Sparchenstiege, die wir über die angelegten Stufen Höhenmeter für Höhenmeter erklimmen. Wir erreichen den Veitenhof und bleiben noch ein kurzes Stück auf dem Kaisertalweg, bis nach links der Anstieg zur Vorderkaiserfeldenhütte abzweigt. Der Weg durch den Wald ist nun steiler als zuvor, aber auch schattiger, was uns an heißen, sonnigen Tagen sehr willkommen ist. Dann wird der Wald lichter und gönnt uns einen schönen Ausblick auf die Felsgipfel des Wilden Kaisers. Der Weg bringt uns hinauf zu den freien Wiesen der urigen Ritzau-Alm. Nach der Alm kommt bald die 1 **Vorderkaiserfeldenhütte** (1388 m) ins Blickfeld, die wir über den breiten Weg in ein paar Kehren erreichen. Die Hütte steht an einem tollen Platz, unglaublich schön ist der Blick über das Kaisertal hinweg zu den eindrucksvollen Felsgipfeln des Wilden Kaisers. Besonders die Sonnenauf- und -untergänge von der Hüttenterrasse sind wunderbare Erlebnisse.

AUF DIE PYRAMIDENSPITZE Am nächsten Tag folgen wir dem schmalen Wanderweg, der hinter der Hütte beginnt, und erreichen nach 30 Minuten die Abzweigung zur Naunspitze (1633 m). Diesen kleinen Gipfel, der sich direkt über dem Inntal erhebt, sollten wir unbedingt mitnehmen, der Tiefblick

Tipp

TAGESTOUR OHNE PYRAMIDENSPITZE

Wer keine zwei Tage Zeit hat, der kann auch eine kleinere Runde unternehmen und mit Petersköpfl und Naunspitze zwei ebenfalls sehr schöne Gipfel besteigen. Dafür steigt man wie beschrieben über die Sparchenstiege zur Ritzau-Alm und weiter zur Vorderkaiserfeldenhütte auf. Von hier besteigt man einen der beiden Gipfel (oder auch alle beide), kehrt zur Hütte zurück und steigt dann wieder hinunter ins Tal. Die Tour ist damit deutlich kürzer, erfordert aber für einen Tag noch immer eine gute Kondition (6 Std., 12,7 km, 1230 Hm).

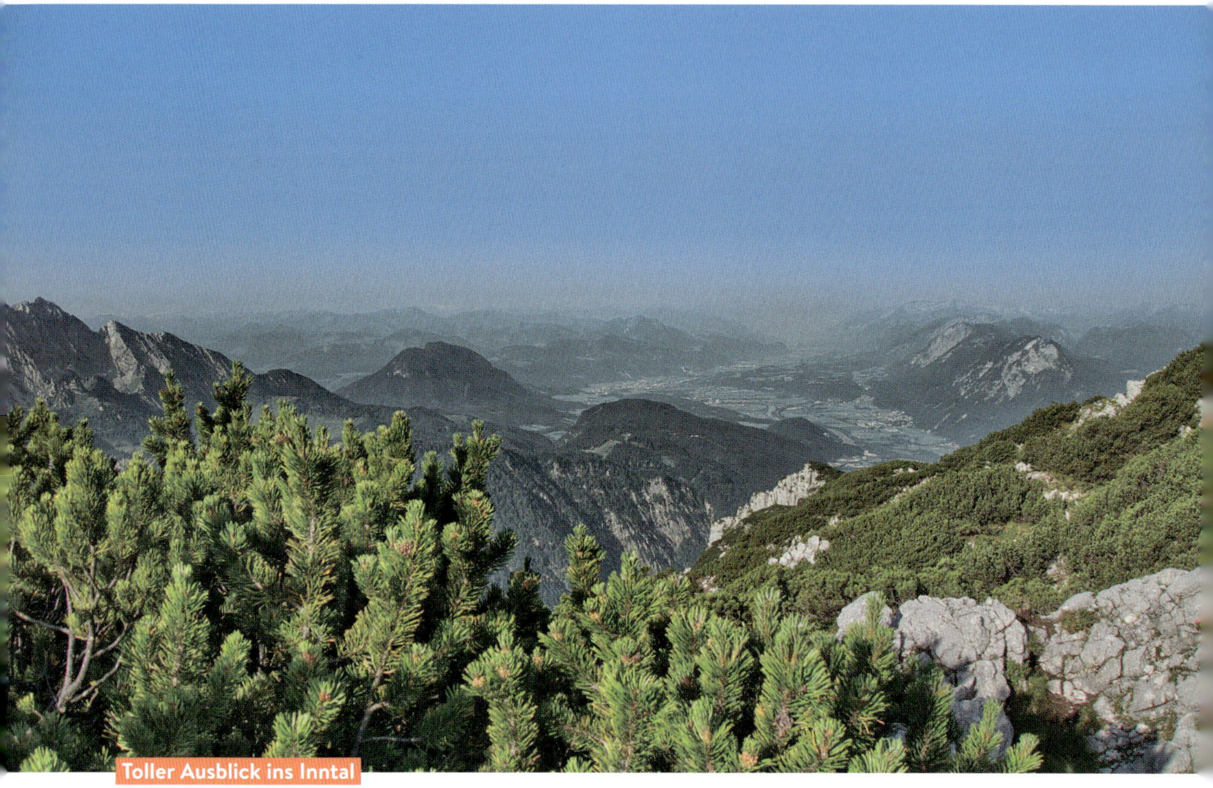

ist sehr eindrucksvoll. Wieder zurück am Hauptweg, steigen wir auf diesem aufwärts, bis wir noch einen kleinen Abstecher auf das Petersköpfl (1745 m) unternehmen können.

Danach führt der Wanderweg über das Plateau des Zahmen Kaisers in Richtung Pyramidenspitze. Die Aussicht nach Süden zu den Felsgipfeln des Kaisergebirges ist auf der gesamten Wegstrecke sehr eindrucksvoll. Auf dem Weg zum Gipfel gibt es nur eine felsige Stelle, die mit einem Drahtseil entschärft ist, uns aber vor keine Probleme stellt. So kommen wir nach einer schönen Höhenwanderung zum Gipfel der **2 Pyramidenspitze** (1997 m). Wir stehen fast auf dem höchsten Punkt des Gebirges, nur die Vordere Kesselschneid ist noch vier Meter höher. Vom Gipfelkreuz genießen wir einen traumhaften Ausblick, in erster Linie auf den Wilden Kaiser, aber natürlich auch nach Norden in Richtung der Chiemgauer Berge.

ABSTIEG INS KAISERTAL Nach der Gipfelrast steigen wir über die steile, sonnige Südseite hinunter ins Ochselweidkar und erreichen den Höhenweg, der von der Vorderkaiserfeldenhütte zum Stripsenjochhaus führt. Diesen überqueren wir und folgen dem geradeaus bergab ziehenden Steig in Richtung Hinterbärenbad. Der Weg bringt uns im Wald steil bergab. An einer Wegteilung halten wir uns links, überqueren den Bach und treffen auf einen breiten Weg. Hier biegen wir auf den Steig nach links und wandern hinüber zum **3 Anton-Karg-Haus** (829 m) im Kaisertal. Die Alpenvereinshütte bietet ebenso wie das nahe gelegene

Hans-Berger-Haus der Naturfreunde eine willkommene Einkehrmöglichkeit. Beide Hütten werden sehr gut geführt und liegen wunderbar nördlich des eindrucksvollen Ellmauer-Halts.

ZURÜCK NACH KUFSTEIN Nach der verdienten Pause machen wir uns auf den Rückweg durchs Kaisertal nach Kufstein. Von den beiden Hütten wandern wir auf breitem Weg talauswärts. Dabei ignorieren wir die ersten Abzweigungen vom Hauptweg. Erst wenn nach rechts der Weg zum Hinterkaiserhof und zur Antoniuskapelle abzweigt, entscheiden wir uns für diesen Steig, der uns zwar noch einmal ein paar Höhenmeter auferlegt, dafür aber deutlich schöner ist als der Fahrweg durch den Talgrund. Kurz vor dem Pfandlhof treffen die beiden Wege wieder zusammen. Wir wandern weiter talauswärts zum Veitenhof, steigen über die Stufen der Sparchenstieg und kommen so zurück zum **E Parkplatz Kaisertal** in Kufstein.

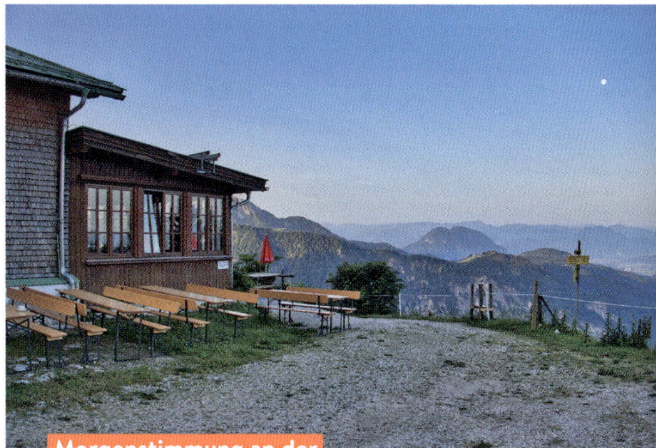

Morgenstimmung an der Vorderkaiserfeldenhütte

INFO

TOURENCHARAKTER
Sehr schöne Tour auf einen tollen Aussichtsgipfel. Mittelschwere Wanderwege ohne ausgesetzte Stellen, teilweise etwas steinig und an einer Stelle versichert, Trittsicherheit erforderlich. Abstieg ins Kaisertal zwischendurch etwas steiler. Wanderweg durchs Kaisertal einfach und breit

AUSGANGS-/ENDPUNKT
Parkplatz Kaisertal in Kufstein-Sparchen
GPS: 47.59383, 12.18877

ANFAHRT
ÖPNV: Mit dem Zug nach Kufstein und weiter mit dem Bus in den Ortsteil Sparchen
Auto: A 8 über Rosenheim bis Ausfahrt Kufstein-Nord und den Schildern »Kaisertal« folgen

Mittel	10 Std.	22,8 km	1760 Hm

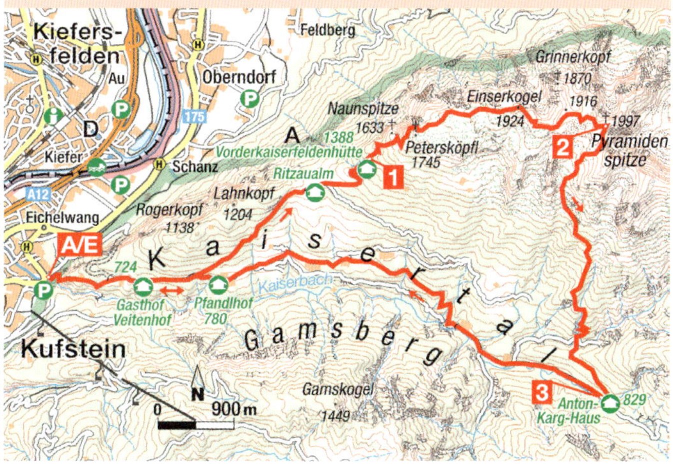

EINKEHR/ÜBERNACHTUNG
Vorderkaiserfeldenhütte, Anton-Karg-Haus, Hans-Berger-Haus

INFORMATION
wilderkaiser.info

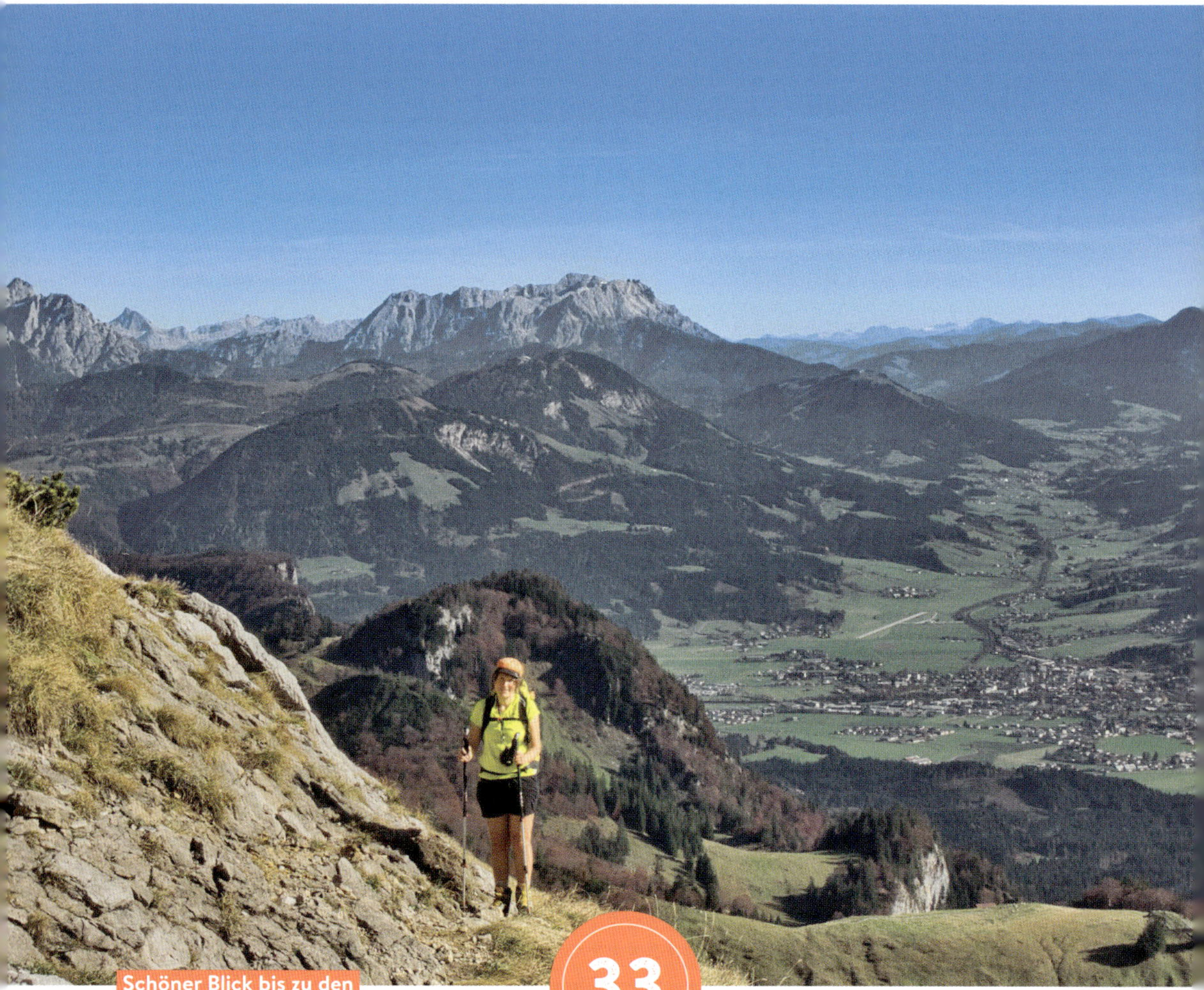
Schöner Blick bis zu den Loferer Steinbergen

33

Zum Baumgartenköpfl

Durch die Südflanke des Kaisers

Der Ostkaiser gehört eher zu den ruhigeren Regionen – es fehlen die berühmten Gipfel und die bewirtschafteten Hütten. Trotzdem ist diese Ecke sehr schön und lohnt einen Besuch. Nach der unbewirtschafteten Ackerlhütte wandern wir auf dem Wilder-Kaiser-Steig zum Aussichtsgipfel des Baumgartenköpfls.

ZUR ACKERLHÜTTE Der Hüttenweg beginnt am **A Wanderparkplatz Hüttling** oberhalb von Going. Der kleine Waldparkplatz ist an schönen Wochenenden oft ziemlich voll – das liegt dann aber nicht nur an den Besuchern der Ackerlhütte und des Ostkaisers, sondern auch an den Kletterern am beliebten Klettergebiet Schleierwasserfall. Wir folgen allerdings den Wegweisern zur Ackerlhütte und nutzen hierfür den Fahrweg zur Graspoint-Niederalm (988 m). Hier tauschen wir den Fahrweg mit einem Steig und tauchen in den Wald ein. Zu Beginn berühren wir noch ein paarmal die Forststraße, bleiben aber immer auf dem schmalen Wanderweg.

Nach einem längeren Waldstück kommen wir in freies Gelände und gehen auf eine Felswand mit einem Wasserfall zu. An der linken Seite überwinden wir die Stufe und steigen links von der Graspoint-Hochalm über freie Hänge zur schön gelegenen **1 Ackerlhütte** (1465 m) hinauf. Grandios ist die Aussicht von hier oben auf das Tal und die im Hintergrund aufragenden Hohen Tauern. Bei der Hütte handelt es sich eigentlich um eine Selbstversorgerhütte der Sektion Kitzbühel des Österreichischen Alpenvereins. Sie ist nur am Wochenende bewartet, sodass wir dann ein kühles Bier auf der sonnigen Terrasse vor traumhaftem Panorama genießen können.

↑ Die Aussichtstafel zeigt uns die Gipfel auf.
↓ Die Ackerlhütte ↘ Unter der Hochgrubbachspitze

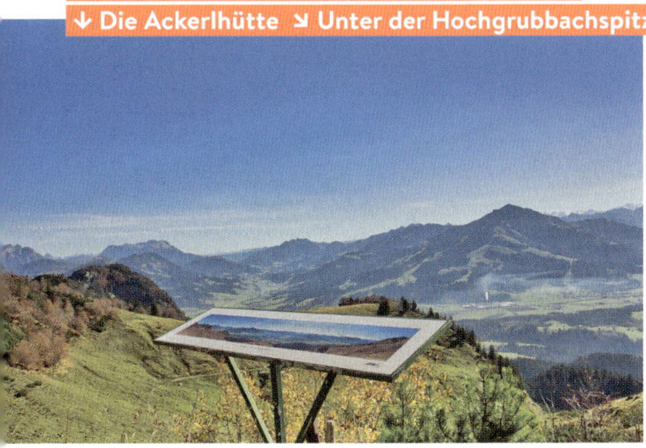

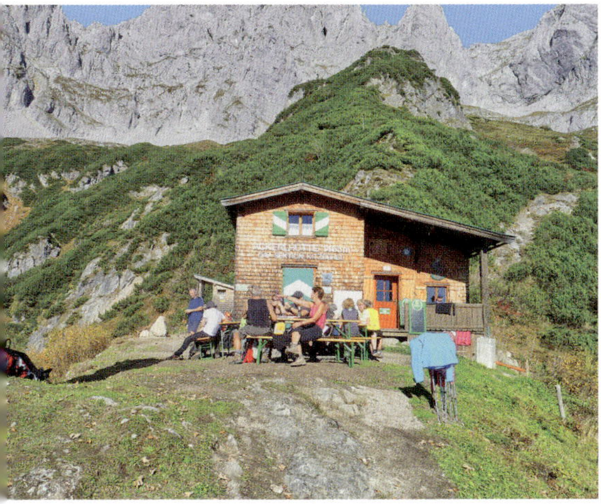

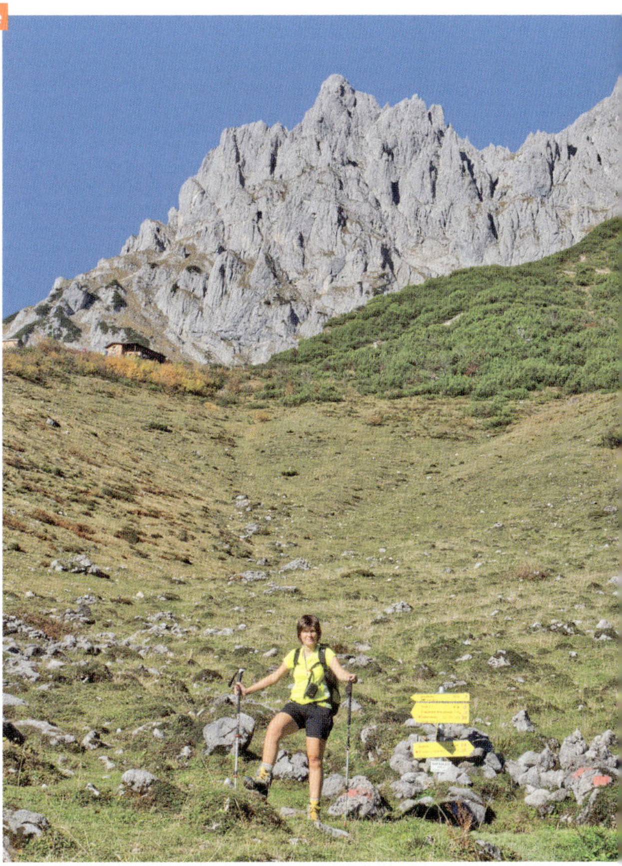

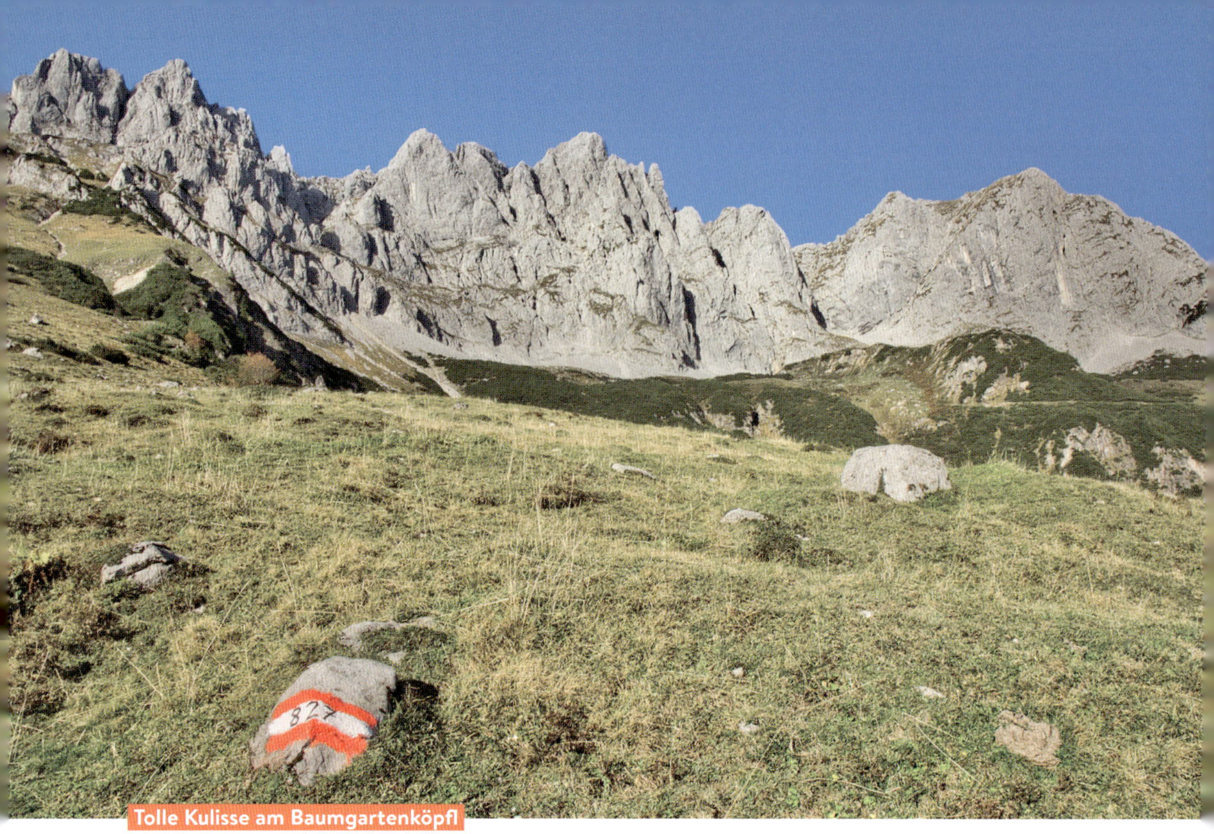

Tolle Kulisse am Baumgartenköpfl

ZUM BAUMGARTENKÖPFL Von der Hütte steigen wir durch Latschen steil hinauf zum Wilder-Kaiser-Steig, der die komplette Südseite des Kaisers quert. Hier folgen wir dem Weg nach links und wandern zwischen Felsblöcken am Fuß der Hochgrubbachspitzen nach Westen. Anschließend erwartet uns die Querung unter einer Felswand – einige Stellen sind dabei ziemlich ausgesetzt und fordern etwas Trittsicherheit und Schwindelfreiheit.

Bald schon wird das Gelände aber wieder freundlicher, wir befinden uns auf den Wiesen unter der Regalpwand. Nun gehen wir weiter in Richtung Baumgartenköpfl und kommen unterwegs an der felsigen Wildererkanzel vorbei, die uns eine schöne Aussicht auf das Kübelkar mit der Gaudeamushütte bietet. Von der Kanzel ist es nicht mehr weit bis zum **2 Baumgartenköpfl** (1572 m). Wir lassen uns in den Wiesen neben dem Kreuz nieder und genießen die fantastische Aussicht auf die Kitzbüheler Alpen und die

Tipp

AUF DIE REGALPSPITZE

Oberhalb des Wilder-Kaiser-Steigs gibt es viele eindrucksvolle Felsgipfel. Fast alle sind nur auf anspruchsvollen Wegen oder über Klettertouren erreichbar, einzig die Regalpspitze (2253 m) ist durch einen Steig erschlossen: Der Gildensteig führt über sehr steiles und teilweise felsiges Gelände (I–II) zum kleinen Gipfel. Sollte man sich für die Besteigung entscheiden, muss man unbedingt trittsicher und schwindelfrei sein (mittel bis schwer, zusätzlich 2.30 Std., 3 km, 540 Hm)!

Hohen Tauern. Am Baumgartenköpfl befindet sich das Bergsteigergrab des »Wiesner Much« – er kümmerte sich darum, dass auf den Kaiserbergen Gipfelbücher vorhanden waren, und gehörte zu den Gründungsmitgliedern der Edelweißgilde Kitzbühel.

ABSTIEG NACH HÜTTLING Vom Baumgartenköpfl wandern wir auf steilem Wiesenpfad hinunter zur **3 Regalm** (1315 m). Von dieser geht es auf einer Forststraße abwärts. Wir verlassen die Forststraße aber gleich wieder und steigen auf einem Pfad steil abwärts bis zu einer Verzweigung im Wald. Hier biegen wir nach links ab und queren die steilen Waldhänge bis zu einer weiteren Forststraße. Auf der nun folgenden Forststraße bleiben wir, bis nach links ein Weg abzweigt, der uns zurück zum Ackerlhüttenweg bringt. Auf diesem spazieren wir hinunter zur Graspoint-Niederalm; an der im Sommer bewirtschafteten Alm können wir nun noch einmal gemütlich einkehren. Anschließend wandern wir am Fahrweg zurück zum **E Wanderparkplatz Hüttling**.

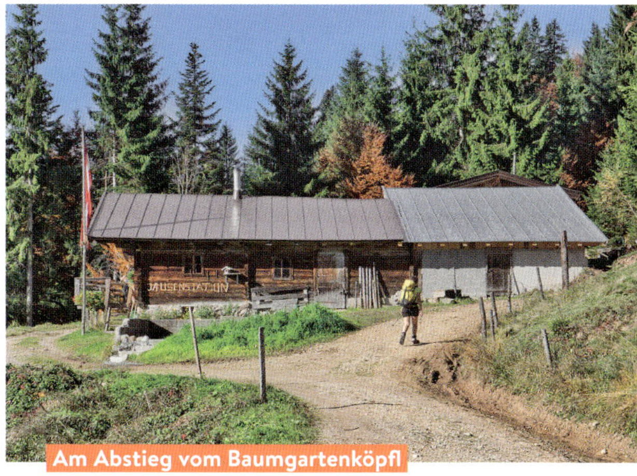
Am Abstieg vom Baumgartenköpfl

INFO

TOURENCHARAKTER
Gute, teilweise steile Wanderwege. Am Wilder-Kaiser-Steig eine kurze Passage versichert. Sehr sonnig, daher im Sommer sehr heiß!

AUSGANGS-/ENDPUNKT
Wanderparkplatz Hüttling bei Going
GPS: 47.52928, 12.35494

ANFAHRT
ÖPNV: Mit dem Zug nach St. Johann in Tirol und mit dem Bus nach Ellmau, von dort mit dem Wanderbus nach Hüttling
Auto: A 8 bis Rosenheim, weiter über Kufstein bis Ausfahrt Kufstein-Süd und über Scheffau und Ellmau nach Going, dort beim Stanglwirt links ab zum Wanderparkplatz

EINKEHR
Graspoint-Niederalm, evtl. Ackerlhütte

INFORMATION
wilderkaiser.info

Mittel	5 Std.	10,3 km	930 Hm

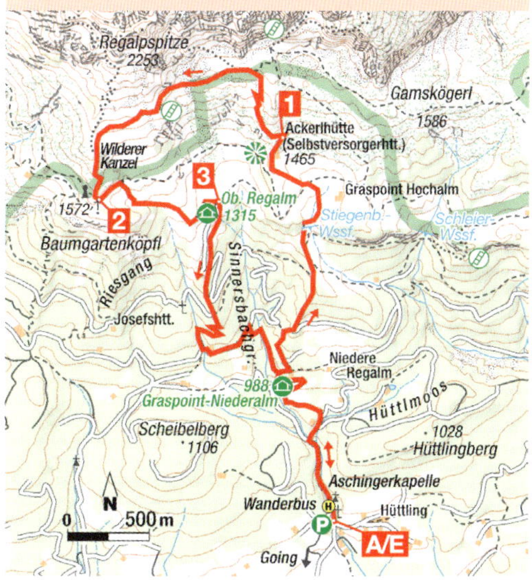

PS: AUF EIN WORT

IN DEN BERGEN UNTERWEGS ZU SEIN, bedeutet, die Natur zu genießen und sich von ihrer Schönheit berühren zu lassen. Die schroffen Gipfel, die sanften Täler und die weiten Ausblicke lassen uns dem Alltag entfliehen und erfüllen uns mit Dankbarkeit für die Wunder, die uns umgeben. Dabei gehören die unvergleichlich schönen Panoramen und Aussichten natürlich zu den Höhepunkten einer Tour.

GLÜCKLICH DARF SICH JEDER WANDERER NENNEN, der sich schon vorab Wege sucht, die genau das versprechen: Panoramawege, bei denen nicht nur das Gipfelerlebnis zu erhabenen beseligenden Momenten führt, sondern die ganze Strecke für unvergessliche Aha-Effekte sorgt!

GUT, DASS WIR EIN AUTORENTEAM MIT VERSCHIEDENEN VORLIEBEN SIND: Markus scheut niemals einen Höhenmeter Anstieg und sorgt damit für die höheren Bergziele, bei denen Aussichten garantiert sind und man meist einsam unterwegs ist. Wilfried mag es als Senior eher gemütlich, und so gibt es in diesem Buch einige Touren, die man auch mit etwas weniger Kondition gut schaffen kann und die zumeist eben verlaufen. Lisa hingegen wandert am liebsten genau dazwischen: Sie sucht sich gern Strecken abseits des Mainstreams – Hauptsache, die Wege sind nicht ausgesetzt, denn schwindelfrei ist sie leider nicht.

JETZT FEHLT EIGENTLICH NUR MEHR GUTES WETTER und etwas klare Sicht, dann kann es auch schon losgehen – so wünschen wir allzeit genuss- und aussichtsreiche Wanderstunden!

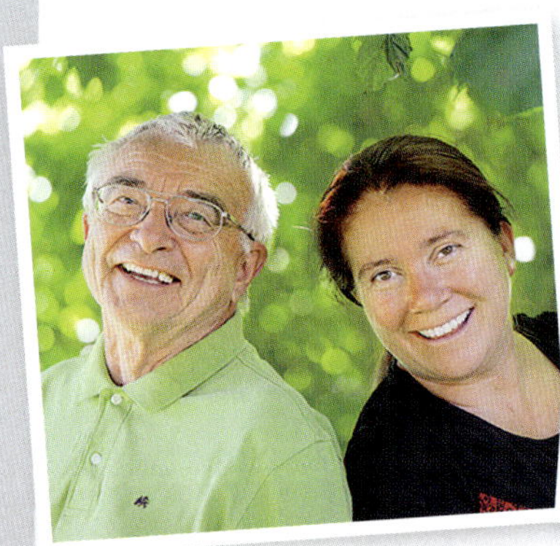

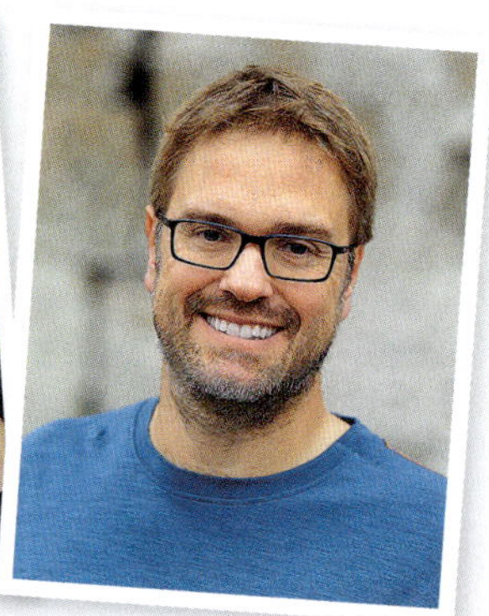

Ihre

Lisa und Wilfried Bahnmüller

und

Markus Meier

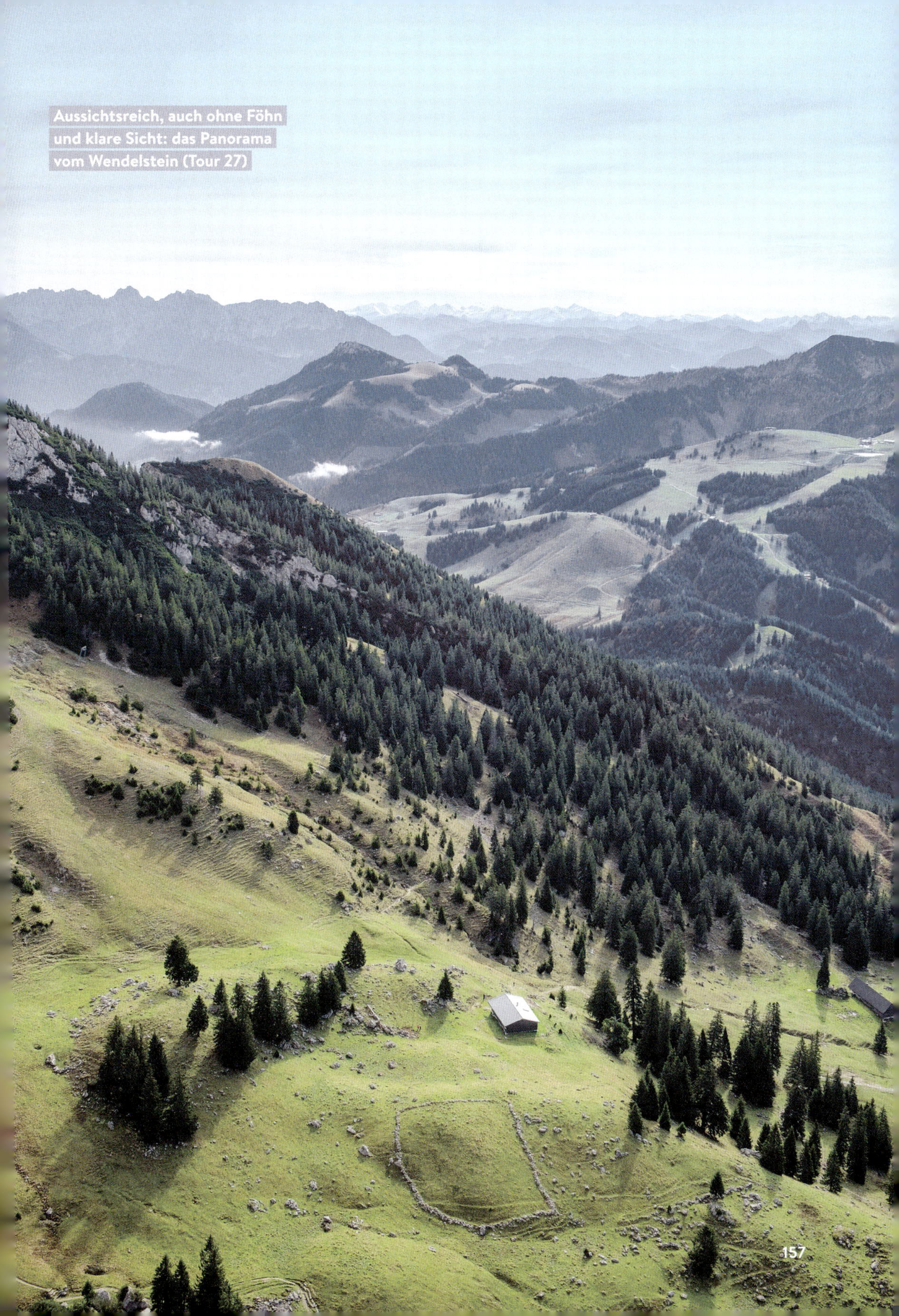

Aussichtsreich, auch ohne Föhn und klare Sicht: das Panorama vom Wendelstein (Tour 27)

REGISTER

Wunderschöne blühende Blumenwiesen

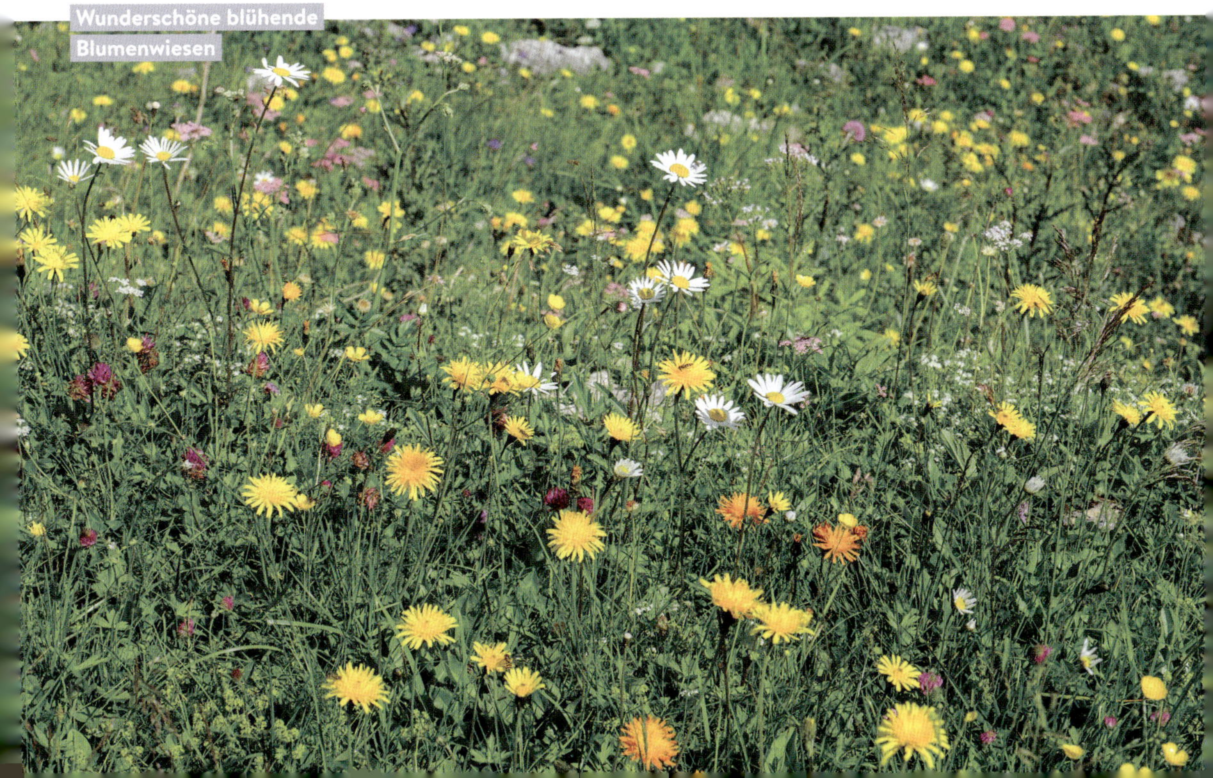

IMPRESSUM

Verantwortlich: Julia Vogl
Redaktion: Anette Späth
Layout- und Reihengestaltung: Mathias Frisch
Covergestaltung: Rudi Stix
Satz: Eva-Maria Klaffenböck
Repro: LUDWIG:media
Kartografie: Bruckmann Verlag GmbH, Heidi Schmalfuß
Herstellung: Alexander Knoll
Printed in Poland by CGS Printing

★★★★★

Sind Sie mit diesem Titel zufrieden? Dann würden wir uns über Ihre Weiterempfehlung freuen.
Erzählen Sie es im Freundeskreis, berichten Sie Ihrem Buchhändler, oder bewerten Sie bei Onlinekauf. Und wenn Sie Kritik, Korrekturen, Aktualisierungen haben, freuen wir uns über Ihre Nachricht an Bruckmann Verlag, Postfach 40 02 09, D-80702 München oder per E-Mail an lektorat@verlagshaus.de.

Unser komplettes Programm finden Sie unter www.bruckmann.de

Alle Angaben dieses Werkes wurden von den Autoren sorgfältig recherchiert und auf den neuesten Stand gebracht sowie vom Verlag geprüft. Für die Richtigkeit der Angaben kann jedoch keine Haftung übernommen werden, weshalb die Nutzung auf eigene Gefahr erfolgt. Insbesondere bei GPS-Daten können Abweichungen nicht ausgeschlossen werden. Sollte dieses Werk Links auf Webseiten Dritter enthalten, so machen wir uns die Inhalte nicht zu eigen und übernehmen für die Inhalte keine Haftung.

In diesem Buch wird aus Gründen der besseren Lesbarkeit das generische Maskulinum verwendet. Weibliche und anderweitige Geschlechteridentitäten werden dabei ausdrücklich mitgemeint, soweit es für die Aussage erforderlich ist.

Empfehlung der Redaktion
Sie sind auf der Suche nach weiterführender Literatur? Dann empfehlen wir Ihnen den Titel »Wochenend und Wanderschuh Südtirol« von Markus Meier und Winfried und Lisa Bahnmüller. Oder Sie werfen einen Blick in die Zeitschrift *BERGSTEIGER*. Hier werden Sie bestimmt fündig.

Bildnachweis: Alle Bilder stammen von den Autoren.
Umschlagvorderseite: Panoramaweg an der Binsalm (Tour 18)
Umschlagrückseite: Abstieg vom Kramerspitz (Tour 6)

Die Deutsche Nationalbibliothek verzeichnet diese Publikation in der Deutschen Nationalbibliografie; detaillierte bibliografische Daten sind im Internet über http://dnb.d-nb.de abrufbar.

Infanteriestraße 11a
80797 München

ISBN: 978-3-7343-2349-2